KESS : 엑셀 기반 통계분석

KESS : 엑셀 기반 통계분석

Korean Educational Statistical Software

조신섭 · 조관호 · 여인권 · 정환식 지음

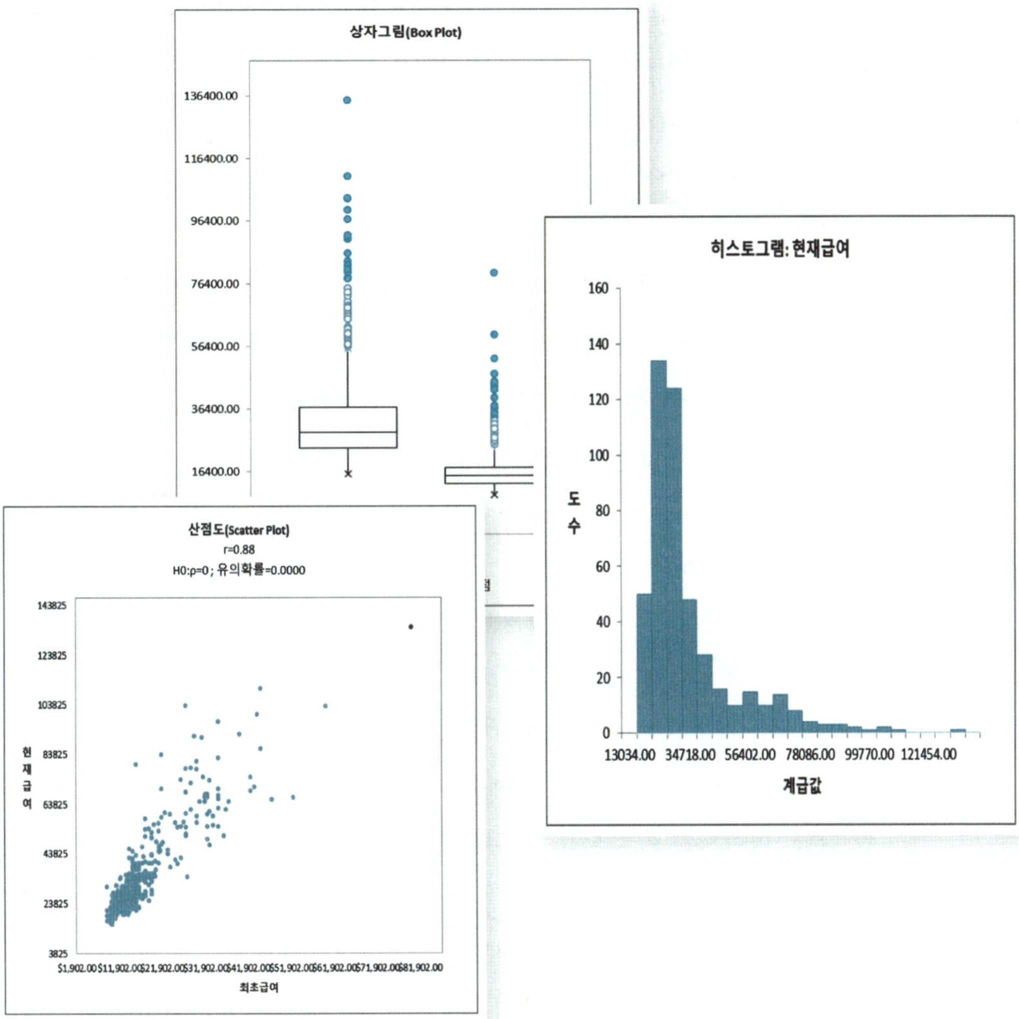

율곡출판사

들어가는 글

통계교육을 하면서 항상 가지고 있던 '어떻게 하면 통계학의 여러 가지 개념들을 쉽게 설명할 수 있을까?' 하는 고민은 아직도 해결되지 않고 있다. 확률분포들의 형태는 어떻게 다른가? 중심극한정리가 정말 성립할까? 자료분석교육을 위해 SAS, SPSS와 같은 상업용 통계 패키지를 이용하지 않으면 안 되는가? 20여 년 전 학회 참석 후 들렀던 외국 서점에서 Excel VBA를 이용한 메뉴 방식의 분석 프로그램이 수록된 책을 발견하고서 Excel VBA를 기반으로 한 통계프로그램을 구현하면 어떨까 하는 생각을 하게 되었다.

동료 교수님 중 한 분이 동조해 주시고, 관심을 보이는 학부 및 석 · 박사 학생들과 함께 시작한 프로그램 개발이 KESS의 시초가 되었다. 기초통계교육에 적합하게 개발되었던 초기 KESS에 다양한 분석기법들을 계속 추가하여 현재의 KESS가 되었다. 아직도 포함시키고 싶은 기법들은 많은데 역량이 부족하여 추가하지 못하는 것이 안타까울 뿐이다.

개발 초기에 함께 했던 송문섭 교수님, 석사 과정 학생으로 참여해서 박사 학위를 받을 때까지 함께 해준 중앙대학교의 성병찬 교수, 비모수분석 및 회귀분석의 여러 가지 기능을 갖추게 해준 통계청의 박민정 박사, 일반선형모형을 완성하고 아직도 프로그램상의 여러 가지 오류를 수정하느라 고생하고 있는 정환식 박사, 이 외에도 연구실을 거쳐 간 많은 석 · 박사 학생들의 노고가 KESS 개발에 큰 도움이 되었다. 수년 전부터 숙명여대의 여인권 교수와 대학원 학생들이 KESS의 개발에 동참하면서 향후 새로운 기법들이 추가될 것으로 기대된다.

KESS2017은 Excel 2013 또는 2016에서 사용이 가능하고 이전 버전에서는 오류가 발생할 수 있다. 사용 시 오류가 발생하면 sinsup@snu.ac.kr 또는

inkwon@sookmyung.ac.kr로 연락해 주길 바라고, 추가하고 싶은 분석기법이 있는 경우 역시 개발자에게 연락하여 개발에 동참해 주기를 기대한다.

마지막으로 이 책의 출판을 흔쾌하게 받아주신 율곡출판사의 사장님과 직원 여러분께도 감사한다.

2017년 8월

저자 일동

차 례

CHAPTER 3 모평균 비교

CHAPTER 4 모비율 비교

CHAPTER 5 분산분석

CHAPTER 6 회귀분석과 로지스틱분석

CHAPTER 7 일반선형모형

CHAPTER 8 범주형 자료분석

CHAPTER 9 비모수분석

CHAPTER 10 다변량분석

CHAPTER 11 시계열분석

CHAPTER 12 설문분석

CHAPTER 13 품질관리

KESS란?

Intro

대학에서 이루어지고 있는 통계교육에서는 SAS, SPSS, R과 같은 통계분석 소프트웨어를 사용하고 있다. SAS나 SPSS는 교육용 버전이 있기 때문에 교육기관에서는 비용적인 측면에서 큰 부담 없이 사용할 수 있지만, 개인이 통계분석을 위해 이런 고가의 소프트웨어를 구매하는 것은 매우 어렵고 기업에서도 일부 부서나 특정 컴퓨터에서만 사용할 수 있도록 하는 경우가 많다. 즉 이러한 고가의 소프트웨어는 비용적인 측면에서 기업이나 개인에게 접근성이 떨어진다. 대신 R과 같은 무료 소프트웨어를 활용하면 개인 컴퓨터에 설치하고 운영하는 데 문제는 없지만 기업의 경우에는 설치과정상에서 보안 등의 문제가 발생할 수 있고 소프트웨어 설치와 업데이트 과정에서 항상 승인을 받아야 하는 문제가 있다. 또한 명령어를 직접 입력하는 방식으로 통계분석을 진행해야 하므로, 통계전문가가 아닌 경우에는 사용하기 어렵다는 문제점이 있다.

일반적으로 자료의 정리와 간단한 분석을 위해 위와 같은 통계분석용 전문 소프트웨어 대신 MS-Office의 엑셀(Excel)을 사용하고 있다. 엑셀은 스프레드시트 형태로 구성되어 있어 자료처리가 용이하고 t-검정, 분산분석, 회귀분석과 같은 기본적인 통계분석방법을 분석도구로 제공하여 통계를 전공하지 않은 일반인들도 많이 사용하는 우수한 소프트웨어이다. 그러나 엑셀의 개발 목적이 통계분석이 아닌 관계로 제공되는 통계분석기법들이 제한적이고, 분석할 자료의 영역을 일일이 지정해 주어야 하는 번거로움이 있다.

이러한 제한성과 불편성을 해결하고자 엑셀에 다양한 통계분석 기능을 추가하고 편리성을 확보하여 사회에서의 범용성과 통계교육의 용이성을 제고한 통계분석용 소프트웨어가 KESS(Korean Educational Statistics Software)이다. KESS는 마이크로소프트(MS)의 비주얼 베이직 구현과 관련된 통합개발환경(IDE)인 VBA(Visual Basic for Applications)로 작성되었다. 초기 버전의 KESS는 기본적인 통계처리에 요구되는 절차들을 보완하고 엑셀과 연계시키면서 기초통계 교육을 쉽게 수행하는 데 초점을 맞춰 개발되었고, 현 KESS 버전에는 초기 버전의 수정 · 보완과 함께 일반선형모형, 시계열분석, 품질관리, 실험계획법, 비모수분석, 다변량분석, 설문분석 등의 다양한 분석 기능이 추가되었다.

KESS는 다음 주소 http://stat.snu.ac.kr/time/kess_main.html에서 Latest KESS download의 KESS2017을 클릭해 다운 받거나 율곡출판사 홈페이지 http://www.yulgokbooks.co.kr의 자료실에서 다운로드 받을 수 있다.

KESS와 관련된 문제점들은 다음 E-mail 주소로 문의하면 도움을 받을 수 있다.

조신섭 : sinsup@snu.ac.kr

여인권 : inkwon@sookmyung.ac.kr

0.1 KESS 설치법

KESS를 설치하려면 먼저 KESS 압축파일(ZIP file)을 다운 받은 후 압축을 풀어야 한다. 이를 위해 먼저 KESS를 다운로드 받을 폴더를 만들고(예, C:\KESS), 원하는 KESS 압축파일을 다운 받는다. 다운 받은 KESS2017은 압축파일이므로 압축을 푼다. 이때 압축을 풀 폴더를 새로 지정하거나, 압축파일이 있는 KESS 폴더에서 압축을 푼다. 압축을 풀면 [그림 0-1]과 같은 파일들이 생긴다. 파일에 대한 설명은 〈표 0-1〉과 같다.

그림 0-1 압축이 풀린 KESS 폴더의 모습

이름	수정한 날짜	유형	크기
DATA	2017-06-18 오후 10...	파일 폴더	
Kess 2013	2017-06-18 오후 10...	컴파일된 HTML 도...	5,107KB
Kess 2013.chw	2017-06-18 오후 10...	CHW 파일	9KB
KESS	2017-06-18 오후 10...	Microsoft Excel 추...	397KB
KESS1	2017-06-18 오후 10...	Microsoft Excel 추...	149KB
KESS2	2017-06-18 오후 10...	Microsoft Excel 추...	59KB
KESS3	2017-06-18 오후 10...	Microsoft Excel 추...	353KB
KESS4	2017-06-18 오후 10...	Microsoft Excel 추...	185KB
KESS5	2017-06-18 오후 11...	Microsoft Excel 추...	254KB
KESS6	2017-06-18 오후 10...	Microsoft Excel 추...	329KB
KESS7	2017-06-18 오후 10...	Microsoft Excel 추...	436KB
KESS8	2017-06-18 오후 10...	Microsoft Excel 추...	96KB
KESS9	2017-06-18 오후 10...	Microsoft Excel 추...	145KB
KESS10	2017-06-19 오전 9:...	Microsoft Excel 추...	392KB
KESS2017	2017-06-19 오전 9:...	ALZip ZIP File	7,620KB
README	2017-06-18 오후 10...	텍스트 문서	4KB

:: 표 0-1 KESS2017의 구성 파일

KESS의 구성 파일	기능
KESS	KESS의 시작 파일
KESS1 ~ KESS10	KESS의 구성 파일
KESS 2013	KESS의 도움말 파일(컴파일된 html 파일)
DATA	KESS의 예제용 데이터 파일 폴더
README	KESS의 설명 파일

KESS를 편리하게 사용하기 위하여 바탕화면에 'KESS-바로가기' 아이콘을 만드는 방법과 엑셀의 추가 기능에 KESS 실행파일을 추가하는 방법이 있다.

0.1.1 바탕화면에 'KESS-바로가기' 아이콘을 만들기

바탕화면에 KESS 바로가기 아이콘을 만드는 방법은 다음과 같다.

KESS가 저장된 폴더에서 KESS 파일을 선택하고 마우스의 오른쪽 버튼을 눌러 '바로가기 만들기'를 선택하면 'KESS-바로가기' 아이콘이 만들어지

그림 0-2 KESS-바로가기 아이콘 만들기

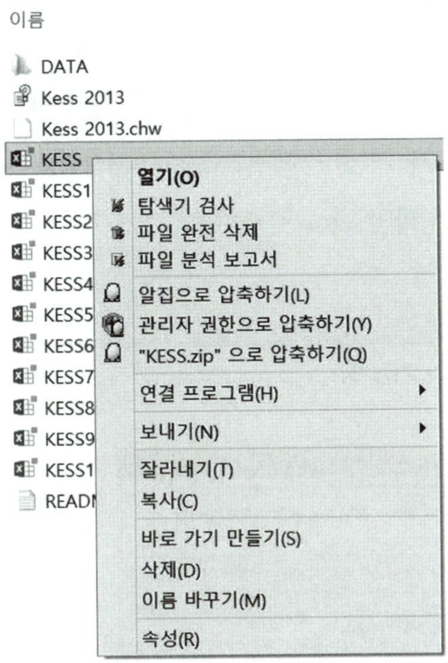

(a) 바로가기 만들기

(b) KESS-바로가기 아이콘

며, 이를 바탕화면으로 옮긴다.

'KESS-바로가기' 를 더블 클릭하면 KESS가 엑셀과 함께 구동된다. KESS를 구동시키면 [추가 기능] 탭이 생성되며, [추가 기능] 탭 아래 KESS의 메뉴인 [통계분석]이 설치된다. [통계분석] 아래 KESS에서 사용하는 메뉴들이 있다.

0.1.2 엑셀의 추가 기능에 KESS를 추가하기

엑셀을 구동할 때마다 KESS가 함께 구동되기를 원하면 엑셀의 추가 기능에 KESS를 추가해 놓는 것이 편리하다. 이를 위해 다음의 절차를 실행한다.

1) 리본 메뉴의 [파일] 탭을 눌러 나오는 메뉴에서 아래쪽에 있는 [옵션]을 선택한다.

2) [그림 0-3]의 'Excel 옵션' 창에서 [추가 기능]을 선택하고, 아래에 있는 이동(이동(G)...) 단추를 클릭한다.

3) 이어 나오는 [추가 기능] 창([그림 0-4(b)])에서 [찾아보기]를 이용하여 Kess가 저장된 폴더에서 KESS.xlam([그림 0-4(a)])을 선택하고 '확인'을 클릭한다. 결과로 [추가 기능] 창에 KESS.xlam([그림 0-4(b)])이 추가되므로 이를 체크하고 '확인'을 클릭한다.

그림 0-3 엑셀 추가 기능 창

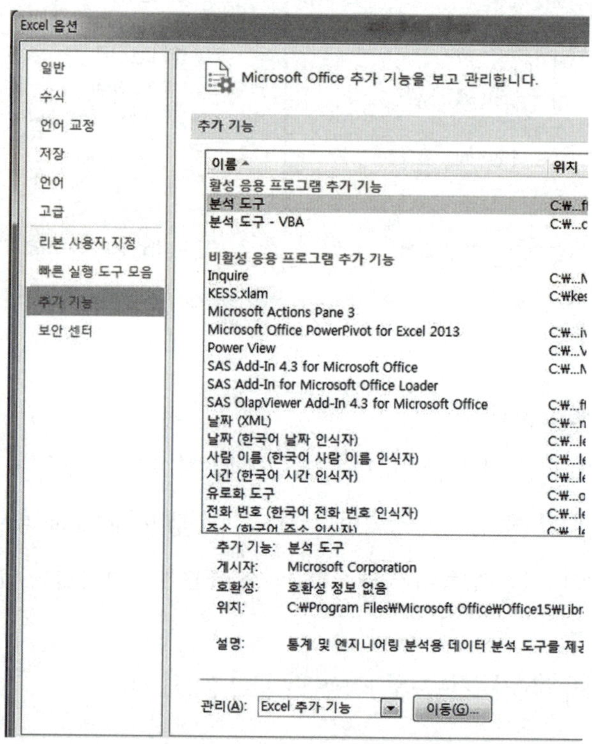

그림 0-4

추가 기능 창

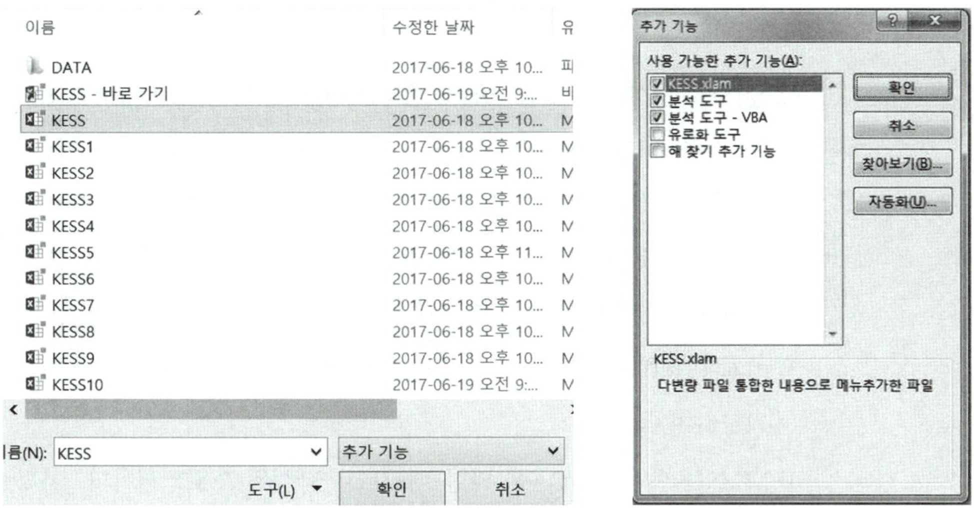

(a) KESS를 추가 기능으로 선택 (b) 추가 기능 창

엑셀의 '추가 기능'에 KESS를 추가하면 엑셀을 구동할 때마다 KESS가 자동으로 [추가 기능] 탭 아래 [통계분석]에 설치된다.

0.2 KESS에서의 자료와 변수의 입력 시 유의사항

1) 엑셀 워크시트에 자료를 입력하는 방법은 분석방법에 따라 '표준입력'과 '고급입력' 방식을 선택할 수 있으며, 각 장에 설명되어 있다.
2) 변수명에는 제한이 없지만, 자료는 있으나 변수명이 없는 경우와 동일한 변수명이 있는 경우에는 수정을 요청한다.
3) 관측값은 변수 형태에 따라 숫자와 글자를 입력할 수 있고, 관측값의 개수에 대한 제한은 거의 없다.

0.3 KESS 사용 시 유의사항

1) KESS의 구성 파일이 손상된 경우에는 KESS를 다시 설치해야 한다.
2) KESS의 메뉴인 [통계분석]을 수행하려면 워크시트에 분석할 자료가 들어 있어야 한다. 따라서 워크시트에 자료를 입력하거나 외부 파일을 불러들인 후에 [통계분석]을 클릭하여 원하는 분석을 시작한다. 분석할 자료가 없는 경우에는 에러 메시지가 출력된다.
3) 예제용 데이터 파일을 보존하기 위해서는 사용한 후에 변경된 내용을 저장하면 안 된다.
4) KESS는 엑셀의 VBA에 의한 매크로로 작성된 프로그램이다. 따라서 KESS.xlam을 더블클릭하거나, 바탕화면에서 KESS 아이콘을 더블클릭하면 엑셀이 구동되면서 [매크로 제외(D)]와 [매크로 포함(E)]의 두 가지 옵션 중에서 하나를 선택하는 화면이 나타난다. 여기서 [매크로 포함(E)]을 선택해야만 KESS가 구동된다. 만약 [매크로 제외(D)]를 선택하면 엑셀만이 구동되어 KESS를 사용할 수 없다.
5) 엑셀의 2010 이전의 하위버전을 사용할 경우 문제가 생길 수 있으니, 엑셀 2013 이후의 버전을 사용하기 바란다.
6) 도움말 파일을 볼 수 없는 경우 Windows 도움말 프로그램을 다운로드 받아 설치하면 된다.

0.4 KESS 분석기능 분류

통계분석 시 분석하고자 하는 변수 특성과 분석 목적에 맞는 분석방법을 선택해야 한다. 변수 또는 자료 특성은 크게 범주형과 연속형 자료로 나누어 볼 수 있고 분석 목적은 단순히 자료의 특성을 알아보기 위한 기술통계 분석, 그룹 간의 비교 분석, 변수 간의 관계 분석, 자료 특성에 따른 분류 등으로 나누어 볼 수 있다. 〈표 0-2〉는 이러한 변수 특성 및 분석 목적에 따라 KESS의 분석기능을 연계하여 구성해 놓은 것인데, 분석방법을 선택할 때 참고하기 바란다.

예를 들어, 반응변수가 연속형이고 설명변수들이 연속형인 경우는 회귀분석, 설명변수들이 범주형인 경우는 분산분석, 설명변수에 연속형과 범주형이 동시에 있는 경우는 공분산분석을 실시하면 될 것이다. 반응변수가 범주형이고 설명변수가 연속형인 경우는 로지스틱 회귀모형, 설명변수가 범주형이라면 로짓모형을 이용하면 좋을 것이다. 변수들이 모두 범주형이고 변수들 간의 관계에 관심이 있다면 로그선형모형, 모두 연속형이고 변수들 사이의 관계에 관심이 있다면 주성분분석 또는 인자분석이 적절할 것이다.

:: 표 0-2 KESS 분석기능 분류

<table>
<tr><th rowspan="2">분석목적
주변수 형태</th><th colspan="2">기술</th><th rowspan="2">비교</th><th rowspan="2">관계유도</th><th rowspan="2">분류</th></tr>
<tr><th>그래프 & 표</th><th>대표값</th></tr>
<tr><td rowspan="2">범주형 자료</td><td rowspan="2">▪파이차트
▪막대그래프
▪도수분포표
(빈도분석)
▪분할표(교차표)</td><td rowspan="2"></td><td>▪적합도검정
▪모비율검정
▪χ^2-검정
(동질성검정)</td><td>▪χ^2-검정
(독립성검정)</td><td rowspan="2">▪판별분석
▪의사결정나무</td></tr>
<tr><td colspan="2">▪로지스틱 회귀분석
▪로그선형모형</td></tr>
<tr><td rowspan="2">연속형 자료
(순서형 자료)</td><td rowspan="2">▪히스토그램
▪상자그림
▪줄기-잎 그림
▪정규확률그림
▪산점도</td><td rowspan="2">▪기초통계량
▪추가통계량</td><td>▪t-검정
▪분산분석
▪공분산분석
▪다변량 분산분석
▪비모수통계</td><td>▪상관분석
▪회귀분석
▪시계열분석
▪주성분분석
▪인자분석
▪신뢰도분석</td><td rowspan="2">▪군집분석
▪의사결정나무</td></tr>
<tr><td colspan="2">▪일반선형모형</td></tr>
</table>

기술통계와 그래프

CHAPTER 1

자료가 수집되면 자료의 특성을 파악한 후 분석 목적에 적합한 분석법을 선택한다. 자료의 특성을 쉽게 파악할 수 있도록 정리, 요약하는 방법으로는 표나 그래프를 이용하는 방법과 평균, 분산 등과 같은 통계량(측도)를 이용하는 방법이 있으며, 이런 분야를 **기술통계**(descriptive statistic)라고 한다.

통계량(statistics)은 자료들의 함수로서 중심위치를 나타내는 평균, 중앙값과 산포를 나타내는 분산, 표준편차 등이 대표적인 기술통계량이다. 분석에 사용될 자료는 $x_1, x_2, \cdots, x_n$으로 나타내기로 한다.

1.1 기술통계량

기술통계량은 자료의 특성을 파악하는 데 도움이 되도록 자료를 요약하는 방법이다. 몇 가지 중요한 기술통계량들에 대해 알아보기로 한다.

1.1.1 중심위치의 측도

자료들이 어떤 값을 중심으로 분포되어 있는가를 나타내는 값으로는 표본평균(sample mean), 중앙값(median) 및 최빈값(mode) 등이 있다.

표본평균

중심위치의 측도로서 모평균 μ의 추정량으로 가장 많이 사용되는 통계량이며, 다음과 같이 정의된다.

$$\bar{x} = \sum_{i=1}^{n} x_i / n$$

중앙값

중앙값은 자료를 크기순으로 정렬했을 때 가운데에 있는 값으로 중앙값을 구하기 위해서는 먼저 자료를 다음과 같이 크기 순서대로 정렬해야 하는데

$x_{(1)} \leq x_{(2)} \leq \cdots \leq x_{(n)}$, 이렇게 구해진 자료를 순서통계량이라고 한다. 중앙값은 이 순서통계량에서 중앙에 위치한 값을 뜻한다. n이 홀수인 경우 중앙값은 $(n+1)/2$번째 자료값이고, n이 짝수인 경우에는 $n/2$과 $n/2+1$번째 값의 평균이다. 이상점에 민감하지 않으므로 자료에 이상점이 포함되어 있을 경우 표본평균보다 안정적인 중심위치라고 할 수 있다.

최빈값

자료들 중에서 출현 빈도가 가장 많은 자료값을 최빈값이라 한다.

1.1.2 산포의 측도

자료들이 중심위치를 중심으로 흩어져 있는 정도를 나타내는 값으로 분산(variance), 표준편차(standard deviation), 범위(range), 사분위수범위(interquartile range) 및 표준오차(standard error) 등이 있다.

표본분산

모분산 σ^2의 추정량으로, 산포의 측도로 가장 많이 사용되는 통계량이며 다음과 같이 정의된다.

$$s^2 = \frac{1}{n-1}\sum_{i=1}^{n}(x_i - \bar{x})^2 = \frac{1}{n-1}\left(\sum_{i=1}^{n} x_i^2 - n\bar{x}^2\right)$$

표본표준편차

표본분산의 제곱근으로 양의 값을 가지며 표본평균과 함께 가장 많이 사용되는 통계량이다. 모표준편차 σ의 추정량으로 사용된다.

$$s = \sqrt{s^2} = \sqrt{\frac{1}{n-1}\sum_{i=1}^{n}(x_i - \bar{x})^2}$$

범위

자료값 중에서 가장 큰 값인 최대값(maximum)과 가장 작은 값인 최소값(minimum)의 차이이다.

$$R = x_{(n)} - x_{(1)}$$

사분위수범위

사분위수범위(IQR)는 자료를 크기 순서대로 정렬했을 때 75% 지점과 25% 지점의 차이로 다음과 같이 정의된다.

$$\text{IQR} = Q_3 - Q_1$$

여기서 사분위수 Q_3와 Q_1은 백분위수(percentile)를 이용하여 아래와 같이 정의된다. 자료에 이상점이 포함되어 있을 경우 표준편차 또는 범위보다 덜 민감한 장점이 있다.

백분위수

제p백분위수(pth percentile)는 자료를 크기 순으로 나열했을 때 p%가 그 값보다 작고 (또는 작거나 같고) $(100-p)$%가 그 값보다 크게 (또는 크거나 같게) 되는 값이다. 그러나 이와 같이 정의된 백분위수는 유일하지 않으며, 구하는 방법은 여러 가지 있을 수 있다. Excel에서는 제p백분위수를 다음과 같이 정의한다.

$$\{(n-1)p/100+1\} \text{ 번째 값}$$

여기서 { }속의 값이 정수가 아닐 때는 비례에 의한 내삽법으로 구한다. 이들 백분위수를 이용하여 사분위수는 다음과 같이 정의된다.

제1사분위수 : 제25백분위수(= Q_1)

제2사분위수 : 제50백분위수(= 중앙값)

제3사분위수 : 제75백분위수(= Q_3)

예를 들어, 1부터 100까지 정수에 대하여 Excel에서 구한 제1사분위수는 25.75 이고 제3사분위수는 75.25이다.

표준오차

통계량의 표준편차를 표준오차라고 하는데, 흔히 표본평균의 표준편차를 표준오차라고 한다.

$$\mathrm{SE}(\bar{x}) = s/\sqrt{n}$$

변동계수

평균이 커짐에 따라 비례적으로 표준편차도 커지는 경향이 있는 자료들을 비교하거나, 측정단위들이 다른 자료들을 비교하고자 하는 경우 유용하게 사용되는 통계량으로 표본의 표준편차를 표본평균으로 나눈 값으로 다음과 같이 정의된다.

$$v = s/\bar{x}$$

1.1.3 분포의 형태에 대한 측도

분포의 형태와 관련된 측도로는 왜도(skewness)와 첨도(kurtosis)가 있다.

왜도

표본평균을 중심으로 자료들이 어떻게 산포되어 있는지를 나타내는 통계량으로, 분포의 비대칭 정도를 나타낸다. 대칭인 경우에는 왜도가 0이고, 꼬리가 오른쪽으로 긴 경우에는 양수, 왼쪽으로 긴 꼬리를 가지면 음수이다. 다음과 같이 정의된다.

$$\frac{n}{(n-1)(n-2)}\sum_{i=1}^{n}\left(\frac{x_i-\bar{x}}{s}\right)^3$$

첨도

정규분포와 비교하여 표본평균을 중심으로 분포의 뾰족한 정도를 나타내는 통계량이다. 이 값이 0보다 크면 정규분포보다 긴 꼬리를 갖고, 0보다 작으면 정규분포보다 중심에 밀집되어 짧은 꼬리를 가짐을 뜻한다. 자료의 개수가 4개 이상이어야 계산이 가능하며 다음과 같이 정의된다.

$$\frac{n(n+1)}{(n-1)(n-2)(n-3)}\sum_{i=1}^{n}\left(\frac{x_i-\bar{x}}{s}\right)^4-\frac{3(n-1)^2}{(n-2)(n-3)}$$

1.1.4 기술통계 사용법

KESS를 구동한 후 리본 메뉴 줄의 [추가 기능] 탭을 선택하면 [통계분석] 메뉴가 설치된다. 분석을 위해서 미리 워크시트에 자료가 입력되어 있어야 한다. 자료가 들어 있는 파일를 선택하거나(여기서는 Data 디렉토리에 저장된 기술통계 시트를 선택하면 된다) 워크시트상에서 자료를 직접 입력하면 된다. KESS에서는 워크시트의 첫 행에는 변수명을 입력하고 둘째 행부터 관측값을 입력한다.

Data 디렉토리에 저장된 기술통계 시트의 '성적' 자료를 이용하여 기술통계량들을 구해 보기로 한다. 이 자료는 학생들의 중간시험과 기말시험 성적 자료이다. 자료가 선택되어 있는 상태에서 [통계분석] 메뉴를 클릭하면 풀다운메뉴들이 나타나는데 이 중에서 [기술통계]를 선택하면 기술통계 대화상자가 나타난다. 이후 메뉴의 선택 방법은

[통계분석] → [기술통계]

와 같이 나타내기로 한다.

그림 1-1 기술통계 대화상자

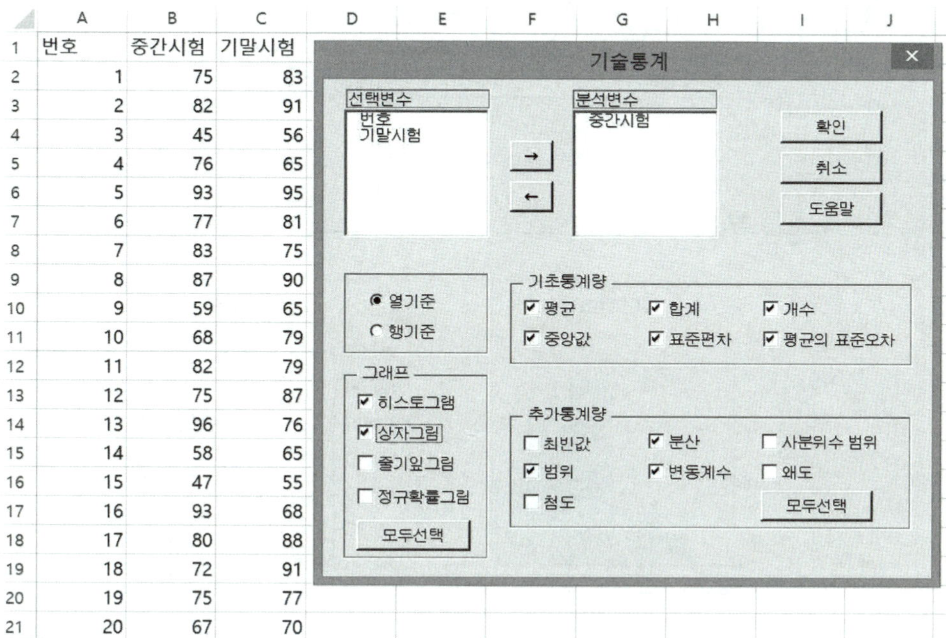

선택변수 창에서 중간시험 변수를 선택한 후 →를 눌러 오른쪽의 분석변수 창으로 보낸다. [기초통계량] 프레임에는 디폴트로 출력될 기초통계량인 평균, 합계, 개수, 중앙값, 표준편차 및 평균의 표준오차가 선택되어 있다. 추가로 출력을 원하는 통계량은 [추가통계량] 프레임에서 선택하여 출력한다.

[그래프] 프레임에서는 히스토그램, 상자그림, 줄기잎그림 및 정규확률그림을 선택하여 출력할 수 있다. 모두 출력을 원하면 [모두선택]을 선택하면 된다.

[확인]을 누르면 기술통계분석결과가 _통계출력결과_라는 새로운 워크시트에 출력된다. 여기서는 추가통계량 중 분산, 범위, 변동계수를 선택하였으며, 그래프로는 히스토그램과 상자그림만을 선택하였다.

그림 1-2 _통계분석결과_에 출력된 기술통계분석 결과

기술통계분석결과

중간시험

기초 통계량		추가 통계량	
평균	74.5	분산	198.4737
중앙값	75.5	범위	51
합계	1490	변동계수	0.1891
개수	20		
표준편차	14.0881		
평균의 표준오차	3.1502		

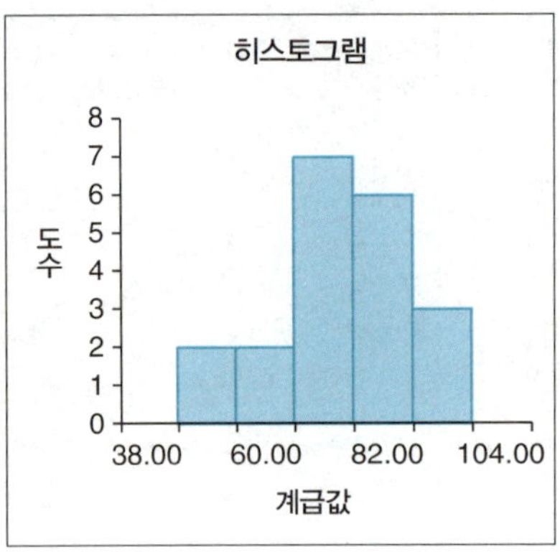

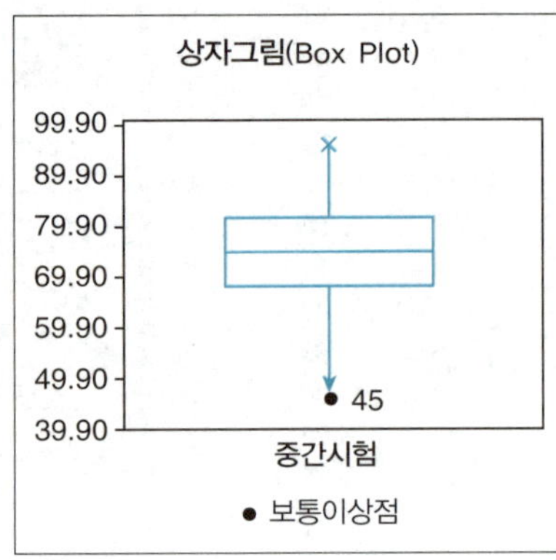

도움말 대화상자를 클릭하면 사용법에 대한 자세한 설명을 볼 수 있다.

1.2 그래프

자료가 가진 특성을 가장 잘 요약해 주는 방법은 그래프를 이용하여 자료를 시각화하는 것인데, 그래프를 이용하면 한눈에 자료의 구조와 특징을 파악하기 쉬워 분석 목적에 맞는 모형을 선택하는 데 도움이 된다. 엑셀은 다양한 형태의 그래프를 제공해 주고 있으나 KESS는 상자그림, 줄기-잎 그림 등 탐색적 자료 분석단계에서 많이 활용되는 그림을 추가적으로 제공하고 있다. 그래프 메뉴에서 제공되는 그래프는 다음과 같다.

히스토그램(histogram)

상자그림(box plot)

줄기-잎 그림(stem-and-leaf plot)

산점도(scatter plot)

정규확률그림(normal probability plot, Q-Q plot)

1.2.1 히스토그램

자료의 중심위치(central location), 산포(dispersion), 치우침의 정도 등을 한눈에 파악할 수 있도록 작성하는 그림이다. 자료의 크기와 특성에 따라 히스토그램을 그리는 데 사용되는 도수분포표의 계급의 개수와 계급구간이 달라지고 이에 따라 히스토그램의 형태도 달라진다. KESS에서는 계급의 개수를 자료 개수의 제곱근, 즉 $\sqrt{n}$에 의해 결정하고 있다. Data 디렉토리에 저장된 기술통계 시트에서 '혈압' 자료를 이용하여 히스토그램을 그려보기로 한다.

[통계분석] → [그래프] → [히스토그램]

히스토그램 대화상자 그림 1-3

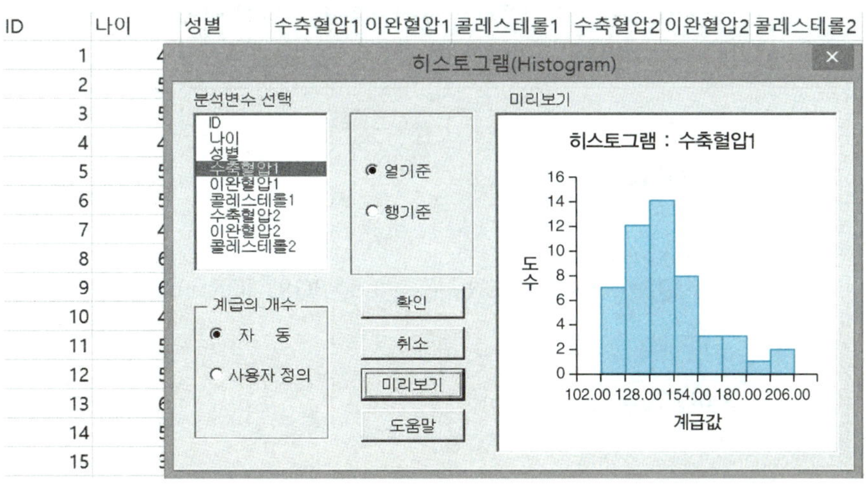

을 선택하면 히스토그램 대화상자가 나타난다.

분석변수 창에서 수축혈압1 변수를 선택한 후 [미리보기]를 누르면 _통계분석결과_ 워크시트에 결과물을 출력하기 전에 미리보기 창에 히스토그램이 그려진다.

[계급의 개수] 프레임에서는 자동으로 계급의 개수를 선택하거나 [사용자 정의]를 선택하여 사용자가 지정할 수 있다. 자료의 크기와 성질에 따라 달라지며 디폴트로 자료개수의 제곱근을 사용한다. [사용자 정의]를 이용하여 계급의 개수를 변화시켜 가면서 원하는 형태의 히스토그램을 결정한 후에 [확인]을 누른다.

수축혈압1의 히스토그램을 보면 오른쪽 꼬리가 긴 것을 볼 수 있다. 여기서는 자동으로 계급의 개수가 정해졌으나, [사용자 정의] 단추를 누른 후 계급의 개수를 변경하면 히스토그램의 형태가 바뀌게 된다. [확인]을 누르면 히스토그램이 출력된다.

1.2.2 상자그림

상자그림(box plot)은 통계학자 Tukey에 의해 제안된 그림으로 자료의 특성을 한눈에 알아보기 쉽도록 양극단값(최대값과 최소값), 중앙값 및 제1사분위수와 제3사분위수의 다섯 숫자를 시각적으로 표현한 그림으로서, 특히 꼬리부분의 설명에 중점을 두고 있다. 상자그림을 그리기 위해서는 다음과 같은 통계량들이 필요하다.

안울타리(inner fence)

$$Q_1 - 1.5 \times \mathrm{IQR} \ \text{또는}\ Q_3 + 1.5 \times \mathrm{IQR},\ \ \mathrm{IQR} = Q_3 - Q_1$$

바깥울타리(outer fence)

$$Q_1 - 3 \times \mathrm{IQR} \ \text{또는}\ Q_3 + 3 \times \mathrm{IQR}$$

인접값(adjacent value)

안울타리 안쪽에 있는 값들 중에서 안울타리에 가장 가까운 관측값

보통이상점(mild outlier)

안울타리와 바깥울타리 사이에 있는 자료

극단이상점(extreme outlier)

바깥울타리 밖의 자료

상자의 양끝은 제1사분위수와 제3사분위수의 위치에서 끝나며 중앙값의 위치에 수평선을 그어준다. 인접값의 위치는 ×로 나타내고 상자의 중앙과 실선으로 이어준다. 보통이상점의 위치는 ●으로 나타내고 극단이상점의 위치는 •으로 나타낸다.

'혈압' 자료 중 이완혈압1과 이완혈압2를 이용하여 상자그림을 그려보기로 한다.

그림 1-4 상자그림 대화상자

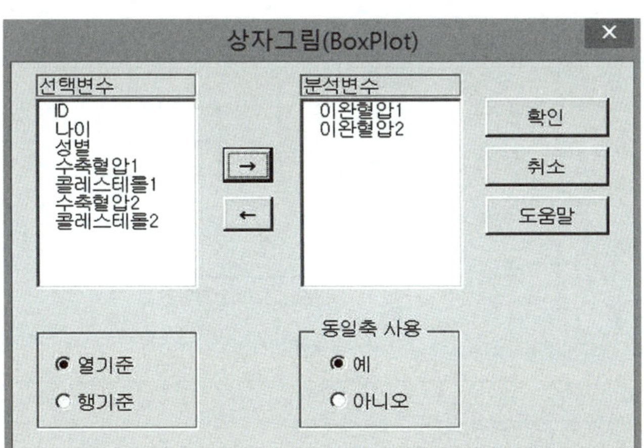

[통계분석] → [그래프] → [상자그림]

을 선택하면 상자그림 대화상자가 나타난다.

선택변수 창에서 이완혈압1과 이완혈압2 변수들을 선택한 후 →를 눌러 오른쪽의 분석변수 창으로 보낸다. 두 개 이상의 상자그림을 같은 축을 사용하여 그리기를 원하면 [동일축 사용] 프레임에서 '예'를 체크한다.

[확인]을 누르면 상자그림이 _통계출력결과_ 워크시트에 출력된다. 이완혈압1과 이완혈압2가 동일한 축을 이용해서 나란히 그려진 것을 볼 수 있다. 이완혈압1에는 이상점이 없으나, 이완혈압2는 이완혈압1보다 중앙값은 조금 작아진 반면에 110이라는 보통이상점이 있는 것을 볼 수 있으며, IQR 역시 조금 작으나 두 인접값들의 차이는 더 큰 것을 볼 수 있다.

그림 1-5 출력된 상자그림

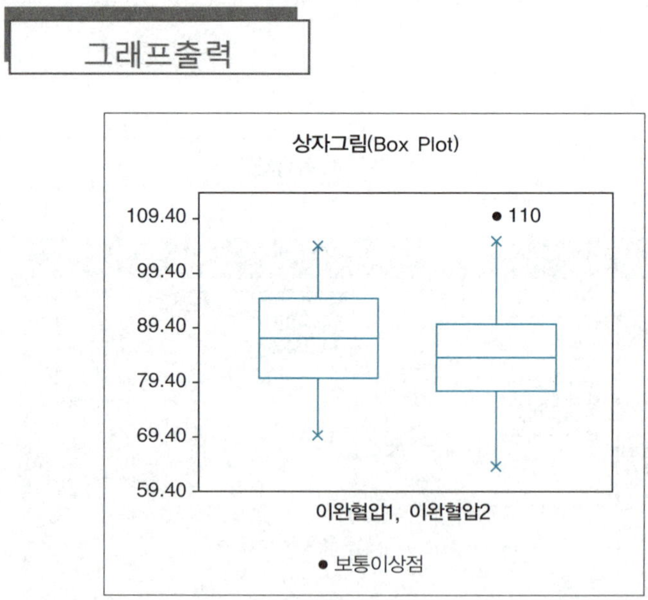

1.2.3 줄기-잎 그림

줄기-잎 그림(stem-and-leaf plot)은 자료의 분포상태를 한눈에 파악할 수 있도록 작성하는 그림으로 1900년대 초 Bowley에 의해 개발되었고 Tukey (1977)에서 언급된 이후 많이 사용되고 있는 그림이다. 히스토그램을 이용하는 경우 도수분포표를 만들기 위해 집단화하는 과정에서 정보의 손실이 발생한다. 그러나 줄기-잎 그림에서는 자료를 줄기 부분과 잎 부분으로 나누어 나타냄으로써 한 자릿수 더 많은 정보를 제공하는 장점이 있다. 그러나 자료의 크기가 큰 경우에는 적합하지 않다.

'혈압' 자료를 이용하여 줄기-잎 그림을 그려보기로 한다.

[통계분석] → [그래프] → [줄기-잎 그림]

을 선택하면 줄기-잎 그림 대화상자가 나타난다.

줄기-잎 그림 대화상자 그림 1-6

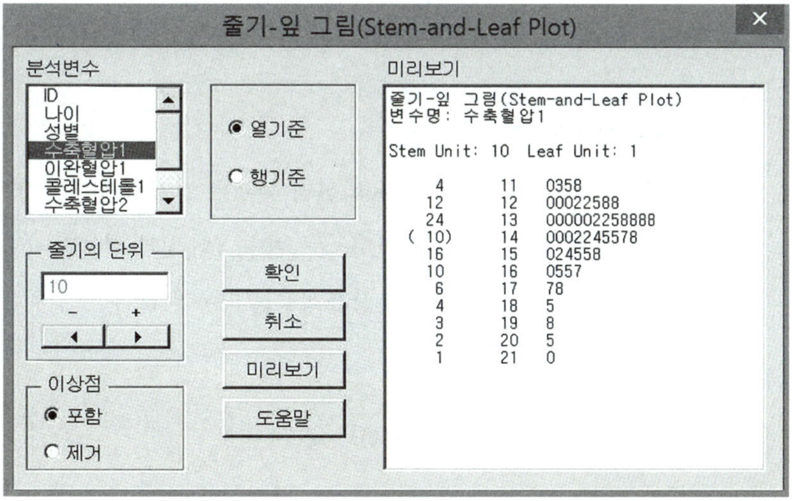

분석변수 창에서 수축혈압1 변수를 선택한 후 [미리보기]를 누르면 미리보기 창에 줄기-잎 그림이 그려진다. 줄기의 개수는 자료의 크기와 형태에 따라 달라지며 일반적으로 자료 개수의 제곱근에 두 배한 값을 사용한다. 줄기의 단위는 5단위, 10단위, 20단위 등과 같이 선택할 수 있다. [줄기의 단위]를 스크롤바를 이용하여 변화시켜 가면서 원하는 형태의 줄기-잎 그림을 선택한 후에 [확인]을 누른다. 디폴트(default)로 이상점을 포함하고 그림을 그리나, 이상점을 제거한 후의 자료의 형태를 보고 싶으면 [이상점] 프레임에서 [제거]를 선택한다.

미리보기 창의 줄기-잎 그림은 줄기의 단위로 10을 선택하고 이상점을 포함시킨 그림이다. 시계바늘 반대 방향으로 90도를 회전시켜 보면 히스토그램과 같은 형태를 보여주며 원 자료의 값도 그대로 간직한 것을 알 수 있다. 단, 자료의 개수가 큰 경우에는 줄기-잎 그림은 그리 유용하지 않음에 유의해야 한다.

1.2.4 산점도

산점도(scatter plot)는 쌍으로 주어진 관측값을 (X, Y) 좌표평면에 점으로 나타낸 그림으로 두 변수 X와 Y 사이의 관계를 파악하는 데 도움이 된다.

상관계수의 유의성검정

두 변수 사이의 상관관계가 유의한지 여부를 검정하려면 모상관계수 ρ의 추정값인 표본상관계수를 이용한다. 두 변수 X와 Y의 관측값이 $(x_1, y_1), \cdots,$ (x_n, y_n)과 같이 주어진 경우, 표본상관계수는 다음과 같다.

$$r = \frac{\sum_{i=1}^{n}(x_i-\bar{x})(y_i-\bar{y})}{\sqrt{\sum_{i=1}^{n}(x_i-\bar{x})^2 \sum_{i=1}^{n}(y_i-\bar{y})^2}}$$

검정하고자 하는 귀무가설은 $H_0 : \rho = 0$이며, X와 Y가 이변량 정규분포를 따르는 경우, 검정통계량

$$T = \frac{\sqrt{n-2}\,r}{\sqrt{1-r^2}}$$

이 자유도 $n-2$인 t-분포를 따름을 이용하면 유의수준 α에서 기각역은 다음과 같다.

$H_1 : \rho > 0$일 때 $t \geq t_{\alpha}(n-2)$

$H_1 : \rho < 0$일 때 $t \leq -t_{\alpha}(n-2)$

$H_1 : \rho \neq 0$일 때 $|t| \geq t_{\alpha/2}(n-2)$

여기서 $t_{\alpha}(n-2)$는 $P(T > t_{\alpha}(n-2)) = \alpha$를 만족하는 값이다.

'혈압' 자료를 이용하여 산점도를 그려보자.

[통계분석] → [그래프] → [산점도]

를 선택하면 산점도 대화상자가 나타난다.

산점도 대화상자 그림 1-7

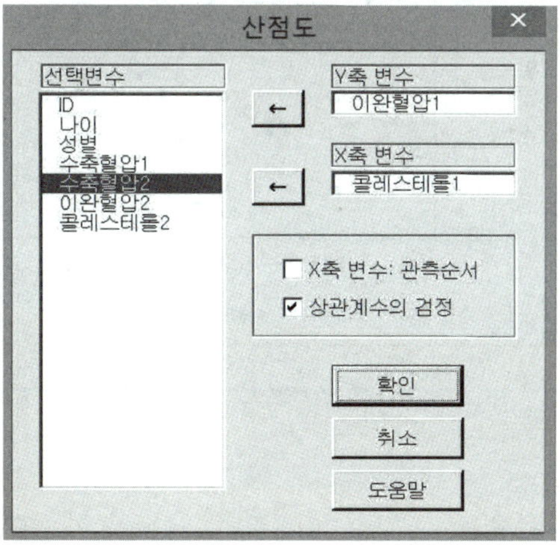

선택변수 창에서 y축 변수로 이완혈압1 변수, x축 변수로 콜레스트롤1 변수를 선택한 후 →를 눌러 오른쪽의 각 변수창으로 보낸다.

회귀분석의 잔차분석에서 자료를 관측순서에 따라 산점도를 그리는 경우와 같이, 관측순서(x)에 따라 자료값(y)의 산점도를 그리고자 할 때, [X축 변수 : 관측순서]를 선택한다.

두 변수 사이의 상관관계가 유의한지를 검정하려면 [상관계수의 검정]을 선택한다. 검정하고자 하는 가설은 $H_0 : \rho = 0$ vs $H_1 : \rho \neq 0$이다.

이완혈압1과 콜레스트롤1의 산점도를 보면 $r = 0.34$로 양의 상관관계가 있는 것 같다. 상관계수 검정의 유의확률도 0.0144로 작아 두 변수 사이에 상관관계가 없다는 귀무가설을 기각한다.

그림 1-8 산점도와 상관계수검정 결과

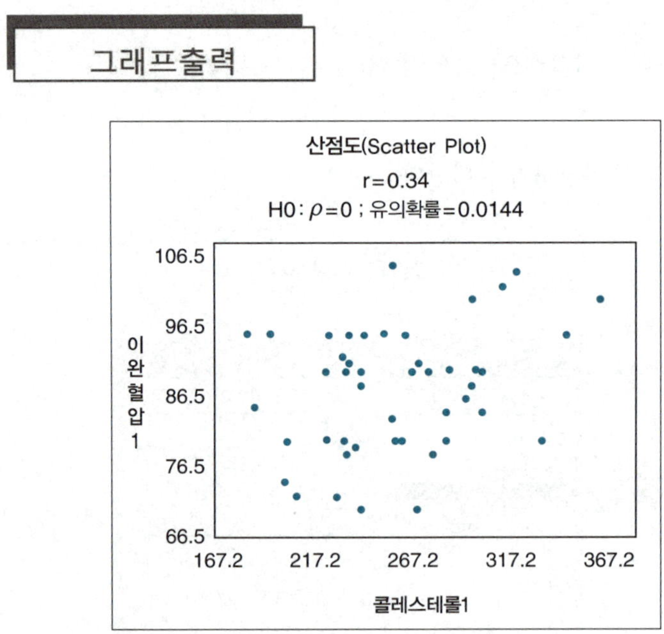

1.2.5 정규확률그림

대부분의 통계분석법들은 자료들이 정규분포를 따른다는 가정을 필요로 한다. 정규확률그림(Q-Q plot)은 자료에 대하여 정규성을 가정해도 좋은지를 알아보는 그림으로서, 자료의 정규점수를 X축, 표준화된 자료를 Y축으로 한 산점도이다. 산점도상의 점들이 직선상에 가깝게 위치하면 자료들이 정규모집단에서 추출되었다고 가정해도 좋다. Φ는 표준정규분포의 누적분포함수를 나타내고, 크기 순서대로 나열된 자료들을 $x_{(1)} \le \cdots \le x_{(n)}$이라고 할 때, 정규확률그림은 다음의 점들에 대한 산점도이다.

$$\left(\Phi^{-1}(p_i), \frac{x_{(i)}-\bar{x}}{s}\right), \quad i = 1, 2, \cdots, n$$

$$\text{단 } p_i = \frac{i-3/8}{n+1/4}$$

정규성검정

Kolmogorov-Smirov(K-S) 검정을 이용하여 정규성검정을 실시한다. K-S 검정은 확률표본이 특정한 확률분포 $F_0(x)$를 따르는 모집단에서 얻어진 것인지를 알아보기 위한 검정으로 검정하고자 하는 가설은 다음과 같다.

$$H_0: \text{모든 } x\text{에 대해 } F(x) = F_0(x) \text{ vs } H_1: \text{적어도 한 } x\text{에 대해 } F(x) \ne F_0(x)$$

$F(x)$는 확률표본의 분포함수이며, 정규성검정의 경우 $F_0(x)$는 정규분포이다. 검정통계량은 $F(x)$ 대신에 표본분포함수(sample distribution function) $F_n(x)$

$$F_n(x) = \frac{1}{n} \ (x\text{보다 작거나 같은 표본의 개수})$$

를 이용하여 다음과 같이 정의된다.

$$Z = \sup_x |F_n(x) - F_0(x)|$$

Z의 값이 크면 귀무가설을 기각하고 표본들이 정규분포를 따르지 않는다고 판단한다.

'혈압' 자료를 이용하여 정규확률그림을 그려보자.

[통계분석] → [그래프] → [정규확률그림]

을 선택하면 정규확률그림 대화상자가 나타난다.

그림 1-9 정규확률그림 대화상자

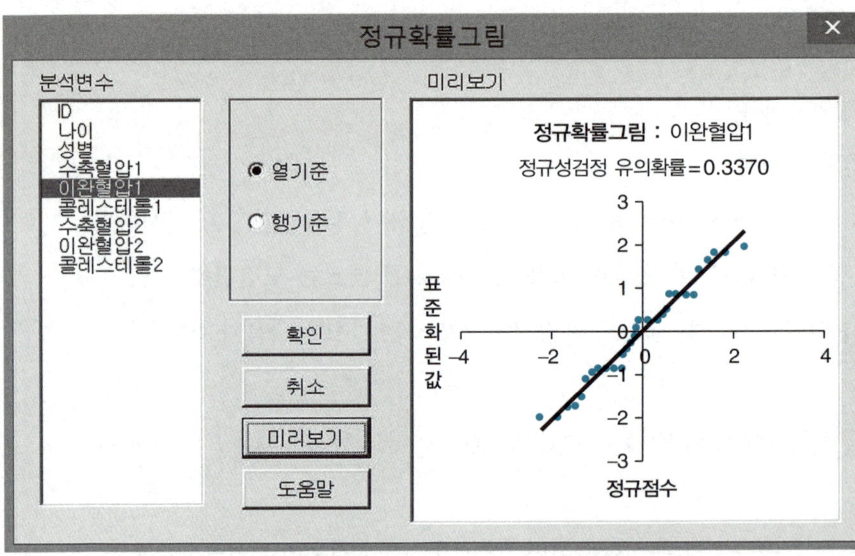

분석변수 창에서 이완혈압1 변수를 선택한 후 [미리보기]를 누르면 미리보기 창에 정규확률그림이 그려지고, 정규성검정의 유의확률이 출력된다.

이완혈압1의 경우 자료점들이 직선에서 심각하게 멀리 떨어져 있는 것 같지 않고, 유의확률도 0.3370으로 표본들이 정규분포를 따른다는 가설을 기각할 수 없다.

표본분포와 모의실험

CHAPTER 2

KESS는 기초통계 학습에 유용한 여러 가지 개념들을 이해하는 데 도움을 주기 위해 다음과 같은 메뉴를 제공하고 있다. 표본분포에서는 여러 가지 확률분포의 모양과 성질을 알아보고, 모의실험에서는 중심극한정리와 T-통계량의 분포에 대한 개념을 설명하고 있다.

2.1 표본분포

확률변수들의 함수를 통계량(statistics)이라고 하며, 통계량의 분포를 표본분포(sampling distribution)라고 한다. 추론을 위해 많이 사용되는 표본분포로는 이항분포, t-분포, χ^2-분포, F-분포를 들 수 있다. 여기서는 각 표본분포의 형태와 성질을 그래프를 통하여 확인하는 절차를 제공한다. 위에 나열된 각 표본분포에 대한 도움말을 누르면 각 분포별로 자세한 내용을 볼 수 있다.

2.1.1 이항분포

어떤 실험의 결과가 (성공, 실패) 또는 (찬성, 반대) 등과 같이 두 가지 결과 중의 하나로 나타나는 실험을 베르누이 실험(Bernoulli experiment)이라 한다. 예를 들어, 성공과 실패를 결과로 갖는 베르누이 실험에서 성공확률을 p, 실패확률을 $1-p$라고 하자. 동일한 성공확률을 갖는 베르누이 실험을 n번 반복 시행한 경우 성공의 횟수를 X라고 할 때, X를 이항확률변수라고 하며 이의 분포를 이항분포 $B(n, p)$라고 한다. 이항분포는 대표적인 이산형 확률변수의 분포로 확률질량함수의 형태는 다음과 같다.

$$P(X=x) = \binom{n}{x} p^x (1-p)^{n-x}, \quad x = 0, 1, \cdots, n$$

이항분포의 평균과 분산은 $E(X) = np$, $Var(X) = np(1-p)$이다. 일반적으로 n개의 제품 중에 포함된 불량품이 X개라면 불량률 $\hat{p} = \frac{X}{n}$는 모비율 p의 추정량으로 사용된다.

이항분포의 정규근사

X가 이항분포 $B(n, p)$를 따르는 확률변수라면, $\hat{p}$은 베르누이 분포의 표본평균에 해당되므로 중심극한정리(central limit theorem)(2.2절 참조)에 의해 근사적으로 정규분포를 따른다.

$$X \approx N(np, np(1-p))$$

n이 충분히 크고 p가 0 또는 1에 가깝지 않은 경우($np \geq 5$이고 $n(1-p) \geq 5$일 때)에

$$Z = \frac{X - np}{\sqrt{np(1-p)}}$$

는 근사적으로 표준정규분포를 따른다. 이항분포의 그림과 평균 np, 분산 $np(1-p)$인 정규분포 곡선을 겹쳐서 나타내면, 표본의 크기 n이 커짐에 따라 정규분포로 근사될 수 있음을 확인할 수 있다.

이항분포와 정규분포의 분포형태의 비교

[표본분포] → [이항분포]를 선택하면 이항분포의 학습을 위한 이항분포 대화상자가 나타난다. 이 화면에서 성공확률 p의 값과 시행횟수 n의 값을 입력시킨 후에 [그래프 그리기]를 누르면 이항분포의 그래프가 꺾은선 그래프의 모양으로 나타나고, 이와 함께 평균 np, 분산 $np(1-p)$인 정규분포 곡선이 겹쳐 그려진다. [그래프 확대]를 누르면 오른쪽에 나타난 그림이 확대되어 나타난다. 또한 확대된 그림에서 [닫기]를 누르면 원래의 화면으로 돌아온다. [그래프 출력]을 누르면 _통계분석결과_ 워크시트에 그래프가 출력된다.

그림 2-1 이항분포 대화상자

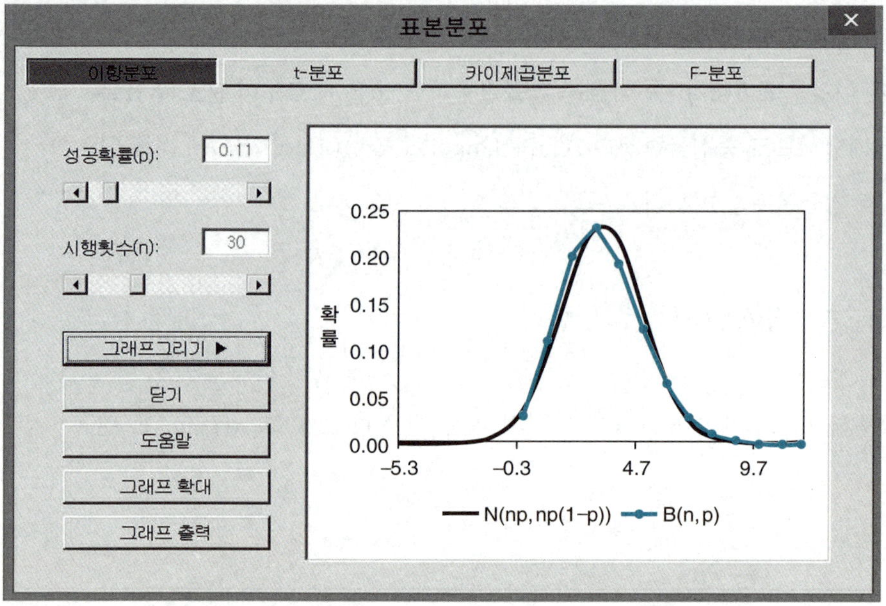

이항분포의 정규근사를 알아보는 실험

① p의 값을 0.2에서 0.8 사이에서 변화시키면서 이항분포의 모양과 정규분포 $N(np, np(1-p))$의 모양을 비교한다. n이 30 이상이면 두 분포의 형태가 비슷해짐을 확인할 수 있다.

② p값이 0.1 또는 0.9이면서 n값이 10 또는 20 정도이면 np 또는 $n(1-p)$가 5보다 많이 작게 되며, 이와 같은 경우에는 이항분포와 정규분포의 모양 차이가 큼을 확인할 수 있다.

2.1.2 t-분포

Z를 표준정규 확률변수라 하고, V를 자유도 k인 카이제곱 확률변수라고 할 때,

$$T = \frac{Z}{\sqrt{V/k}}$$

는 자유도 k인 t-분포를 따른다고 하고 $t(k)$로 나타낸다. t-분포는 정규모집단에서 추출된 표본을 이용하여 모평균에 대한 추론을 하는 경우에 사용되는 분포이다. 즉 $x_1, x_2, \cdots, x_n$이 정규분포 $N(\mu, \sigma^2)$에서 추출된 랜덤표본이고 모집단의 분산 σ^2이 미지인 경우 σ^2의 추정량으로 표본분산 $s^2 = \frac{1}{n-1}\sum_{i=1}^{n}(x_i - \bar{x})^2$을 이용하여 다음과 같이 정의되는

$$T = \frac{\bar{x} - \mu}{s/\sqrt{n}}$$

를 모평균의 추론문제에 이용한다. $\frac{\bar{x} - \mu}{\sigma/\sqrt{n}}$는 정규분포를 따르고 $\frac{(n-1)s^2}{\sigma^2}$은 $\overline{X}$와 독립이고, 자유도가 $(n-1)$인 카이제곱분포를 따르므로 T는 $t(n-1)$-분포를 따른다. t-분포의 형태는 표준정규분포와 같이 0을 중심으로 좌우 대칭이며 종 모양의 분포를 갖는다. 표준정규분포보다 두터운 꼬리를 갖고 있다는 것이 특징이며, 자유도가 증가함에 따라 표준정규분포에 가까워진다.

t-분포와 표준정규분포의 분포형태의 비교

[표본분포] → [t-분포]를 선택하면 t-분포의 모양을 표준정규분포와 비교할 수 있는 화면이 뜬다. 이 화면에서 t-분포의 자유도를 선택한 후에 [그래프 그리기]를 누르면 t-분포의 그래프가 표준정규분포의 그래프와 함께 그려진다. [그래프 확대]를 누르면 오른쪽에 나타난 그림이 확대되어 나타난다. 또한 확대된 그림에서 [닫기]를 누르면 원래의 화면으로 돌아온다. [그래프 출력]을 누르면 _통계분석결과_ 워크시트에 그래프가 출력된다.

t-분포의 모양을 표준정규분포와 비교하는 실험을 위하여, 자유도를 1부터 조금씩 증가시켜 가면서 [그래프 그리기]를 시행하여 본다. 자유도가 20 이상이면 t-분포와 표준정규분포의 모양이 매우 비슷함을 알 수 있을 것이다. 두 분포의 비교에서는 양쪽 꼬리부분의 분포가 중요하므로 이 점에 유의해서 비교해야 한다.

그림 2-2 *t*-분포 대화상자

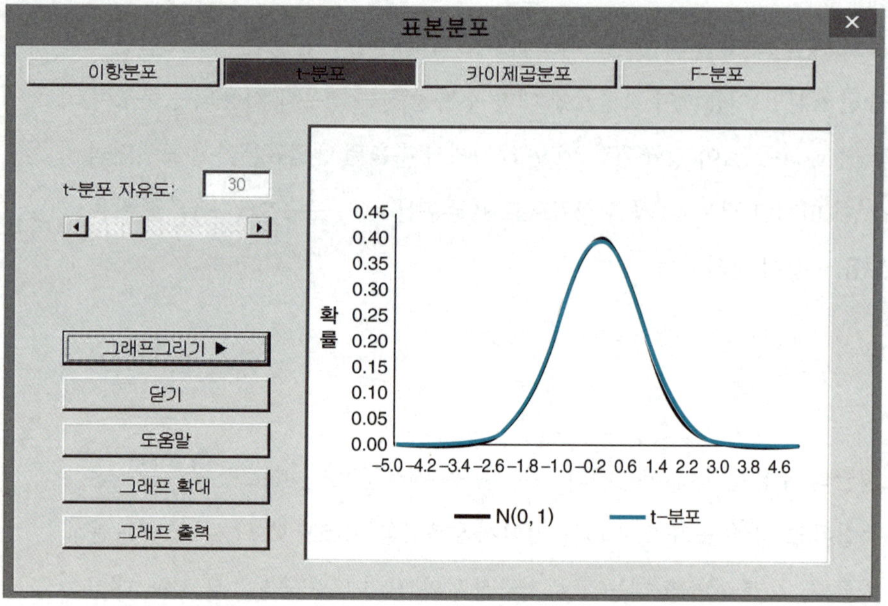

2.1.3 카이제곱분포

Z가 표준정규분포 $N(0,\ 1)$을 따르는 경우 Z^2은 자유도가 1인 카이제곱(χ^2)-분포를 따른다고 하고 $\chi^2(1)$로 나타낸다. χ^2-분포는 표본분산 s^2 또는 제곱합과 관련된 통계량의 분포에 사용되는데, 분산에 대한 추론 문제나 분할표에서의 독립성 검정 등에 이용된다.

$Z_1,\ Z_2,\ \cdots,\ Z_k$가 k개의 서로 독립이고 표준정규분포 $N(0,\ 1)$을 따르는 확률변수일 때

$$V = Z_1^2 + Z_2^2 + \cdots + Z_k^2$$

의 분포는 자유도(degree of freedom)가 k인 $\chi^2(k)$분포라고 부른다. 확률변수의 제곱의 합으로 정의되므로 양의 값을 갖고, 왼쪽으로 치우쳐 있으며, 오른쪽

으로 꼬리가 긴 형태를 가진다. 자유도 k가 커짐에 따라 오른쪽으로 이동하여 대칭에 가까운 형태를 보인다.

χ^2–분포는 정규모집단에서 추출된 표본에서 모분산에 대한 추론을 하는 경우에 유용하게 쓰이는 분포이다. 즉 정규모집단에서 추출한 랜덤표본의 표본분산을

$$s^2 = \frac{1}{n-1}\sum_{i=1}^{n}(x_i - \overline{x})^2$$

이라고 할 때

$$\frac{(n-1)s^2}{\sigma^2}$$

은 $\chi^2(n-1)$–분포를 따르며 모분산에 관한 추론문제에 이용된다. χ^2–분포는 범주형 자료의 분석에서도 많이 사용된다. 적합도검정이나 독립성 또는 동질성검정에서 검정통계량의 분포가 근사적으로 χ^2–분포를 따르는데, 이러한 점을 이용한 검정법을 카이제곱 검정이라고 부른다.

카이제곱분포의 모양을 확인하는 실험

[표본분포] → [카이제곱분포]를 선택하면 χ^2–분포의 형태에 대한 학습을 할 수 있는 화면이 뜬다. 이 화면에서 χ^2–분포의 자유도를 선택한 후에 [그래프 그리기]를 누르면 χ^2–분포의 그래프가 그려진다. [그래프 확대]를 누르면 오른쪽에 나타난 그림이 확대되어 나타난다. 또한 확대된 그림에서 [닫기]를 누르면 원래의 화면으로 돌아온다. [그래프 출력]을 누르면 _통계분석결과_ 워크시트에 그래프가 출력된다. 카이제곱분포의 모양은 자유도가 증가하면서 중심위치가 오른쪽으로 이동하며, 좌우 대칭인 정규분포곡선에 가까워짐을 확인할 수 있다. 그래프의 눈금에서 X–축의 최대값은 100으로 제한했으며, 따라서 자유도는 55까지 그릴 수 있다.

그림 2-3 카이제곱분포 대화상자

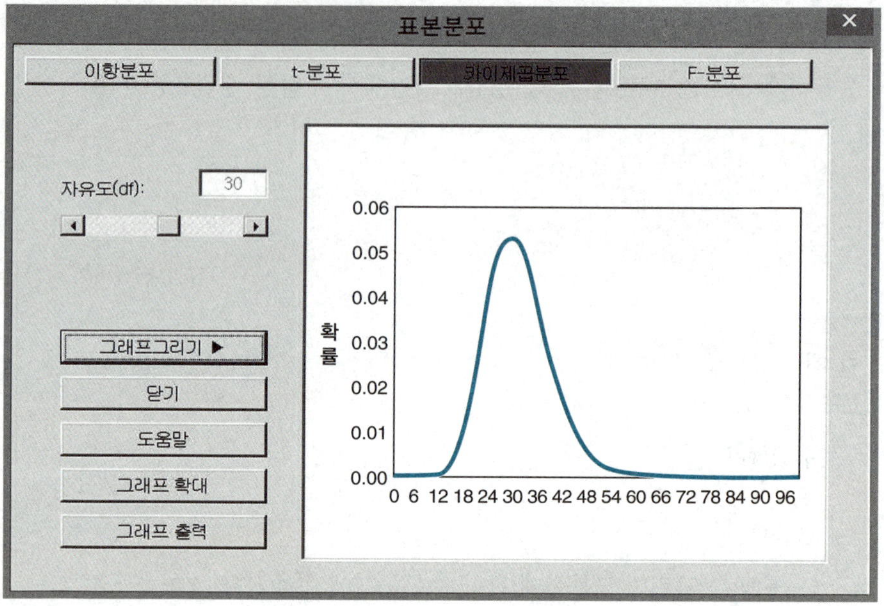

2.1.4 *F*-분포

서로 독립인 두 카이제곱 확률변수를 각각의 자유도로 나눈 후 이들의 비로 만든 통계량인

$$F = \frac{V_1/k_1}{V_2/k_2}$$

의 분포를 자유도 (k_1, k_2)인 F-분포를 따른다고 한다. F-분포의 형태는 분자와 분모의 자유도의 크기에 따라 다르지만 그 대략적인 형태는 왼쪽으로 치우쳐 있고 오른쪽으로 긴 꼬리를 갖는다. 특히 두 자유도가 동시에 증가하면 분포의 모양은 1 가까이에 밀집된 형태임을 확인할 수 있다.

두 정규모집단에서 추출된 랜덤표본의 표본분산에 대하여

$$\frac{(n_1-1)s_1^2}{\sigma_1^2} \sim \chi^2(n_1-1),\ \frac{(n_2-1)s_2^2}{\sigma_2^2} \sim \chi^2(n_2-1)$$

이므로

$$F = \frac{s_1^2/\sigma_1^2}{s_2^2/\sigma_2^2}$$

은 자유도가 (n_1-1, n_2-1)인 F-분포를 따른다. F-분포는 두 모분산의 비교에 대한 추론 문제나 여러 모평균을 비교하는 분산분석, 설명변수와 반응변수 사이의 관계를 알아보는 회귀분석에서 사용된다.

F-분포의 모양을 확인하는 실험

[표본분포] → [F-분포]를 선택하면 F-분포의 형태에 대한 학습을 할 수 있는 화면이 뜬다. 이 화면에서 분자의 자유도(자유도1)와 분모의 자유도(자유도2)를 선택한 후 [그래프 그리기]를 누르면 F-분포의 그래프가 그려진다. [그

F-분포 대화상자 그림 2-4

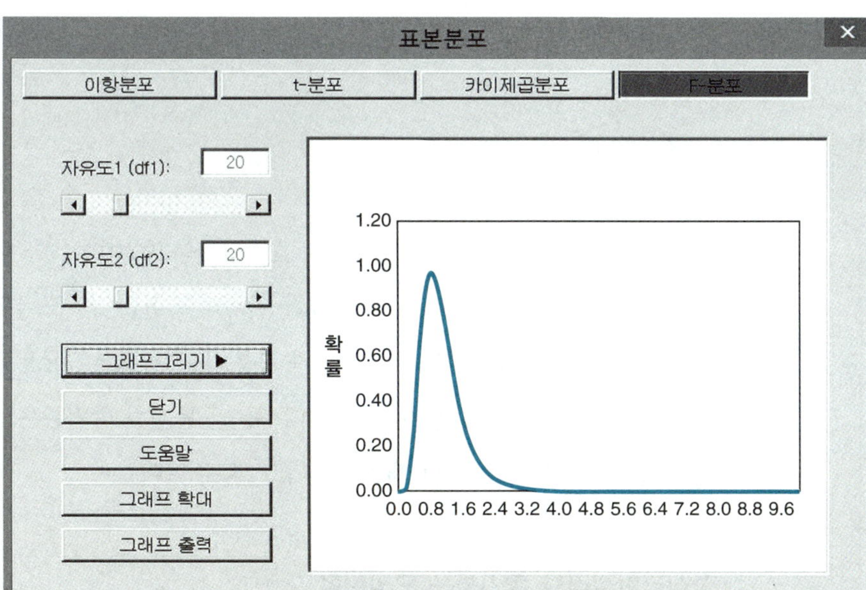

래프 확대]를 누르면 오른쪽에 나타난 그림이 확대되어 나타난다. 또한 확대된 그림에서 [닫기]를 누르면 원래의 화면으로 돌아온다. [그래프 출력]을 누르면 _통계분석결과_ 워크시트에 그래프가 출력된다.

2.2 모의실험

표본평균의 분포는 표본크기가 증가하면서 정규분포로 수렴한다. 특히 표준오차로 나누어 표준화시킨 표본평균의 분포의 형태를 모의실험을 통하여 확인해 보고자 한다. 구체적인 실험방법은 [중심극한정리]와 [T-통계량의 경험분포]에 대한 도움말을 누르면 자세히 알 수 있다.

2.2.1 중심극한정리

평균이 μ이고 분산이 σ^2인 임의의 모집단에서 추출된 크기 n인 랜덤표본의 표본평균 $\overline{X}$는 표본크기 n이 충분히 클 때, 근사적으로 정규분포를 따른다. 따라서 $\overline{X}$를 표준화시킨 Z-통계량

$$Z = \frac{\overline{X} - \mu}{\sigma / \sqrt{n}}$$

는 모집단의 분포와는 무관하게 근사적으로 표준정규분포 $N(0,\ 1)$을 따르며, 이 같은 사실을 중심극한정리(central limit theorem)라고 한다. 즉 모집단의 분포가 정규분포를 따르지 않더라도 표본크기가 충분히 크면 표본평균은 근사적으로 정규분포를 따르므로, 이 정리에 의해 대부분의 통계적 방법론은 모집단이 정규분포를 따른다는 가정 하에 개발되었다고 할 수 있다.

중심극한정리를 확인하는 모의실험

[통계학습] → [모의실험]을 선택하면 임의의 모집단에서 생성된 자료를 이

용하여 표준화된 표본평균의 분포를 정규분포와 비교해 볼 수 있는 모의실험 대화상자가 뜬다.

① 모집단의 분포는 다음 3가지 분포 중에서 하나를 선택한다.

균등분포 $U(0, 10)$: 구간 $(0, 10)$에서 균등분포

지수분포 $Exp(1)$: 모수가 1인 표준지수분포

(지수분포는 양수에서 정의되고 오른쪽 꼬리만 있는 비대칭인 분포이다)

정규분포 : 표준정규분포

② 표본크기 n의 선택

위에서 지정된 모집단에서 n개의 표본을 생성하여 Z-통계량의 값을 구한다. 모집단이 정규분포이면 Z-통계량의 분포는 정규분포이며, 균등분포와 지수분포를 따르는 경우에도 표본크기가 커짐에 따라 정규분포로 근사되는 것을 확인할 수 있다.

③ 실험횟수

지정된 분포에서 생성된 표본을 이용하여 Z-통계량의 값을 구하는 작업을 실험횟수만큼 반복 시행한다. 구해진 Z-통계량의 값들을 히스토그램으로 나타내어 표준정규분포와 비교해 본다. 표본크기와 실험횟수가 증가함에 따라 모집단의 분포와 무관하게 표준정규분포로 근사되는 것을 확인할 수 있다.

④ 그래프 그리기

[그래프 그리기]를 누르면 오른쪽에 히스토그램과 표준정규분포 곡선이 겹쳐 그려진다. 다시 [그래프 확대]를 누르면 그림이 확대된다. 확대된 그래프에서 [닫기]를 누르면 원래의 화면으로 돌아온다. [그래프 출력]을 누르면 _통계분석결과_ 워크시트에 그래프가 출력된다.

그림 2-5 중심극한정리 대화상자

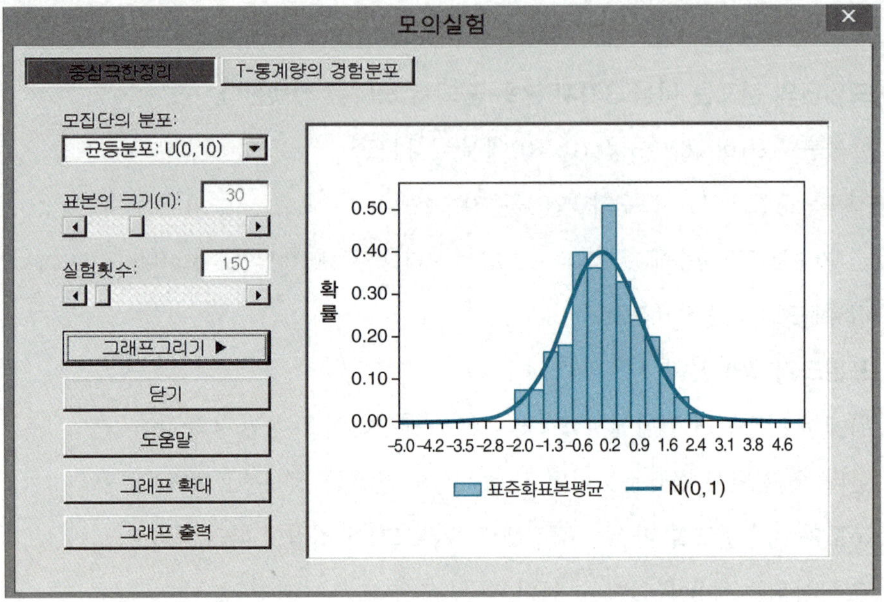

2.2.2 T–통계량의 경험분포

모집단의 분포가 정규분포인 경우 표본평균을 스튜던트화한 T–통계량

$$T = \frac{\bar{x} - \mu}{s/\sqrt{n}}$$

는 자유도가 $(n-1)$인 t–분포를 따른다. 모집단의 분포가 정규분포가 아닌 경우 t–분포로의 근사가 표준정규분포로의 근사보다 좋은지 알아볼 수 있다.

T–통계량의 경험분포를 모의실험으로 생성하는 방법

[통계학습] → [모의실험]을 선택하면 임의의 모집단에서 생성된 자료를 이용하여 T–통계량의 분포를 정규분포와 비교해 볼 수 있는 모의실험 대화상자가 뜬다.

① 모집단의 분포는 다음 3가지 분포 중에서 하나를 선택한다.

균등분포 $U(0, 10)$: 구간 (0, 10)에서 균등분포

지수분포 $Exp(1)$: 모수가 1인 표준지수분포

(지수분포는 양수에서 정의되고 오른쪽 꼬리만 있는 비대칭인 분포이다.)

정규분포 : 표준정규분포

② T-통계량의 값 구하기

위에서 지정된 모집단에서 n개의 표본을 생성하여 T-통계량의 값을 구한다. 모집단이 정규분포이면 T-통계량의 분포는 t-분포를 따른다. 균등분포와 지수분포를 따르는 경우에도 표본크기 n이 커짐에 따라 T-통계량의 분포가 정규분포보다는 t-분포에 더 가깝게 근사되는 것을 확인해 본다. 표본의 크기가 20 이상이면 t-분포와 표준정규분포를 구별하는 것이 어려워지므로 소표본에서만 비교의 의미가 있다.

③ 실험횟수

지정된 분포에서 생성된 표본을 이용하여 T-통계량의 값을 구하는 작업을 실험횟수만큼 반복 시행한다. 구해진 T-통계량의 값들을 히스토그램으로 나타내고 자유도가 $(n-1)$인 t-분포와 표준정규분포의 곡선을 함께 그려 비교해 본다.

④ 그래프 그리기

[그래프 그리기]를 누르면 오른쪽에 T-통계량의 히스토그램과 표준정규분포 곡선이 겹쳐 그려진다. 다시 [그래프 확대]를 누르면 그림이 확대된다. 확대된 그래프에서 [닫기]를 누르면 원래의 화면으로 돌아온다. [그래프 출력]을 누르면 _통계분석결과_ 워크시트에 그래프가 출력된다.

그림 2-6 T-통계량의 경험분포 대화상자

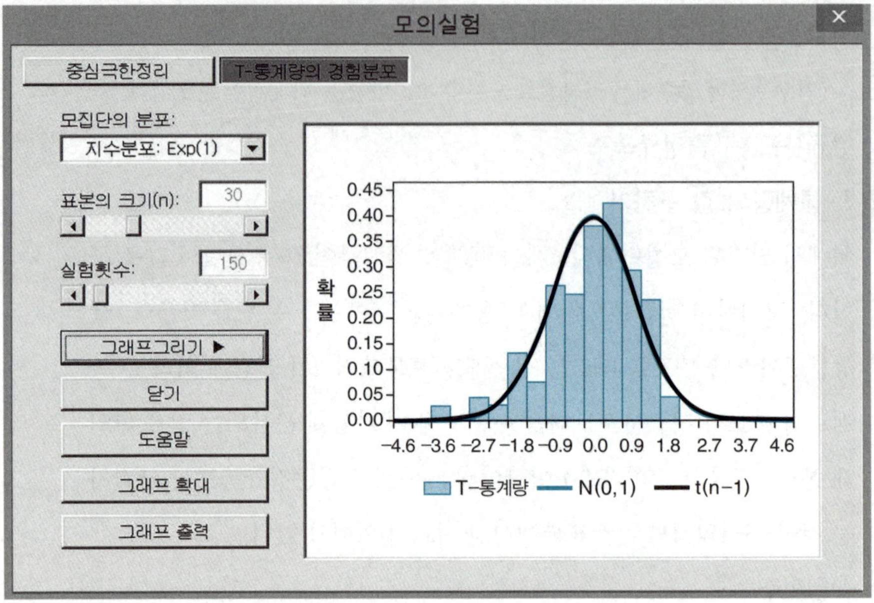

모평균 비교

CHAPTER 3

이 장에서는 모집단의 평균이 특정한 값을 갖는지, 두 모집단의 평균들이 동일한지 여부를 검정하는 방법에 대해 알아보기로 한다. 모집단의 특성값들을 모수(parameter)라고 하는데 일반적으로 알려져 있지 않으므로, 모집단에서 표본을 추출하여 이들을 이용하여 미지의 모수를 추정(estimate)하거나, 모수들이 특정한 값을 갖는지를 검정(test)한다. 추정과 검정을 합하여 통계적 추론(statistical inference)이라고 한다.

하나의 모평균에 관한 추론이나 두 모평균의 차에 관한 추론은 표본평균과 두 표본평균의 차이를 각각 이용한다. 정규모집단에서 추출된 표본들의 평균 또는 두 표본평균의 차이를 표준오차로 표준화시킨 T–통계량은 t–분포를 따르며, T–통계량을 이용한 검정은 모두 t–검정이라고 부른다. 특히 하나의 모집단 평균에 관한 추론을 일표본 문제, 두 모집단의 평균에 관한 추론을 이표본 문제라고 한다.

3.1 일표본 t–검정

3.1.1 일표본 t–검정 예

《예제 3–1》

Data 디렉토리에 저장된 기술통계 시트의 '수명' 자료는 전구 생산 공정에서 랜덤하게 뽑힌 10개의 전구를 가속실험으로 측정한 수명시간이다. 생산자의 주장에 따르면 전구의 평균수명은 적어도 1500시간 이상이라고 한다. 공정에 이상이 있다면 생산자의 주장과는 달리 평균수명은 1500시간보다 작을 것이다. 공정에 이상이 있는지 알아보기 위해서는 일표본 t–검정을 실시한다. 일표본 t–검정을 실행하기 위해

[통계분석] → [t–검정] → [일표본 검정]

을 선택하면 일표본 t–검정 대화상자가 나타난다.

그림 3-1 일표본 t-검정 대화상자

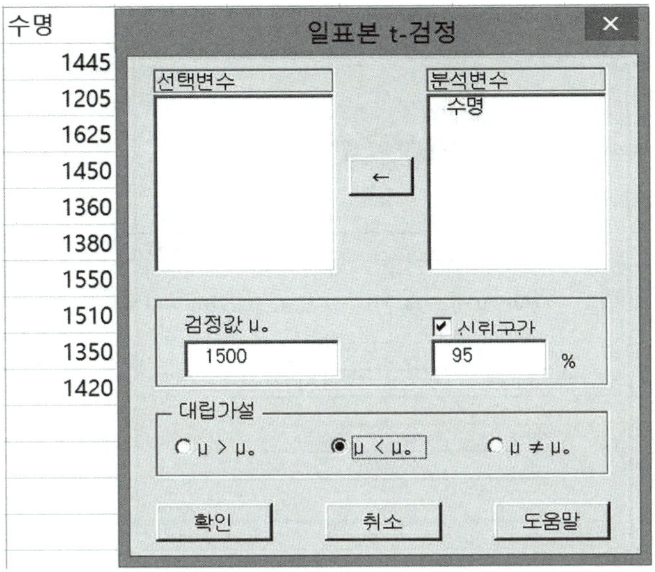

선택변수 창에서 '수명' 변수를 선택한 후 →를 눌러 오른쪽의 분석변수 창으로 보낸다. 공정에 이상이 있다(평균 수명시간이 1500시간보다 작다)는 주장이 옳은지 알아보기 위한 것이므로 검정하고자 하는 대립가설로는 $\mu < \mu_0$를 선택하고, 귀무가설 하에서의 모평균의 검정값 1500을 입력한다. 디폴트값은 0이다. 신뢰구간을 구하려면 [신뢰구간] 확인란을 선택하고 원하는 신뢰수준의 값을 입력한다. 디폴트값은 95%이다.

검정 결과 유의확률이 0.045이므로 유의수준 $\alpha = 0.05$에서 공정에 이상이 없다는 귀무가설을 기각한다. 신뢰구간은 (1345.5, 1513.5)로 $\mu = 1500$을 포함하고 있다. 만약 양쪽검정 $\mu \neq \mu_0$를 선택하면 유의확률은 $2 \times 0.045 = 0.090$이 되어 귀무가설을 기각할 수 없다. 대립가설로 무엇을 선택하느냐에 따라 검정결과가 달라지므로 대립가설을 유의해서 선택해야 한다.

[참고]

t-검정을 시행하기에 앞서 먼저 자료들이 정규분포를 따른다는 가정을 만족하는지 확인해 보아야 한다. 1장에서 설명한 것처럼 정규확률그림을 그려보아 이상점이 존재하거나 한 쪽으로 치우치는 등의 문제점이 없는지를 확인해 보고, 정규가정이 만족되지 않는다면 변환을 하거나 비모수적 방법을 사용하는 것이 좋다.

그림 3-2 일표본 t-검정 결과

t-검정 분석결과

일표본 검정

변수명	개수	평균	표준편차
수명	10	1429.5	117.3658

H0 : μ=μ。 vs. H1 : μ < μ。 (μ。 = 1500)

t-통계량	자유도	유의확률
-1.8995	9	0.045

95% 신뢰구간	하한	상한
	1345.5416	1513.4584

3.1.2 이론적 배경

한 모집단의 모평균 μ의 추정량(estimator)으로는 표본평균 $\bar{x}$가 가장 많이 사용된다. 따라서 $\bar{x}$의 분포를 알아야 모평균에 대한 검정을 시행할 수 있다. 모집단이 정규분포를 따른다는 가정 하에서 모표준편차 σ를 안다면 정규검정(Z-검정)을 시행하면 된다. 그러나 일반적으로 σ도 미지이므로 σ의 추정량으로 표본표준편차 s를 이용하며, 이 경우 표본평균 $\bar{x}$는 t-분포를 따르므로 t-검정을 시행한다.

$x_1, x_2, \cdots, x_n$들이 정규분포 $N(\mu, \sigma^2)$에서 추출된 랜덤표본이라고 하면 표본평균 $\bar{x}$와 표본표준편차 s는 다음과 같다.

$$\bar{x} = \frac{1}{n}\sum_{i=1}^{n} x_i, \quad s = \sqrt{\frac{1}{n-1}\sum_{i=1}^{n}(x_i - \bar{x})^2}$$

t-검정 통계량

표본평균을 표준화시킨 통계량(T-통계량)

$$T = \frac{\bar{x} - \mu}{s/\sqrt{n}}$$

는 자유도가 $(n-1)$인 t-분포를 따르므로 이를 이용한 검정을 t-검정이라고 한다. μ를 하나의 값 $\bar{x}$로 추정하는 것을 점추정(point estimation)이라고 하는데, 때로는 다음과 같이 μ가 포함될 것으로 기대되는 구간을 추정하는 구간추정(interval estimation)이 유용한 경우가 있다.

모평균의 신뢰구간

모평균 μ의 $100(1-\alpha)\%$ 신뢰구간은 다음과 같이 구한다.

$$\left(\bar{x} - t_{\alpha/2}(n-1)\,s/\sqrt{n},\ \bar{x} + t_{\alpha/2}(n-1)\,s/\sqrt{n}\right)$$

단, $t_\alpha(k)$는 자유도 k인 t-분포에서 $100(1-\alpha)$백분위수로서, 오른쪽 꼬리의 면적이 α인 점을 나타낸다.

모평균의 유의성검정

모평균 μ가 특정한 값 μ_0를 갖는지 여부를 알아보고자 하는 것을 유의성 검정이라고 하는데, 귀무가설 $H_0 : \mu = \mu_0$ 하에서 검정통계량

$$T = \frac{\bar{x} - \mu_0}{s/\sqrt{n}}$$

이 자유도 $n-1$인 t-분포를 따름을 이용하므로 t-검정이라고 한다. 유의수준 α에서 관측된 t-값을 이용하여 귀무가설을 기각하는 기각역은 다음과 같이 대립가설에 따라 결정된다.

① $H_1 : \mu > \mu_0$일 때 $t \geq t_\alpha(n-1)$

② $H_1 : \mu < \mu_0$일 때 $t \leq -t_\alpha(n-1)$

③ $H_1 : \mu \neq \mu_0$일 때 $|t| \geq t_{\alpha/2}(n-1)$

검정통계량의 값이 기각역에 포함되면 유의수준 α에서 귀무가설을 기각한다.

[참고] 유의확률(p-값)을 이용한 검정

귀무가설이 사실일 경우 T가 $t(n-1)$-분포를 따르는 확률변수이고 t가 관측된 값이라면, $P(T \geq t)$ 또는 $P(T \leq t)$를 단측검정에서의 **유의확률**이라고 하며, 이 값이 유의수준 α보다 작으면 귀무가설을 기각한다.

유의확률은 귀무가설이 사실일 경우 검정통계량의 값이 관측될 확률이므로, 귀무가설을 기각할 경우 오류를 범할 확률이라고 할 수 있다. 가설검정에서는 귀무가설이 사실일 때 이를 기각하는 오류를 **제1종의 오류**(type 1 error)라고 부르므로 유의확률은 제1종의 오류를 범할 확률이며, 이 값이 유의수준 α보다 작으면 귀무가설을 기각해도 잘못을 범할 확률이 α보다 작다는 것을 의미한다. 양측검정의 경우 유의확률은 $2P(T \geq |t|)$와 같이 구한다.

3.2 이표본 t-검정

두 모집단의 모평균을 비교하고자 할 때는 이표본 t-검정을 시행한다. 각 모집단에 속한 자료들이 독립적으로 관측된 표본인 경우에는 독립비교(independent comparison)를 시행하며, 자료들이 쌍의 형태로 관측된 경우에는 대응비교(paired comparison)를 시행한다.

3.2.1 이표본 t-검정 사용 예

《예제 3-2》 독립비교

Data 디렉토리에 저장된 기술통계 시트의 '버섯' 자료를 이용하여 이표본 t-검정을 시행해 보기로 한다. 이 자료는 비타민 B1이 버섯의 성장을 촉진시킨다는 가설을 확인하기 위해 성장상태가 비슷한 20개의 버섯을 임의로 추출한 후 이 중 10개는 처리그룹으로 분류하여 비타민 B1을 투여하고, 나머지 10개는 대조그룹으로 분류하여 비타민을 투여하지 않았다. 일정한 기간이 지난 후 버섯의 무게를 측정한 자료이다. 비타민 B1이 버섯의 성장을 촉진하는지 알아보자. 두 그룹으로 나눈 후 독립적으로 측정된 자료이므로 독립비교에 의해 분석하기로 한다. 처리그룹의 모평균을 μ_1, 대조그룹의 모평균을 μ_2라고 하면 대립가설은 $\mu_1 > \mu_2$가 된다. 이표본 t-검정을 실행하기 위해

[통계분석] → [t-검정] → [이표본 검정]

을 선택하면 이표본 t-검정 대화상자가 나타난다.

> **[참고]**
>
> ① 이표본 t-검정의 경우 자료입력 방식은 '고급입력'과 '표준입력'의 두 가지가 있다. [그림 3-4]는 표준입력 방식에 의해 '버섯(표준)' 자료를 입력한 경우이다. 통계학 교재에서 볼 수 있는 형태로 자료가 저장되어 있으며, [그림 3-5]는 고급입력 방식에 의해 '버섯(고급)' 자료를 입력한 경우이다.
>
> ② 이표본 t-검정을 적용하기 전에 자료들이 정규분포를 따른다는 가정의 확인을 위해 1장에서 설명한 것처럼 정규확률그림과 상자그림을 그려보는 것이 좋다.

[그림 3-3]으로부터 자료들이 정규분포를 따르지 않는다고 할 근거는 없다. 상자그림을 보면 자료의 산포는 크게 다른 것 같지는 않으나 중앙값의 위치는 다른 것 같다. 처리 자료에는 이상점이 한 개 있는 것을 볼 수 있으나 심각하

버섯 자료들의 정규확률그림과 상자그림 그림 3-3

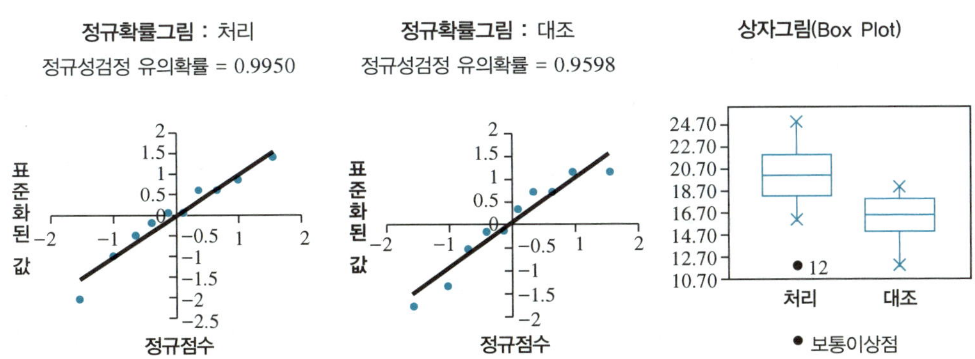

지는 않은 것 같다. 이처럼 검정을 시행하기 전에 자료에 대한 가정 및 특성을 미리 확인해 보는 것이 중요하다.

'표준입력' 방식은 [그림 3-4]와 같이 첫 번째 행에는 수준(변수)의 이름을 쓰고, 두 번째 행부터는 각 수준에서의 관측값을 차례로 입력한다. 선택변수 창에 있는 변수들 중에서 비교하려는 '처리'와 '대조' 변수를 선택한 후 →를 눌러 오른쪽의 분석변수 창으로 보낸다.

그림 3-4 이표본 t-검정 표준입력 대화상자

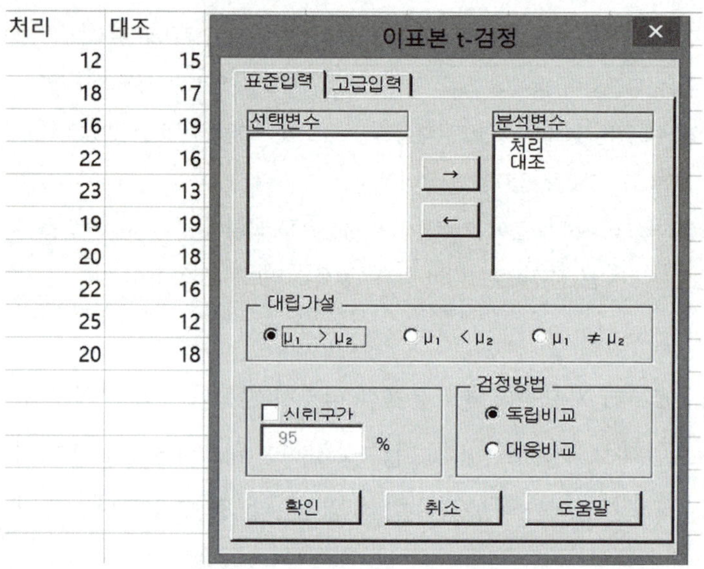

'고급입력' 방식은 [그림 3-5]와 같이 첫 번째 열에는 분류변수의 수준(이름)을 쓰고, 두 번째 열에는 각 수준에서의 분석변수의 관측값을 차례로 입력한다. 선택변수 창에 있는 변수들 중에서 분류변수로 사용될 변수 '그룹'과 분석변수로 사용될 변수 '버섯무게'를 선택한 후 →를 눌러 각 변수 창으로 보낸다.

원하는 형태의 대립가설을 선택하고 독립비교와 대응비교 중에서 하나를 선택한다. 이 예제는 독립비교에 해당되며 대립가설로 $\mu_1 > \mu_2$를 선택한다.

그림 3-5 이표본 t-검정 고급입력 대화상자

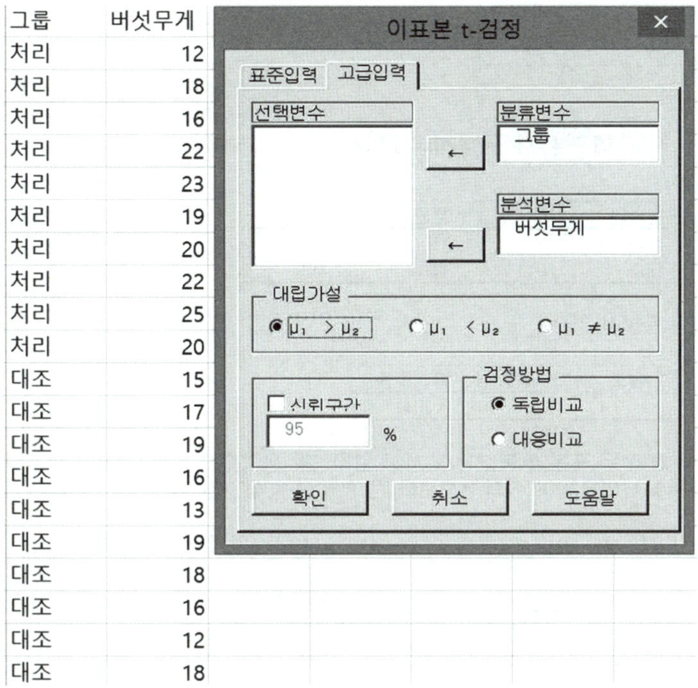

신뢰구간을 구하려면 [신뢰구간] 확인란을 선택하고 원하는 신뢰수준의 값을 입력한다. 디폴트(default) 값은 95%이다.

등분산검정 결과를 보면 유의확률이 0.2041이므로 유의수준 $\alpha = 0.05$에서 두 모집단의 분산이 동일하다는 귀무가설을 기각할 수 없다. 등분산인 경우의 검정결과를 보면 유의확률이 0.0133이므로 모평균이 동일하다는 귀무가설을 기각하고 비타민 B1이 버섯의 성장을 촉진한다고 판단하다.

그림 3-6 **이표본 *t*-검정 독립비교 출력결과**

t-검정 분석결과

이표본 검정 (독립비교)

변수명	개수	평균	표준편차
처리	10	19.7	3.7431
대조	10	16.3	2.406

등분산 검정

자유도	F값	유의확률
(9 , 9)	2.4203	0.2041

"H0: 두 표본의 분산들이 서로 같다."를 유의수준 α=0.05에서 기각할 수 없다.
※유의확률이 유의수준보다 큰 경우에는 등분산 결과를 사용하는 것이 좋다.

H : $\mu_1 = \mu_2$ vs. K : $\mu_1 > \mu_2$ (μ_1 : 처리, μ_2 : 대조)

분산	t-통계량	자유도	유의확률
등분산	2.4163	18	0.0133
이분산	2.4163	15.3525	0.0143

《예제 3-3》 대응비교

Data 디렉토리에 저장된 기술통계 시트의 '혈압' 자료 중 이완혈압1과 이완혈압2를 비교하는 문제를 생각해 보자. 같은 환자에 대한 검사결과이므로 대응비교를 하는 것이 합리적이라고 할 수 있다. 먼저 각 자료의 정규확률그림과 상자그림을 그려보기로 한다.

그림 3-7 **이완혈압1과 이완혈압2의 정규확률그림 및 상자그림**

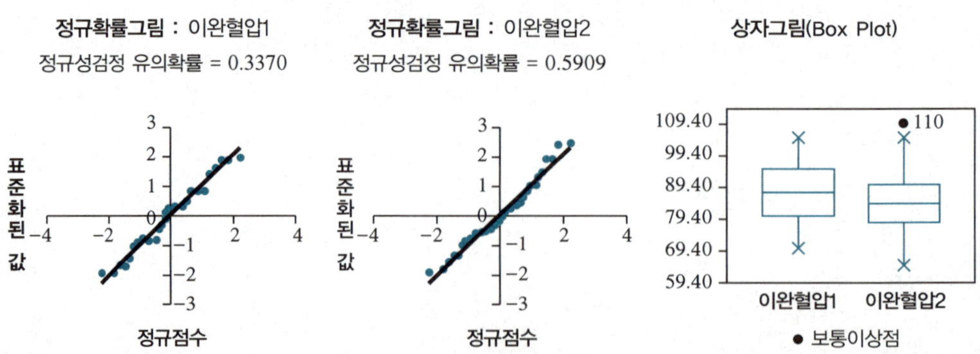

이완혈압1과 이완혈압2는 모두 정규분포를 따른다고 할 수 있으며 이완혈압2의 산포가 더 큰 것 같고 이상점은 한 개 있다.

그림 3-8 이표본 t-검정 대응비교 대화상자

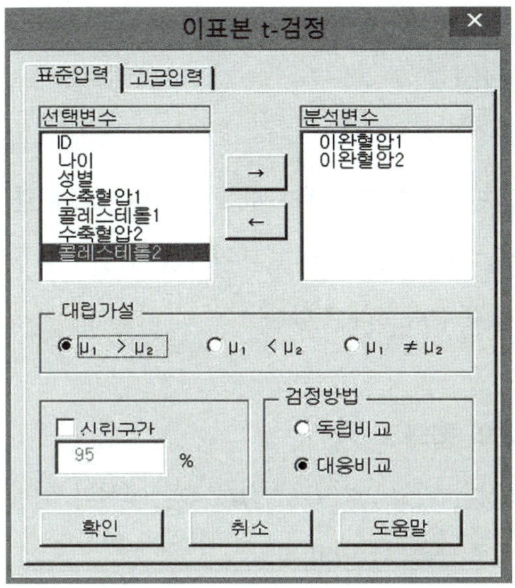

검정방법으로 [검정방법] 프레임에서 대응비교를 선택하고, 대립가설로는 이완혈압1이 이완혈압2보다 높은지를 알아보기 위해 $\mu_1 > \mu_2$를 선택한다. 검정결과 유의확률이

그림 3-9 이표본 t-검정 대응비교 출력결과

t-검정 분석결과

이표본 검정 (대응비교)

변수명	개수	평균	표준편차
이완혈압1	50	87.4	9.0486
이완혈압2	50	84.64	10.6057

H0 : $\mu_1 - \mu_2 = 0$ vs. H1 : $\mu_1 - \mu_2 > 0$ (μ_1 : 이완혈압1, μ_2 : 이완혈압2)

t-통계량	자유도	유의확률
2.3194	49	0.0123

0.0123이므로 모평균이 동일하다는 귀무가설을 기각하고 이완혈압1이 이완혈압2보다 높다고 판단하다. 대응비교의 경우는 고급입력을 사용할 수 없다.

3.2.2 이론적 배경

A. 독립비교

두 모집단에서 추출된 관측값들이 독립적으로 관측되고 동질적인 경우, 각 모집단에서 추출된 표본들의 표본평균을 이용하여 두 모평균에 대한 추론을 시행하는 것을 독립비교라고 한다.

자료의 형태

정규모집단 $N(\mu_1, \sigma_1^2)$과 $N(\mu_2, \sigma_2^2)$에서의 $x_1, x_2, \cdots, x_{n_1}$과 $y_1, y_2, \cdots, y_{n_2}$가 독립적으로 관측되었다고 하고

$$\bar{x} = \sum_{i=1}^{n_1} x_i / n_1, \quad s_1 = \sqrt{\sum_{i=1}^{n_1} (x_i - \bar{x})^2 / (n_1 - 1)}$$

$$\bar{y} = \sum_{j=1}^{n_2} y_i / n_2, \quad s_2 = \sqrt{\sum_{j=1}^{n_2} (y_i - \bar{y})^2 / (n_2 - 1)}$$

이라고 하자. 두 모평균의 차 $\mu_1 - \mu_2$에 대한 추론 문제는 두 모집단의 분산이 다른 경우(이분산)와 같은 경우(등분산)로 나누어서 설명하기로 한다. 이분산($\sigma_1^2 \neq \sigma_2^2$)인 경우에는 각 분산의 추정량 s_1^2과 s_2^2을 이용하여 표본평균의 차에 대한 표준오차를 추정하며, 등분산($\sigma_1^2 = \sigma_2^2$)의 경우에서는 분산의 합동추정량(pooled estimator)

$$s_p^2 = \frac{(n_1 - 1) s_1^2 + (n_2 - 1) s_2^2}{n_1 + n_2 - 2}$$

을 이용하여 표준오차를 추정한다.

두 모집단의 분산이 동일하지 않은 이분산인 경우

두 표본평균의 차를 표준화시킨 통계량

$$T = \frac{(\bar{x} - \bar{y}) - (\mu_1 - \mu_2)}{\sqrt{s_1^2/n_1 + s_2^2/n_2}}$$

는 근사적으로 t-분포를 따름을 이용하며, 자유도는 다음과 같이 근사된다.

$$df = \frac{\left(s_1^2/n_1 + s_2^2/n_2\right)^2}{\frac{1}{n_1 - 1}\left(s_1^2/n_1\right)^2 + \frac{1}{n_2 - 1}\left(s_2^2/n_2\right)^2}$$

두 모평균의 차에 대한 $100(1-\alpha)\%$ 신뢰구간은 다음과 같이 구한다.

$$(\bar{x}_1 - \bar{x}_2) \pm t_{\alpha/2}(df)\sqrt{s_1^2/n_1 + s_2^2/n_2}$$

모평균의 차이 $\mu_1 - \mu_2$가 특정한 값 δ_0를 갖는지 여부를 알아보기 위한 유의성 검정의 귀무가설은 $H_0 : \mu_1 - \mu_2 = \delta_0$이며 검정통계량은

$$T = \frac{(\bar{x} - \bar{y}) - \delta_0}{\sqrt{s_1^2/n_1 + s_2^2/n_2}}$$

이다. 유의수준 α에서 기각역은 다음과 같이 대립가설에 따라 다르다.

① $H_1 : \mu_1 - \mu_2 > \delta_0$일 때 $t \geq t_\alpha(df)$

② $H_1 : \mu_1 - \mu_2 < \delta_0$일 때 $t \leq -t_\alpha(df)$

③ $H_1 : \mu_1 - \mu_2 \neq \delta_0$일 때 $|t| \geq t_{\alpha/2}(df)$

일표본 t-검정의 경우처럼 다음과 같이 유의확률을 구한 후 그 값이 유의수준 α보다 작으면 귀무가설을 기각한다.

① 단측검정의 유의확률 :

$H_1 : \mu_1 - \mu_2 > \delta_0$일 때 $P(T \geq t)$

$H_1 : \mu_1 - \mu_2 < \delta_0$일 때 $P(T \leq t)$

② 양측검정의 유의확률 : $2P(T \geq |t|)$

두 모집단의 분산이 동일한 등분산인 경우

두 표본평균의 차를 표준화시킨 통계량

$$T = \frac{(\bar{x} - \bar{y}) - (\mu_1 - \mu_2)}{s_p\sqrt{\frac{1}{n_1} + \frac{1}{n_2}}}$$

는 자유도 $n_1 + n_2 - 2$인 t–분포를 따름을 이용한다. 다만, 분산의 합동추정량은 다음과 같다.

$$s_p^2 = \frac{(n_1 - 1)s_1^2 + (n_2 - 1)s_2^2}{n_1 + n_2 - 2}$$

두 모평균의 차에 대한 $100(1 - \alpha)\%$ 신뢰구간은 다음과 같이 구한다.

$$(\bar{x}_1 - \bar{x}_2) \pm t_{\alpha/2}(n_1 + n_2 - 2)\, s_p\sqrt{\frac{1}{n_1} + \frac{1}{n_2}}$$

모평균의 차이에 대한 귀무가설 $H_0 : \mu_1 - \mu_2 = \delta_0$를 검정하기 위한 검정통계량은

$$T = \frac{(\bar{x} - \bar{y}) - \delta_0}{s_p\sqrt{\frac{1}{n_1} + \frac{1}{n_2}}}$$

가 된다. 유의수준 α에서 기각역은 다음과 같이 대립가설에 따라 다르다.

① $H_1 : \mu_1 - \mu_2 > \delta_0$일 때 $t \geq t_\alpha(n_1 + n_2 - 2)$

② $H_1 : \mu_1 - \mu_2 < \delta_0$일 때 $t \leq -t_\alpha(n_1 + n_2 - 2)$

③ $H_1 : \mu_1 - \mu_2 \neq \delta_0$일 때 $|t| \geq t_{\alpha/2}(n_1 + n_2 - 2)$

유의확률은 다음과 같이 구한 후 그 값이 유의수준 α보다 작으면 귀무가설을 기각한다.

① 단측검정의 유의확률 :

$H_1 : \mu_1 - \mu_2 > \delta_0$일 때 $P(T \geq t)$

$H_1 : \mu_1 - \mu_2 < \delta_0$일 때 $P(T \leq t)$

② 양측검정의 유의확률 : $2P(T \geq |t|)$

등분산검정

두 모집단의 분산이 동일한지 여부에 따라 검정법이 달라지므로, 모평균의 차에 대한 검정 전에 분산이 동일한지 여부를 먼저 알아보는 것이 좋다. KESS에서는 등분산인 경우와 이분산인 경우 각각에 대한 t-검정의 유의확률이 출력되며, 등분산검정 결과에 따라 선택해서 사용하면 된다. 등분산검정은 다음과 같은 F-검정을 시행한다. 흔히 유의확률이 5% 이상이면 등분산을 가정할 수 있다. 등분산검정의 귀무가설은 다음과 같으며

$$H_0 : \sigma_1^2 = \sigma_2^2$$

검정통계량

$$F = \frac{\dfrac{(n_1 - 1)s_1^2}{\sigma^2} \Big/ (n_1 - 1)}{\dfrac{(n_2 - 1)s_2^2}{\sigma^2} \Big/ (n_2 - 1)} = \frac{s_1^2}{s_2^2}$$

이 자유도 $(n_1 - 1)$과 $(n_2 - 1)$인 F-분포를 따름을 이용한다. 유의수준 α에서 검정의 기각역은 다음과 같으며

$$f \geq F_{\alpha}(n_1 - 1,\ n_2 - 1)$$

유의확률은 다음과 같이 구한 후 그 값이 유의수준 α보다 작으면 귀무가설을 기각한다.

$$P(F \geq f)$$

[참고]

이표본 검정을 시행하기에 앞서 자료들이 정규분포에서 추출되었는지를 확인해 보기 위해 정규확률그림과 두 변수의 상자그림을 나란히 그려보는 것이 좋다. 상자그림으로부터 두 표본의 중심위치가 확연히 차이가 난다면 굳이 검정을 시행할 필요가 없을 것이다.

B. 대응비교

실험단위들이 여러 가지 원인으로 인하여 이질적일 때는 표본평균의 표준오차가 커지며, 이로 인하여 모평균의 차이가 있을 때에도 이를 감지하는 검정력이 떨어지게 된다. 이와 같이 실험단위들이 동질적이 아닌 경우에는 실험단위들을 동질적인 쌍으로 묶은 다음, 각 실험단위 쌍을 대상으로 실험을 랜덤하게 실시한 후 각 쌍의 관측값들의 차를 이용하여 두 모평균에 대한 추론을 시행하는 것을 대응비교라고 한다.

자료의 형태

정규모집단에서 쌍으로 된 관측값 $(x_1,\ y_1), (x_2,\ y_2), \cdots, (x_n,\ y_n)$이 관측되었다고 하자. 단, $E(X) = \mu_1$, $E(Y) = \mu_2$이며, 쌍들은 서로 독립이고 쌍 내에서는 독립이 아니다. 관측값의 차를 $d_i = x_i - y_i\ (i = 1, 2, \cdots, n)$라고 하면

$$\bar{d} = \sum_{i=1}^{n} d_i / n,\ \ s_d^2 = \sqrt{\sum_{i=1}^{n} (d_i - \bar{d})^2 / (n-1)}$$

이다. $E(D)=\mu_1-\mu_2$이므로 D의 분포는 $N(\mu_1-\mu_2,\ \sigma_D^2)$이 된다. 따라서 각 쌍에서 관측값의 차인 $d_1, \cdots, d_n$을 새로운 관측값으로 간주하고 일표본 문제에서와 같이 신뢰구간 및 검정문제를 다룬다.

두 모평균의 차에 대한 $100(1-\alpha)\%$ 신뢰구간은 다음과 같이 구한다.

$$\bar{d} \pm t_{\alpha/2}(n-1)\, s_d \big/ \sqrt{n}$$

모평균의 차에 대한 귀무가설 $H_0: \mu_1-\mu_2=\delta_0$를 검정하기 위한 검정통계량은 일변량 t-검정의 경우처럼 다음과 같으며

$$T=\frac{\bar{d}-\delta_0}{s_d \big/ \sqrt{n}}$$

유의수준 α에서 검정의 기각역은 대립가설에 따라 다음과 같으며

① $H_1: \mu_1-\mu_2 > \delta_0$일 때 $t \geq t_\alpha(n-1)$
② $H_1: \mu_1-\mu_2 < \delta_0$일 때 $t \leq -t_\alpha(n-1)$
③ $H_1: \mu_1-\mu_2 \neq \delta_0$일 때 $|t| \geq t_{\alpha/2}(n-1)$

유의확률은 다음과 같이 구한 후 그 값이 유의수준 α보다 작으면 귀무가설을 기각한다.

① 단측검정의 유의확률 :
$H_1: \mu_1-\mu_2 > \delta_0$일 때 $P(T \geq t)$
$H_1: \mu_1-\mu_2 < \delta_0$일 때 $P(T \leq t)$
② 양측검정의 유의확률 : $2P(T \geq |t|)$

4.1 일표본 비율 검정

4.2 이표본 비율 검정

모비율 비교

CHAPTER 4

동일한 성공확률 p를 갖는 베르누이실험을 n번 반복 시행한 경우의 성공횟수를 X라고 할 때, X는 이항확률변수라고 하며 이의 분포를 이항분포 $B(n, p)$라고 한다. 이항분포는 대표적인 이산형 확률변수의 분포로 그 형태는 다음과 같다.

$$P(X=x)=\binom{n}{x}p^x(1-p)^{n-x},\ \ x=0, 1, \cdots, n$$

이항분포의 평균과 분산은 $E(X) = np$, $Var(X) = np(1-p)$이다. 일반적으로 n개의 제품 중에 포함된 불량품이 X라면 불량률 $\hat{p} = \frac{X}{n}$는 모비율 p의 추정량으로 사용되며, 모비율이 특정한 값을 갖는지 또는 두 모집단의 비율들이 동일한지 여부를 알아보기 위해서는 모비율 검정을 이용한다.

4.1 일표본 비율 검정

4.1.1 일표본 모비율 검정 예

《예제 4-1》

어떤 정책에 대한 지지율 조사를 위해 500명을 임의로 추출하여 조사한 결과 278명이 지지한다는 결과를 얻었다. 이 정책에 대한 지지율의 95% 신뢰구간을 구하고 지지율이 50% 이상이라고 할 수 있는지 알아보자. 한 모비율에 대한 검정을 실행하기 위해

[통계분석] → [모비율 검정] → [일표본 검정]

을 선택하면 일표본 비율 검정 대화상자가 나타난다.

그림 4-1 일표본 비율 검정 대화상자

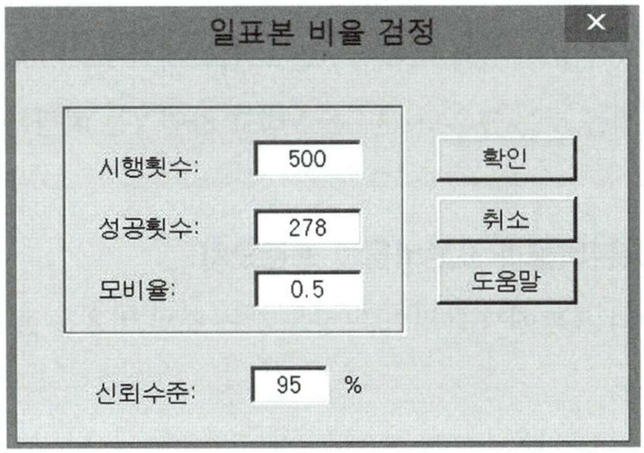

시행횟수에 실험의 전체 시행횟수인 500을 입력한다. 성공횟수로는 실험에서 성공한 횟수를 입력하는데 이 경우는 278이다. 모비율에는 검정하고자 하는 모비율 값인 0.5를 입력한다. [신뢰수준] 입력란에는 모비율의 신뢰구간에 대한 신뢰수준을 입력한다. 디폴트 값은 95%이다. 500번의 시행에서 성공횟수가 278이므로 표본비율은 0.556이다. 대립가설은 디폴트로 양측검정이 선택되고 정규근사를 이용한 유의확률이 0.0123이다. 95% 신뢰구간 또한 디폴트로 출력된다. 단측검정의 유의확률은 (0.0123)/2 = 0.0062와 같이 구할 수 있으며, 유의확률이 작으므로 지지율이 0.5라는 귀무가설을 기각한다. 즉 지지율이 0.5보다 높다고 판단한다.

그림 4-2 일표본 비율 검정 결과

모비율 검정

모비율 추정

시행횟수	500
성공횟수	278
비율의 추정치	0.556

p=0.5 의 검정

검정통계량	2.5044
유의확률	0.0123

모비율에 대한 95% 신뢰구간

하한	상한
0.5124	0.5996

4.1.2 이론적 배경

어느 특정 속성의 비율이 p인 모집단에서 크기 n인 랜덤표본을 추출하여 특정 속성을 갖는 표본의 개수를 X라고 하면 X는 이항분포를 따른다.

표본비율과 표본비율의 표준오차

n개의 표본에서 특정한 속성을 갖는 것의 비율을 표본비율

$$\hat{p} = \frac{X}{n}$$

라고 하면, $\hat{p}$은 모비율 p의 추정량으로 이용된다.

$$\hat{p} = \frac{X}{n}, \quad \widehat{SE}(\hat{p}) = \sqrt{Var(\hat{p})} = \sqrt{\hat{p}(1-\hat{p})/n}$$

np와 $n(1-p)$가 모두 5 이상이 되도록 n이 충분히 큰 경우

$$Z = \frac{X - np}{\sqrt{np(1-p)}} = \frac{\hat{p} - p}{\sqrt{p(1-p)/n}}$$

가 근사적으로 표준정규분포 $N(0, 1)$을 따른다. 따라서 모비율 p에 대한 검정은 Z–통계량을 이용한 Z–검정을 시행한다.

모비율의 신뢰구간

모비율 p의 $100(1-\alpha)\%$ 신뢰구간은 다음과 같이 구한다.

$$\left(\hat{p} - z_{\alpha/2}\sqrt{\hat{p}(1-\hat{p})/n},\ \hat{p} + z_{\alpha/2}\sqrt{\hat{p}(1-\hat{p})/n}\right)$$

단, z_α는 표준정규분포에서 $100(1-\alpha)$ 백분위수로서, 오른쪽 꼬리의 면적이 α인 점을 나타낸다.

모비율의 유의성검정

모비율 p에 대한 가설검정은 Z-통계량이 근사적으로 정규분포를 따름(정규근사)을 이용한다. 귀무가설 $H_0 : p = p_0$ 하에서 검정통계량

$$Z = \frac{\hat{p} - p_0}{\sqrt{p_0(1-p_0)/n}}$$

가 근사적으로 표준정규분포인 점을 이용하므로 이를 Z-검정이라고 한다. 유의수준 α에서 관측된 Z-값을 이용하여 귀무가설을 기각하는 기각역은 다음과 같이 대립가설에 따라 달라진다.

① $H_1 : p > p_0$일 때, $z \geq z_\alpha$

② $H_1 : p < p_0$일 때, $z \leq -z_\alpha$

③ $H_1 : p \neq p_0$일 때, $|z| \geq z_{\alpha/2}$

기각역을 이용하는 대신 다음과 같이 유의확률(p-값)을 구한 후 이 값이 유의수준 α보다 작으면 귀무가설을 기각한다.

① 단측검정의 유의확률 : $H_1 : p > p_0$일 때, $P(Z \geq z)$

$H_1 : p < p_0$일 때, $P(Z \leq z)$

② 양측검정의 유의확률 : $2P(Z \geq |z|)$

[참고]

무한모집단에서 속성 A의 확률을 p라고 할 때, 크기 n인 랜덤표본 중에서 속성 A를 갖는 표본의 개수를 X라고 하면 X는 이항분포를 따르며 기호 $B(n, p)$로 나타낸다. 모비율에 관한 검정에 이항분포를 이용할 수도 있으나, n이 큰 경우(25 이상)에는 이항분포표를 이용하는 대신 정규근사를 이용한다.

모비율의 추정에서 표본크기의 결정

여론조사 또는 설문조사에서 표본의 크기가 증가할수록 정밀도는 높아지지만 비용이 증가하는 문제가 발생한다. 따라서 주어진 정밀도를 만족시키기 위한 표본크기를 결정하는 방법은 다음과 같다. 신뢰구간 길이의 1/2을 오차한계라고 하는데 오차한계를 d 이하로 하기 위해 필요한 표본의 크기는 정규근사를 이용하여 다음과 같이 정한다.

① 모비율의 사전 추정값이 p^*로 주어진 경우

$$n \geq p^*(1-p^*)\left(\frac{z_{\alpha/2}}{d}\right)^2$$

② 모비율에 대한 사전 정보가 없는 경우

$$n \geq \frac{1}{4}\left(\frac{z_{\alpha/2}}{d}\right)^2$$

4.2 이표본 비율 검정

4.2.1 이표본 모비율 검정 예

《예제 4-2》

A와 B 두 공정에서 제품을 각각 50개씩 검사한 결과 불량품이 각각 9개, 2개가 나왔다고 하자. 두 공정의 불량률이 같은지를 알아보기 위해 이표본 모비율 검정을 실행하기 위해

[통계분석] → [모비율 검정] → [이표본 검정]

을 선택하면 이표본 비율 검정 대화상자가 나타난다.

그림 4-3 이표본 비율 검정 대화상자

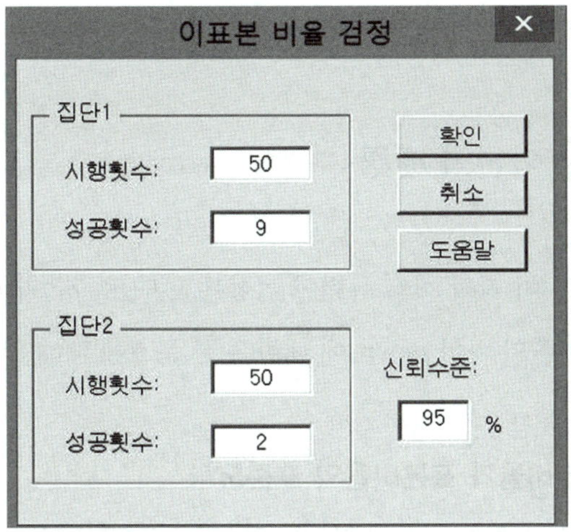

시행횟수는 조사한 제품의 개수이고 성공횟수는 불량품의 개수에 해당된다. 집단1의 시행횟수에 공정 A에서 조사한 제품의 개수 50을 입력하고 성공횟수에는 불량품의 개수인 9를 입력한다. 집단2의 시행횟수에는 공정 B에서 조사한 제품의 개수 50을 입력하고, 성공횟수에는 불량품의 개수 2를 입력한다. [신뢰수준] 입력란에는 모비율의 신뢰구간에

그림 4-4 이표본 비율 검정 결과

두 모비율 비교

모비율 추정

	집단1	집단2
시행횟수	50	50
성공횟수	9	2
비율의 추정치	0.18	0.04

H0 : p1=p2의 검정

검정통계량	2.2372
유의확률	0.0253

p1-p2에 대한 95% 신뢰구간

하한	상한
0.0205	0.2595

대한 신뢰수준을 입력한다. 디폴트 값은 95%이다.

검정통계량의 값은 2.237이고, 유의확률은 0.0253이므로 유의수준 5%에서 두 공정의 불량률이 다르다고 판단한다.

4.2.2 이론적 배경

X_1과 X_2가 각각 서로 독립인 이항분포 $B(n_1, p_1)$과 $B(n_2, p_2)$를 따르는 경우, 두 모비율의 차이 $p_1 - p_2$에 대한 추론 문제에 대해 알아보기로 한다.

표본비율과 표본비율의 표준오차

두 모집단에서 n_1, n_2개의 랜덤표본을 추출한 경우, 특정한 속성을 갖는 표본의 개수가 각각 X_1과 X_2라고 하자. 두 모비율 p_1과 p_2의 추정량으로는 다음과 같은 통계량을 사용한다.

p_1의 추정량 : 표본비율 $\hat{p}_1 = X_1/n_1$

p_2의 추정량 : 표본비율 $\hat{p}_2 = X_2/n_2$

$p_1 - p_2$의 추정량 : $\hat{p}_1 - \hat{p}_2 = X_1/n_1 - X_2/n_2$

$\hat{p}_1 - \hat{p}_2$의 표준오차 : $\widehat{SE}(\hat{p}_1 - \hat{p}_2) = \sqrt{\hat{p}_1(1-\hat{p}_1)/n_1 + \hat{p}_2(1-\hat{p}_2)/n_2}$

$n_1 p_1$, $n_1(1-p_1)$, $n_2 p_2$, $n_2(1-p_2)$가 5 이상인 경우, $\hat{p}_1$과 $\hat{p}_2$이 근사적으로 정규분포를 따름을 이용하면, $\hat{p}_1 - \hat{p}_2$도 근사적으로 정규분포를 따른다. 즉

$$\hat{p}_1 - \hat{p}_2 \approx N\left(p_1 - p_2,\ \frac{p_1(1-p_1)}{n_2} + \frac{p_2(1-p_2)}{n_2}\right)$$

이다.

모비율 차의 신뢰구간

두 모비율의 차 $p_1 - p_2$의 $100(1-\alpha)\%$ 신뢰구간은 다음과 같다.

$$\left((\hat{p}_1 - \hat{p}_2) - z_{\alpha/2}\,\widehat{SE}\,(\hat{p}_1 - \hat{p}_2),\ (\hat{p}_1 - \hat{p}_2) + z_{\alpha/2}\,\widehat{SE}\,(\hat{p}_1 - \hat{p}_2)\right)$$

단, z_α는 표준정규분포에서 $100(1-\alpha)$ 백분위수로서, 오른쪽 꼬리의 면적이 α인 점을 나타낸다.

모비율의 유의성검정

두 모비율이 같다는 귀무가설 $H_0 : p_1 = p_2$ 하에서 공통비율인 p를 합동으로 추정한다. 즉

$$\hat{p} = \frac{X_1 + X_2}{n_1 + n_2}$$

를 합동표본비율이라고 한다. 즉 귀무가설 H_0 하에서 $p_1 = p_2$인 점을 이용하여 $\hat{p}$을 추정하며, 검정통계량

$$Z = \frac{\hat{p}_1 - \hat{p}_2}{\sqrt{\hat{p}(1-\hat{p})\left(\frac{1}{n_1} + \frac{1}{n_2}\right)}}$$

가 근사적으로 표준정규분포인 점을 이용하여 Z-검정을 할 수 있다. 유의수준 α에서 관측된 z-값을 이용하여 귀무가설을 기각하는 기각역은 다음과 같이 대립가설에 따라 달라진다.

① $H_1 : p_1 > p_2$일 때, $z \geq z_\alpha$

② $H_1 : p_1 < p_2$일 때, $z \leq -z_\alpha$

③ $H_1 : p_1 \neq p_2$일 때, $|z| \geq z_{\alpha/2}$

기각역을 이용하는 대신 다음과 같이 유의확률(p-값)을 구한 후 이 값이 유의

수준 α보다 작으면 귀무가설을 기각한다.

① 단측검정의 유의확률 : $H_1 : p > p_0$일 때, $P(Z \geq z)$

$H_1 : p < p_0$일 때, $P(Z \leq z)$

② 양측검정의 유의확률 : $2P(Z \geq |z|)$

분산분석

CHAPTER 5

3장에서는 두 모집단의 평균을 비교하기 위해 표본평균들의 차이를 이용한 t-검정을 실시했으나, 세 개 이상의 모집단을 비교하는 문제에서는 모집단의 평균 또는 특성값에 영향을 주는 인자(요인)의 유의성을 검증하는 방식을 택한다. 모집단의 특성값들이 얼마나 다른지를 판단하기 위해 분산의 추정량을 이용하므로 **분산분석**(analysis of variance ; ANOVA)이라고 한다.

분산분석에서는 인자(factor)와 오차(error)를 합하여 변동 요인(source of variation), 인자의 여러 조건을 인자 수준(level) 또는 처리(treatment)라 부른다.

특성값에 영향을 주는 인자가 1개인 경우 일원배치법(oneway ANOVA), 2개인 경우 이원배치법(twoway ANOVA)이라고 한다. 두 인자 수준의 모든 조합(처리)에서 관측된 값이 1개만 있는 경우를 **반복이 없는 이원배치법**, 2개 이상의 관측값이 있는 경우를 **반복이 있는 이원배치법**이라 한다. 반복횟수가 같은 경우는 **균형**(balanced) **이원배치법**이라고 하며, 반복횟수가 다른 경우를 **불균형**(unbalanced) **이원배치법**이라고 한다.

일원배치법 또는 이원배치법에서 처리 효과들이 동일하다는 귀무가설이 기각된 경우 구체적으로 어떤 처리들 사이에 차이가 있는지 알아보는 방법을 **다중비교**(multiple comparison)라고 한다.

5.1 일원배치법

모집단의 특성값에 영향을 주는 인자가 하나인 경우 인자의 유의성을 검증하기 위해서는 인자의 여러 수준(처리)에서 실험하여 그 처리효과를 비교한다.

5.1.1 일원배치법 분석 예

《예제 5-1》

정상체중을 초과하여 체중이 늘어나는 상태인 비만인 사람들은 일반인에 비해 당뇨병, 고혈압, 고지혈증, 관상동맥질환 등의 질병의 발병률이 높다. 비만을 치료하기 위한 방법으로 식이요법, 운동요법 등의 많은 치료법들이 있는데, 제안된 A, B, C, D 네 가지 치료법에 의한 체중감량 효과를 비교하기 위해 연령과 비만 정도가 비슷한 16명의 여성을 랜덤하게 4그룹으로 나누었다. 각 그룹에 네 가지 치료법을 2주간 시행하여 얻은 체중감소량 자료가 〈표 5-1〉에 수록되어 있다. 치료법에 따라 체중감량 효과가 다른지 알아보자. 이 자료는 Data 디렉토리에 저장된 분산분석 시트 중 'diet(표준)'에 저장되어 있다.

:: 표 5-1 4가지 치료법에 의한 체중감소량

A	B	C	D
5	3	−1	2
4	1	1	3
2	2	2	4
5	2	2	3

일원배치법을 실행하기 위해

[통계분석] → [분산분석] → [일원배치법]

을 선택하면 일원배치법 대화상자가 나타난다. 일원배치법에서는 '표준입력'과 '고급입력'이라는 두 가지 형태의 자료입력 방식을 선택할 수 있다. 디폴트 방식은 '표준입력'이다.

'diet(표준)' 시트를 보면 첫 번째 행에는 처리(변수), 두 번째 행부터는 각 처리에서의 관측값들이 입력되어 있는 것을 볼 수 있다. [그림 5-1]과 같은 자료 입력형태를 KESS에서는 '표준입력'이라고 부르는데 일반적인 교재에서 볼 수 있는 자료의 형태이다. 그러나 대부분의 통계 패키지에서는 'diet(고급)' 시트와 같이 첫 번째 열에는 인자로 사용될 처리, 두 번째 열에는 분석변수로 사용될 관측값들이 차례로 입력되어 있다. [그림 5-2]의 첫 번째 열에는 자료가 관측된 모집단(처리)을 나타내는 인자를 입력하고 두 번째 열에는 관측값을 입력하는 형태의 입력 방식을 택하고 있다. 자료의 입력 형태에 따라 표준입력과 고급입력 메뉴 중에서 하나를 선택한다.

'diet(표준)' 자료의 표준입력 대화상자의 선택변수 창에서 분석에 사용될 변수 A, B, C, D를 선택한 후 →를 눌러 오른쪽의 인자수준 창으로 보낸다.

그림 5-1 **일원배치법 표준입력 대화상자**

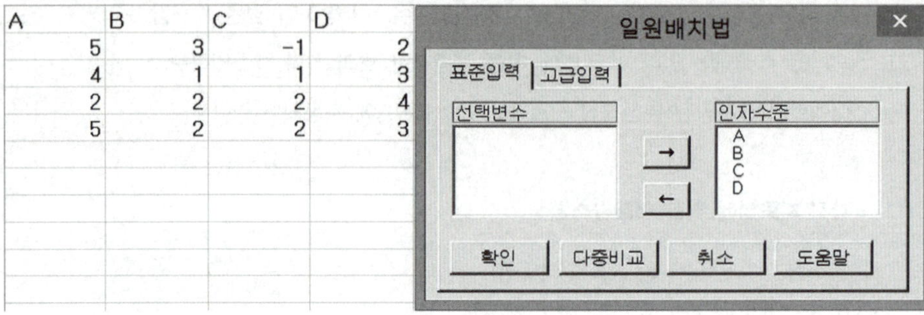

'diet(고급)' 자료를 분석하려면 고급입력 대화상자를 선택한 후, 선택변수 창에서 인자로 사용될 치료법 변수는 인자 창으로, 분석변수로 사용될 체중감소량 변수는 종속변수 창으로 보낸다.

그림 5-2 **일원배치법 고급입력 대화상자**

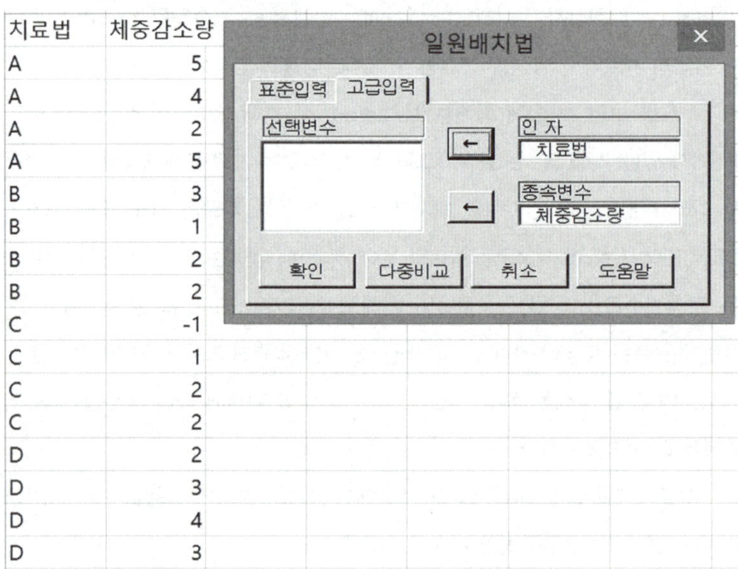

입력방식에 관계없이 동일한 결과가 출력된다. 각 처리의 기술통계량으로 평균 및 표준편차, 등분산검정 결과, 분산분석표, 수준별 상자그림이 디폴트로 출력된다. 등분산검정의 유의확률이 0.5885로 유의하지 않아 등분산 가정이 만족된다고 가정하여, 처리효과들이 모두 동일한지에 대한 검정을 시행한다. 분산분석표를 보면 유의확률이 0.0178이므로 유의수준 $\alpha = 0.05$에서 유의하다. 즉 처리에 따라 체중감소량에 차이가 있다고 할 수 있다. 처리 수준별 상자그림을 보면 처리에 따라 차이가 있음을 눈으로도 확인할 수 있다.

그림 5-3 일원배치법 분석 결과

일원배치 분산분석 결과

기술 통계량

	개수	평균	표준편차
A	4	4	1.4142
B	4	2	0.8165
C	4	1	1.4142
D	4	3	0.8165

등분산 검정

Levene's test	제곱합	자유도	평균제곱	F값	유의확률
처리	1	3	0.3333	0.6667	0.5885
잔차	6	12	0.5		

"H0:요인 수준 간 모분산들이 서로 같다."를 유의수준 α=0.05에서 기각하지 못한다.
즉, 모분산들이 (p>0.05) 차이가 없다.
등분산 가정이 만족 된다.

분산분석표

요인	제곱합	자유도	평균제곱	F값	유의확률
처리	20	3	6.6667	5	0.0178
잔차	16	12	1.3333		
계	36	15			

"H0:모평균들이 서로 같다."를 유의수준 α=0.05에서 기각한다.
즉, 표본평균들이 뚜렷한(p<0.05) 차이가 있다.

그림 5-4 수준별 상자그림

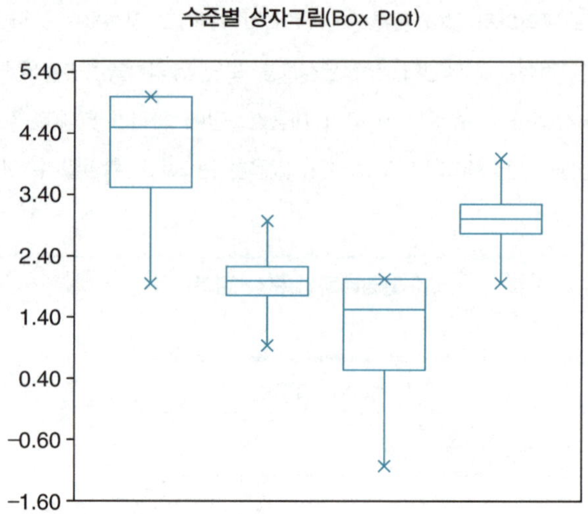

처리에 따라 체중감소량이 다름을 확인한 후 다중비교를 통해 어떤 처리들이 다른지, 어떤 처리의 경우 가장 체중감소량이 큰지를 확인해 보기 위해서는 다중비교 방법을 이용한다. [그림 5−1]과 [그림 5−2]에서 [다중비교] 옵션단추를 누르면 다중비교 대화상자가 나타난다. 다중비교 방법으로는 Tukey의 HSD(정직유의차방법), Fisher의 LSD(최소유의차방법), Duncan의 다중범위방법을 선택할 수 있다. 원하는 방법을 선택하고 유의수준도 입력한 후 [확인]을 누르면 원래의 일원배치법 대화상자로 돌아가고 일원배치법을 다시 실행하면 된다.

그림 5-5 다중비교 대화상자

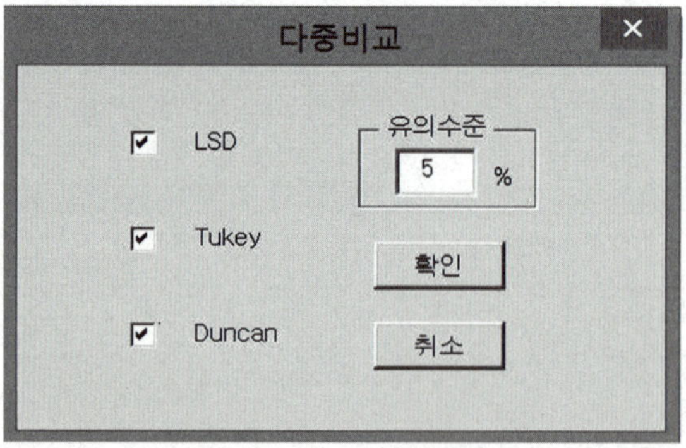

다중비교 방법에 따라 결과가 다를 수 있으므로 해석에 유의해야 한다. LSD와 Duncan은 동일한 결과를 보여주고 있다. 즉 처리 C와 B는 그룹 1, B와 D는 그룹 2, D와 A는 그룹 3에 속해 있음을 볼 수 있다. 처리 C와 A는 확실히 다른 그룹에 속해 있음을 볼 수 있어 이 두 처리 사이에는 체중감소량에 뚜렷한 차이가 있다고 할 수 있다. 반면, Tukey의 경우는 B, C, D는 그룹 1, A, B, D는 그룹 2에 속해 있음을 볼 수 있다. LSD와 Duncan은 비교별 오류율을 관리하는 반면 Tukey는 실험별 오류율을 관리한다는 차이에서 비롯되었다고 보면 된다. 따라서 다중비교에서는 어떤 방법을 이용하느냐에 따라 결과가 다를 수 있으므로 해석에 유의해야 한다. HSD, LSD, Duncan에 관한 이론은 5.3절을 참고하면 된다.

그림 5-6 다중비교 분석 결과

다중비교 결과

Fisher's LSD	유의수준 = 0.05 에 대한 그룹			
	자료수	그룹 1	그룹 2	그룹 3
C	4	1		
B	4	2	2	
D	4		3	3
A	4			4

같은 그룹에 속한 경우 유의수준 α= 0.05 에서 처리평균에 차이가 없는 것으로 판단한다.

Tukey HSD	유의수준 = 0.05 에 대한 그룹		
	자료수	그룹 1	그룹 2
C	4	1	
B	4	2	2
D	4	3	3
A	4		4

같은 그룹에 속한 경우 유의수준 α= 0.05 에서 처리평균에 차이가 없는 것으로 판단한다.

Duncan	유의수준 = 0.05 에 대한 그룹			
	자료수	그룹 1	그룹 2	그룹 3
C	4	1		
B	4	2	2	
D	4		3	3
A	4			4

같은 그룹에 속한 경우 유의수준 α= 0.05 에서 처리평균에 차이가 없는 것으로 판단한다.

5.1.2 이론적 배경

처리의 개수가 k개이고, 각 처리마다 n_i개의 관측값이 있는 일원배치법의 자료구조는 다음과 같다. 교재에서 일반적으로 사용되는 형태이므로 KESS에서는 이를 표준입력 자료구조라고 부르기로 한다.

:: 표 5-2 표준입력 자료구조

	처리1	처리2	…	처리k	
	y_{11} y_{12} ⋮ y_{1n_1}	y_{21} y_{22} ⋮ y_{2n_2}	… … … …	y_{k1} y_{k2} ⋮ y_{kn_k}	
평균	$\bar{y}_{1.}$	$\bar{y}_{2.}$	…	$\bar{y}_{k.}$	총평균 $\bar{y}_{..}$

그러나 대부분의 통계 패키지는 〈표 5-3〉과 같은 형태로 자료를 입력하는 방식을 택하고 있으며, 이를 고급입력 자료구조라고 부르기로 한다

:: 표 5-3 고급입력 자료구조

처리(인자)	분석변수
A_1	y_{11}
A_1	y_{12}
⋮	⋮
A_1	y_{1n_1}
A_2	y_{21}
A_2	y_{22}
⋮	⋮
A_2	y_{2n_2}
⋮	⋮
A_k	y_{k1}
A_k	y_{k2}
⋮	⋮
A_k	y_{kn_k}

일원배치법 모형

일원배치법에서 관측값을 나타내는 모형은 다음과 같다.

$$y_{ij} = \mu + \alpha_i + \varepsilon_{ij}, \ \ i = 1, \cdots, k, \ \ j = 1, \cdots, n_i (N = \Sigma n_i)$$

단, μ : 전체평균

α_i : 처리 i의 처리효과(treatment effect)로 $\Sigma n_i \alpha_i = 0$을 만족한다.

ε_{ij} : 오차항(error term)으로 서로 독립인 $N(0, \sigma^2)$을 따르는 확률변수이다.

처리효과가 있는지 여부를 검증하는 귀무가설은 다음과 같다.

$$H_0 : \alpha_1 = \alpha_2 = \cdots = \alpha_k = 0$$

$\Sigma n_i \alpha_i = 0$을 가정하므로 처리효과가 모두 같은 경우 α_i는 모두 0이 되고 '처리효과가 없다' 라고 결론을 내린다. $\mu_i = \mu + \alpha_i$라고 표현하여 처리효과 대신 모평균의 개념으로 이해할 수도 있으며, 모평균들이 모두 동일하다는 귀무가설은 다음과 같이 나타낼 수 있다.

$$H_0 : \mu_1 = \mu_2 = \cdots = \mu_k$$

제곱합의 분해

특성값의 변동을 제곱합(sum of squares ; SS)으로 나타내는데 관측값과 총 평균의 차이를 제곱한 후 합한 값을 총제곱합(total sum of squares ; SST)이라 한다. 총제곱합은 인자에 의한 처리제곱합(treatment sum of squares ; SS_{tr})과 잔차제곱합(residual sum of squares ; SS_{res})으로 분해되고, 이들의 상대적인 크기를 비교하여 인자의 유의성을 판단한다.

검정통계량은 처리제곱합과 잔차제곱합의 비로 구성되는데 다음과 같은 과정을 통해 제곱합을 분해한다. 먼저 〈표 5-1〉에서 사용된 평균들은 다음과 같이 정의된다.

$$\bar{y}_{i}. = \frac{1}{n_i}\sum_{j=1}^{n_i} y_{ij}, \quad \bar{y}.. = \frac{1}{N}\sum_{i=1}^{k}\sum_{j=1}^{n_i} y_{ij}$$

이 평균들을 이용하여 총편차 $y_{ij} - \bar{y}..$는 다음과 같이 분해할 수 있다.

$$y_{ij} - \bar{y}.. = (y_{ij} - \bar{y}_{i}.) + (\bar{y}_{i}. - \bar{y}..)$$

위 식의 양변을 제곱한 후 모든 i, j에 대하여 더하면 우변에서 곱의 합이 0이 되므로 다음과 같이 제곱합의 분해를 얻는다.

$$\sum_{i=1}^{k}\sum_{j=1}^{n_i}(y_{ij} - \bar{y}..)^2 = \sum_{i=1}^{k}\sum_{j=1}^{n_i}(y_{ij} - \bar{y}_{i}.)^2 + \sum_{i=1}^{k} n_i(\bar{y}_{i}. - \bar{y}..)^2$$

즉 총제곱합 $SST = \sum_{i=1}^{k}\sum_{j=1}^{n_i}(y_{ij} - \bar{y}..)^2$은 처리제곱합 $SS_{tr} = \sum_{i=1}^{k} n_i(\bar{y}_{i}. - \bar{y}..)^2$과 잔차제곱합 $SS_{res} = \sum_{i=1}^{k}\sum_{j=1}^{n_i}(y_{ij} - \bar{y}_{i}.)^2$으로 분해되며, 각 제곱합의 자유도는 각각 $N-1$, $k-1$, $N-k$임이 알려져 있다.

분산분석표

각 요인별 제곱합, 자유도와 제곱합을 자유도로 나눈 평균제곱(mean square)을 요약해 놓은 것을 분산분석표(ANOVA table)라고 한다.

:: 표 5-4 일원배치 분산분석표

요인	제곱합	자유도	평균제곱	F값
처리	SS_{tr}	$k-1$	$MS_{tr} = SS_{tr}/(k-1)$	$f = MS_{tr}/MS_{res}$
잔차	SS_{res}	$N-k$	$MS_{res} = SS_{res}/(N-k)$	
계	SST	$N-1$		

검정법

처리효과들이 동일하다는 귀무가설 하에서 평균제곱들의 기댓값은 오차의 분산과 동일하고 서로 독립이므로 이들의 비인 $f = \mathrm{MS_{tr}} / \mathrm{MS_{res}}$는 $F(k-1, N-k)$-분포를 따름을 이용하여 F-검정을 시행한다. $\mathrm{MS_{tr}}$과 $\mathrm{MS_{res}}$는 각각 처리 간 변동, 처리 내 변동의 측정값인데 이 평균제곱의 비 f값이 크면 처리효과가 유의함을 의미한다. 따라서 f를 검정통계량(F-통계량)으로 이용하여 유의확률 $P(F \geq f)$를 구한 후, 유의확률이 유의수준 α보다 작으면 귀무가설을 기각한다.

등분산검정

일원배치법 모형에서는 각 모집단의 분산들이 동일하다는 가정을 하고 있다. 등분산 가정을 검증하기 위해서는 잔차와 적합값 그림을 이용하거나, 다음과 같은 귀무가설을 검정한다.

$$H_0 : \sigma_1^2 = \sigma_2^2 = \cdots = \sigma_k^2$$

검정통계량으로는 Levene 검정통계량

$$L = \frac{\sum_{i=1}^{k} n_i \left(\bar{z}_{i.} - \bar{z}_{..}\right)^2 \Big/ (k-1)}{\sum_{i=1}^{k} \sum_{j=1}^{n_i} \left(z_{ij} - \bar{z}_{i.}\right)^2 \Big/ (N-k)}, \quad \text{단 } z_{ij} = \left| y_{ij} - \bar{y}_{i.} \right|$$

을 이용하여 $L > F_\alpha(k-1, N-k)$이면 귀무가설을 기각한다. 단, $F_\alpha(k-1, N-k)$는 자유도 $k-1$, $N-k$인 F-분포에서 $100(1-\alpha)$ 백분위수이다. 만약 등분산 가정이 만족되지 않을 경우 비모수적 방법을 이용할 수 있다.

이밖에도 정규성 가정을 검증하기 위해서는 정규확률그림을 이용하거나 Kolmogorov–Smirov (K–S) 검정을 시행하며, 독립성 가정은 잔차와 관측순서의 그림을 이용하여 진단한다.

5.2 이원배치법

특성값에 영향을 주는 두 인자의 유의성을 조사할 때, 각 인자의 여러 수준들의 조합(처리)에서 실험하여 그 처리효과를 비교한다. 이원배치법에서는 각 조합(처리)에 대한 반복측정 여부에 따라 자료구조의 형태가 다르다.

5.2.1 이원배치법 사용 예

《예제 5-2》 반복이 없는 이원배치법

Data 디렉토리에 저장된 분산분석 시트의 'tomato' 자료는 지역(1, 2, 3, 4)과 비료의 종류(A, B, C)에 따라 토마토의 수확량에 차이가 있는지를 알아보기 위한 실험의 결과로 얻은 자료이다. 이원배치법을 실행하기 위해

[통계분석] → [분산분석] → [이원배치법]

을 선택하면 이원배치법 대화상자가 나타난다.

'tomato' 자료는 각 처리의 조합에서 1회의 실험만 실시한 결과이므로 반복이 없는 이원배치법이라고 한다. 일원배치법과 같이 표준입력과 고급입력의 두 가지 형태로 자료를 입력할 수 있다. 'tomato(표준)' 자료는 표준입력 형태로 행인자 '지역'의 처리는 첫 번째 열의 두 번째 행부터, 열인자 '비료'의 처리는 첫 번째 행의 두 번째 열부터 쓰고, 각 처리 조합에 관측값이 입력되어 있다. 반복이 없으므로 반복횟수는 디폴트인 1이다. 행인자와 열인자로 사용될 처리의 이름을 각각 입력한 후 [확인]을 누른다.

그림 5-7 이원배치 표준입력 대화상자

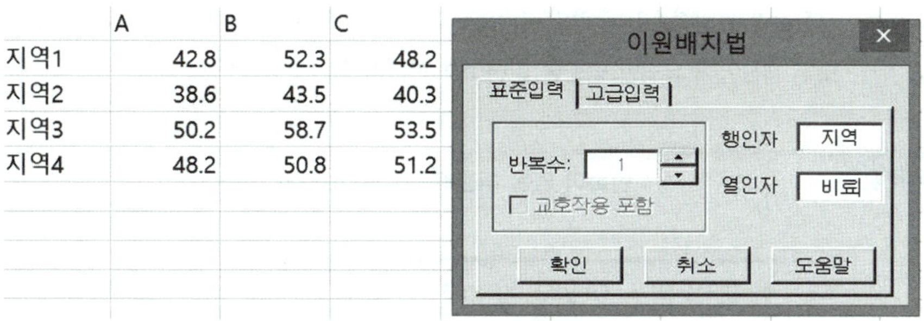

'tomato(고급)' 자료는 고급입력 형태로 저장된 자료이다. 고급입력 형태의 경우는 반복 여부에 관계없이 첫 번째 열에는 인자 1의 처리, 두 번째 열에는 인자 2의 처리, 세 번째 열에는 각 처리 조합에서의 관측값을 (반복 수만큼) 입력한다. 인자나 분석변수를 정렬된 형태로 입력할 필요는 없다. 처리조합별로 반복횟수가 동일하지 않은 경우는 불균형 이원배치법이라고 하며 표준입력 방식으로 표현할 수 없으므로 고급입력을 이용하여 분석한다.

고급입력의 경우 선택변수 창에서 →를 눌러 '비료'와 '지역' 변수는 인자 창, 생산량 변수는 종속변수 창으로 보낸다. 디폴트로 교호작용 포함이 선택되어 있으나, 반복이 없는 경우이므로 교호작용을 추정할 수 없어 [교호작용 포함] 확인란을 선택하여 해제시킨다.

그림 5-8 이원배치 고급입력 대화상자

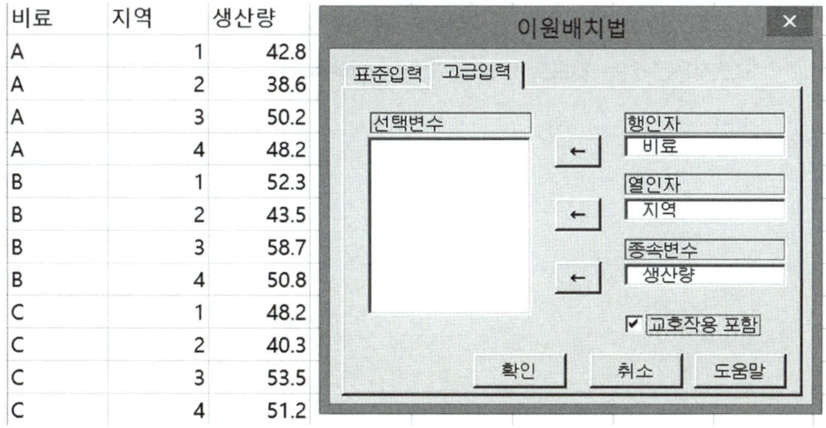

비료와 지역의 각 처리별로 관측도수, 평균, 표준편차 등의 기술통계량과 분산분석표, 각 처리별 평균값의 꺾은선 그래프가 디폴트로 출력된다. 지역과 비료, 두 인자의 유의성 검정결과 유의확률이 각각 0.0005와 0.0063으로 유의수준 5%에서 유의하다. 즉 두 인자 모두 생산량에 유의한 영향을 미친다고 판단한다.

그림 5-9 반복이 없는 이원배치법 분석 결과

반복이 없는 이원배치 분산분석 결과

기술 통계량

	관측도수	평균	표준편차
A	4	44.95	5.2621
B	4	51.325	6.2409
C	4	48.3	5.7579
1	3	47.7667	4.7648
2	3	40.8	2.488
3	3	54.1333	4.2852
4	3	50.0667	1.6289

분산분석표

요인	제곱합	자유도	평균제곱	F값	유의확률
비료	81.3517	2	40.6758	13.2148	0.0063
지역	280.9092	3	93.6364	30.4206	0.0005
잔차	18.4683	6	3.0781		
계	380.7292	11			

"H0:비료 요인의 모평균들이 서로 같다."를 유의수준 α=0.01에서 기각한다.
즉, 비료 요인의 표본평균들이 아주 뚜렷한(p<0.01) 차이가 있다.
"H0:지역 요인의 모평균들이 서로 같다."를 유의수준 α=0.01에서 기각한다.
즉, 지역 요인의 표본평균들이 아주 뚜렷한(p<0.01) 차이가 있다.

지역과 비료의 꺾은선 그래프는 평행한 것으로 볼 수 있어 두 처리효과들 사이에는 교호작용은 없는 것으로 보인다. 그러나 반복측정이 되지 않으면 이에 대한 검정은 불가능하다.

처리효과들의 꺽은선 그래프

그림 5-10

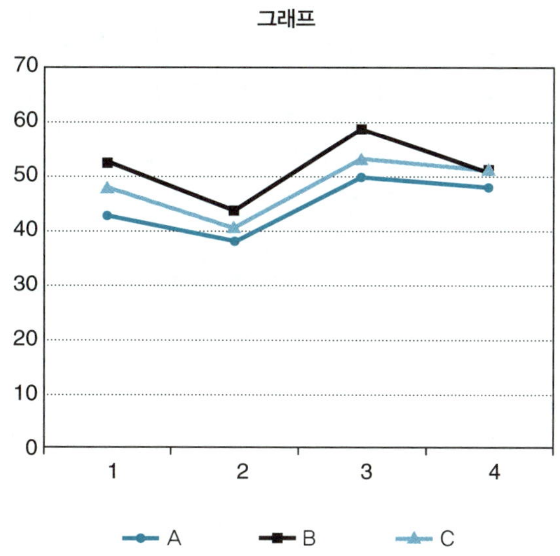

《예제 5-3》 반복이 있는 이원배치법

Data 디렉토리에 저장된 분산분석 시트의 'ritalin' 자료는 치료약이 정상아동(Normal)과 과잉아동(ADHD)의 활동지수에 미치는 영향이 성별에 따라 어떻게 다른지를 알아보기 위한 것인데, 치료약(위약, 리탈린)를 투여한 후에 활동지수를 측정한 자료 중 일부로서 성별 변수는 제외한 자료이다. 각 처리의 조합에서 여러 개의 관측이 이루어졌으므로 반복이 있는 이원배치법 자료이다. 이원배치법을 실행하기 위해

[통계분석] → [분산분석] → [이원배치법]

을 선택하면 이원배치법 대화상자가 나타난다.

'ritalin(표준)' 자료와 같이 반복이 있는 이원배치법의 경우에는 행인자 '아동'의 처리는 첫 번째 열의 두 번째 행부터 차례로 쓰고, 열인자 '치료약'의 처리는 첫 행의 두 번째 열부터 쓰되, 반복횟수만큼의 간격으로 입력한다. 자료는 각 처리 조합에서 반복횟수만큼 차례로 입력한다. 4회의 반복이 이루어졌으므로 [반복횟수] 스크롤 바를 이용하여 4를 선택하면 교호작용효과를 선택할 수 있는 [교호작용 포함] 확인란이 활성화되며 디폴트로 교호작용 포함이 선택된다. 행인자로 '아동', 열인자로 '치료약'을 입력한 후 [확인]을 누른다.

그림 5-11 **이원배치 표준입력 대화상자**(반복이 있는 경우)

	위약	리탈린
Normal	50	67
	45	60
	55	58
	52	65
ADHD	70	51
	68	57
	72	48
	75	55

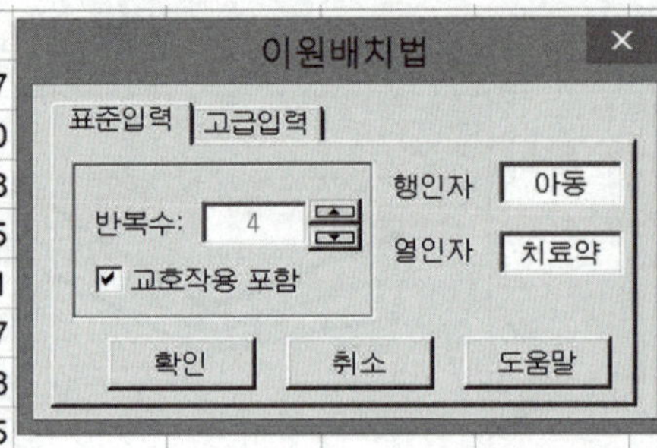

'ritalin(고급)' 은 고급입력 형태로 입력된 자료이다. 선택변수 창에서 →를 눌러 아동과 치료약 변수는 인자 창, score 변수는 종속변수 창으로 보낸다. 디폴트로 교호작용 포함이 선택되어 있다. 교호작용효과를 추정하지 않을 경우 [교호작용 포함] 확인란을 선택하여 해제시키면 된다.

그림 5-12 **이원배치 고급입력 대화상자**(반복이 있는 경우)

아동	치료약	score
Normal	위약	50
Normal	위약	45
Normal	위약	55
Normal	위약	52
Normal	리탈린	67
Normal	리탈린	60
Normal	리탈린	58
Normal	리탈린	65
ADHA	위약	70
ADHA	위약	68
ADHA	위약	72
ADHA	위약	75
ADHA	리탈린	51
ADHA	리탈린	57
ADHA	리탈린	48
ADHA	리탈린	55

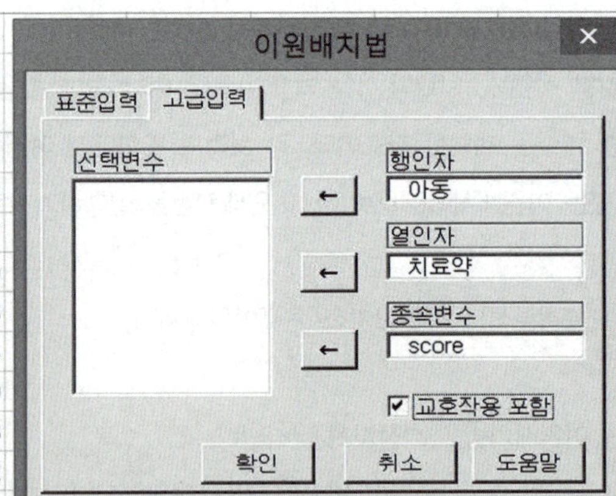

각 처리의 수준별 교차표의 형태로 기술통계량이 출력된다. '아동' 인자의 경우는 유의확률이 0.0152로 유의수준 5%에서 유의하고, '치료약' 인자는 유의확률이 0.1205로 유의수준 5%에서 유의하지 않으나, 교호작용효과는 유의확률(0.0001보다 작은 경우 0으로 표시된다)이 작아 매우 유의하다. 교호작용이 유의하므로 주인자효과 중 '치료약' 인자가 중요하지 않아도 모형에서 제외할 수 없다.

반복이 있는 이원배치법 분석 결과 그림 5-13

반복이 있는 이원배치 분산분석 결과

기술 통계량

	리탈린	위약	계
ADHA			
관측도수	4	4	8
평균	52.75	71.25	62
표준편차	4.0311	2.9861	10.4198
Normal			
관측도수	4	4	8
평균	62.5	50.5	56.5
표준편차	4.2032	4.2032	7.5024
계			
관측도수	8	8	16
평균	57.625	60.875	59.25
표준편차	6.4573	11.5936	9.2195

분산분석표

요인	제곱합	자유도	평균제곱	F값	유의확률
아동	121	1	121	8	0.0152
치료약	42.25	1	42.25	2.7934	0.1205
교호작용	930.25	1	930.25	61.5041	0
잔차	181.5	12	15.125		
계	1275	15			

"H0:아동 요인의 모평균들이 서로 같다."를 유의수준 α=0.05에서 기각한다.
즉, 아동 요인의 표본평균들이 뚜렷한(p<0.05) 차이가 있다.
"H0:치료약 요인의 모평균들이 서로 같다."를 유의수준 α=0.05에서 기각할 수 없다.
즉, 치료약 요인의 표본평균들이 차이가 있다(p<0.05)고 할 수 없다.
"H0:교호작용이 없다."를 유의수준 α=0.01에서 기각한다.
즉, 인자수준의 조합에서 생기는 뚜렷한 효과가 존재한다(p<0.01).

꺾은선 그래프가 교차하므로 아동과 치료약의 두 인자 사이에는 교호작용효과가 존재함을 확인할 수 있다.

그림 5-14 아동과 치료약의 꺾은선 그래프

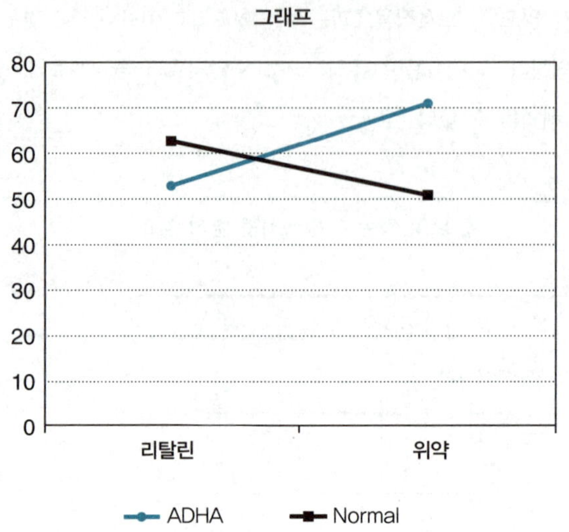

5.2.2 이론적 배경

일원배치법의 경우처럼 교재에서 일반적으로 사용하는 입력형태를 '표준입력' 자료구조라고 부르고 통계 패키지에서 일반적으로 사용하는 형태를 '고급입력' 자료구조라고 부른다.

:: 표 5-5 반복이 없는 이원배치법의 표준입력 자료구조

인자 B / 인자 A	B_1	B_2	…	B_q	평균
A_1	y_{11}	y_{12}	…	y_{1q}	$\bar{y}_{1.}$
A_2	y_{21}	y_{22}	…	y_{2q}	$\bar{y}_{2.}$
⋮	⋮	⋮	…	⋮	⋮
A_p	y_{p1}	y_{p2}	…	y_{pq}	$\bar{y}_{p.}$
평균	$\bar{y}_{.1}$	$\bar{y}_{.2}$	…	$\bar{y}_{.q}$	$\bar{y}_{..}$

:: 표 5-6 반복이 없는 이원배치법의 고급입력 자료구조

인자 A	인자 B	분석변수
A_1	B_1	y_{11}
A_1	B_2	y_{12}
⋮	⋮	⋮
A_1	B_q	y_{1q}
A_2	B_1	y_{21}
A_2	B_2	y_{22}
⋮	⋮	⋮
A_2	B_q	y_{2q}
⋮	⋮	⋮
A_p	B_1	y_{p1}
A_p	B_2	y_{p2}
⋮	⋮	⋮
A_p	B_q	y_{pq}

이원배치법 모형

이원배치법에서 관측값을 나타내는 모형은 다음과 같다.

$$y_{ij} = \mu + \alpha_i + \beta_j + \varepsilon_{ij}, \quad i = 1, \cdots, p, \quad j = 1, \cdots, q$$

단, μ : 전체평균

α : 인자 A의 처리효과. $\Sigma\alpha_i = 0$을 만족한다.

β : 인자 B의 처리효과. $\Sigma\beta_i = 0$을 만족한다.

ε_{ij} : 오차항으로 서로 독립인 $N(0, \sigma^2)$을 따르는 확률변수이다.

처리효과 여부를 검증하는 귀무가설은 다음과 같다.

$$H_0 : \alpha_1 = \alpha_2 = \cdots = \alpha_p = 0$$

$$H_0 : \beta_1 = \beta_2 = \cdots = \beta_q = 0$$

제곱합의 분해

검정에 사용될 제곱합을 구하기 위해 총편차 $y_{ij}-\bar{y}_{..}$를 분해하는 데 사용된 평균들은 다음과 같이 정의된다.

$$\bar{y}_{..}=\frac{1}{pq}\sum_{i=1}^{p}\sum_{j=1}^{q}y_{ij},\ \ \bar{y}_{i.}=\frac{1}{q}\sum_{j=1}^{q}y_{ij},\ \ \bar{y}_{.j}=\frac{1}{p}\sum_{i=1}^{p}y_{ij}$$

이 평균들을 이용하여 총편차 $y_{ij}-\bar{y}_{..}$는 다음과 같이 분해할 수 있다.

$$y_{ij}-\bar{y}_{..}=(\bar{y}_{i.}-\bar{y}_{..})+(\bar{y}_{.j}-\bar{y}_{..})+(y_{ij}-\bar{y}_{i.}-\bar{y}_{.j}+\bar{y}_{..})$$

위 식의 양변을 제곱한 후 모든 i, j에 대하여 더하면 다음과 같은 제곱합의 분해를 얻는다.

$$\begin{aligned}\sum_{i=1}^{p}\sum_{j=1}^{q}(y_{ij}-\bar{y}_{..})^2&=q\sum_{i=1}^{p}(\bar{y}_{i.}-\bar{y}_{..})^2+p\sum_{j=1}^{q}(\bar{y}_{.j}-\bar{y}_{..})^2\\&\quad+\sum_{i=1}^{p}\sum_{j=1}^{q}(y_{ij}-\bar{y}_{i.}-\bar{y}_{.j}+\bar{y}_{..})^2\end{aligned}$$

총제곱합 $SST=\sum_{i=1}^{p}\sum_{j=1}^{q}(y_{ij}-\bar{y}_{..})^2$

인자 A 제곱합 $SS_A=q\sum_{i=1}^{p}(\bar{y}_{i.}-\bar{y}_{..})^2$

인자 B 제곱합 $SS_B=p\sum_{j=1}^{q}(\bar{y}_{.j}-\bar{y}_{..})^2$

잔차 제곱합 $SS_{res}=\sum_{i=1}^{p}\sum_{j=1}^{q}(y_{ij}-\bar{y}_{i.}-\bar{y}_{.j}+\bar{y}_{..})^2$

분산분석표

각 요인별 제곱합, 자유도와 제곱합을 자유도로 나눈 평균제곱이 다음 분산분석표에 요약되어 있다.

:: 표 5-7 이원배치 분산분석표

요인	제곱합	자유도	평균제곱	F값
인자 A	SS_A	$p-1$	$MS_A = SS_A/(p-1)$	$f_1 = MS_A/MS_{res}$
인자 B	SS_B	$q-1$	$MS_B = SS_B/(q-1)$	$f_2 = MS_B/MS_{res}$
잔차	SS_{res}	$(p-1)(q-1)$	$MS_{res} = SS_{res}/(p-1)(q-1)$	
계	SST	$pq-1$		

검정법

귀무가설 하에서 평균제곱들의 기댓값은 오차의 분산과 동일하고 서로 독립이므로 이들의 비가 다음과 같이 F–분포를 따름을 이용하여 f–검정을 시행한다.

$$f_1 = MS_A/MS_{res} \sim F(p-1, (p-1)(q-1))$$
$$f_2 = MS_B/MS_{res} \sim F(q-1, (p-1)(q-1))$$

① $F \sim F(p-1, (p-1)(q-1))$일 때 유의확률 $P(F \geq f_1)$의 값이 유의수준 α보다 작으면 인자 A의 효과에 대한 귀무가설 $H_0 : \alpha_1 = \alpha_2 = \cdots = \alpha_p = 0$을 기각한다.

② $F \sim F(q-1, (p-1)(q-1))$일 때 유의확률 $P(F \geq f_2)$의 값이 유의수준 α보다 작으면 인자 B의 효과에 대한 귀무가설 $H_0 : \beta_1 = \beta_2 = \cdots = \beta_q = 0$을 기각한다.

5.2.3 반복이 있는 이원배치법

모든 처리의 반복횟수가 2회 이상인 경우, 반복횟수가 같은 경우(균형 이원배치법)와 반복횟수가 다른 경우(불균형 이원배치법)로 나누어 설명하기로 한다. 반복이 있는 실험에서는 교호작용의 유의성검정이 가능하다.

A. 균형 이원배치법(반복이 동일한 이원배치법)

모든 처리의 반복횟수가 같은 경우를 균형(balanced) 이원배치법이라 한다.

자료의 형태

교재에서 일반적으로 사용하는 형태를 '표준입력' 자료구조라고 부르고 통계 패키지에서 일반적으로 사용하는 형태를 '고급입력' 자료구조라고 부른다.

:: 표 5-8 반복이 있는 이원배치법의 표준입력 자료구조

인자 A \ 인자 B	B_1	B_2	⋯	B_q	평균
A_1	y_{111} ⋮ y_{11r}	y_{121} ⋮ y_{12r}	⋯ ⋯	y_{1q1} ⋮ y_{1qr}	$\bar{y}_{1..}$
	$\bar{y}_{11.}$	$\bar{y}_{12.}$	⋯	$\bar{y}_{1q.}$	
⋮	⋮	⋮		⋮	⋮
A_p	y_{p11} ⋮ y_{p1r}	y_{p21} ⋮ y_{p2r}	⋯ ⋯	y_{pq1} ⋮ y_{pqr}	$\bar{y}_{p..}$
	$\bar{y}_{p1.}$	$\bar{y}_{p2.}$	⋯	$\bar{y}_{pq.}$	
	$\bar{y}_{.1.}$	$\bar{y}_{.2.}$	⋯	$\bar{y}_{.q.}$	$\bar{y}_{...}$

:: 표 5-9 **반복이 있는 이원배치법의 고급입력 자료구조**
(예 : 행인자 수준 3, 열인자 수준 4, 반복횟수 2인 경우)

인자 A	인자 B	분석변수
A_1	B_1	y_{111}
A_1	B_1	y_{112}
A_2	B_1	y_{211}
A_2	B_1	y_{212}
A_3	B_1	y_{311}
A_3	B_1	y_{312}
⋮	⋮	⋮
A_1	B_4	y_{141}
A_1	B_4	y_{142}
A_2	B_4	y_{241}
A_2	B_4	y_{242}
A_3	B_4	y_{341}
A_3	B_4	y_{342}

균형 이원배치법 모형

균형 이원배치법에서 관측값을 나타내는 모형은 다음과 같다.

$$y_{ijk} = \mu + \alpha_i + \beta_j + \gamma_{ij} + \varepsilon_{ijk}, \quad i = 1, \cdots, p, \quad j = 1, \cdots, q, \quad k = 1, \cdots, r$$

γ_{ij} : 인자 A의 i번째 수준과 인자 B의 j번째 수준의 교호작용효과

처리효과에 대한 유의성검정의 귀무가설은 반복이 없는 이원배치법과 같으며, 교호작용효과에 대한 유의성검정의 귀무가설은 다음과 같다.

$H_0 : \gamma_{ij} = 0$, 모든 i, j에 대하여

제곱합의 분해

검정에 사용될 제곱합을 구하기 위해 사용된 평균들은 다음과 같이 정의된다.

$$\bar{y}_{\cdots} = \frac{1}{pqr}\sum_i\sum_j\sum_k y_{ijk},\ \bar{y}_{i\cdot\cdot} = \frac{1}{qr}\sum_j\sum_k y_{ijk},\ \bar{y}_{\cdot j\cdot} = \frac{1}{pr}\sum_i\sum_k y_{ijk},\ \bar{y}_{ij\cdot} = \frac{1}{r}\sum_k y_{ijk}$$

이 평균들을 이용하여 총편차 $y_{ij} - \bar{y}_{\cdot\cdot}$는 다음과 같이 분해할 수 있으며

$$y_{ijk} - \bar{y}_{\cdots} = (\bar{y}_{i\cdot\cdot} - \bar{y}_{\cdots}) + (\bar{y}_{\cdot j\cdot} - \bar{y}_{\cdots}) + (y_{ij\cdot} - \bar{y}_{i\cdot\cdot} - \bar{y}_{\cdot j\cdot} + \bar{y}_{\cdots}) + (y_{ijk} - \bar{y}_{ij\cdot})$$

위 식의 양변을 제곱한 후 모든 i, j, k에 대하여 더하면 다음과 같이 제곱합을 얻는다.

총제곱합 $SST = \sum_i\sum_j\sum_k (y_{ijk} - \bar{y}_{\cdots})^2$

인자 A(행) 제곱합 $SS_A = qr\sum_i(\bar{y}_{i\cdot\cdot} - \bar{y}_{\cdots})^2$

인자 B(열) 제곱합 $SS_B = pr\sum_j(\bar{y}_{\cdot j\cdot} - \bar{y}_{\cdots})^2$

교호작용 제곱합 $SS_{AB} = r\sum_i\sum_j(y_{ij\cdot} - \bar{y}_{i\cdot\cdot} - \bar{y}_{\cdot j\cdot} + \bar{y}_{\cdots})^2$

잔차 제곱합 $SS_{res} = \sum_i\sum_j\sum_k(y_{ijk} - \bar{y}_{ij\cdot})^2$

각 요인별 제곱합, 자유도, 제곱합을 자유도로 나눈 평균제곱이 다음 분산분석표에 요약되어 있다.

:: 표 5-10 균형 이원배치 분산분석표

요인	제곱합	자유도	평균제곱	*F*값
인자 A	SS_A	$p-1$	$MS_A = SS_A/(p-1)$	$f_1 = MS_A/MS_{res}$
인자 B	SS_B	$q-1$	$MS_B = SS_B/(q-1)$	$f_2 = MS_B/MS_{res}$
교호작용	$SS_{A\times B}$	$(p-1)(q-1)$	$MS_{A\times B} = SS_{A\times B}/[(p-1)(q-1)]$	$f_3 = MS_{A\times B}/MS_{res}$
잔차	SS_{res}	$pq(r-1)$	$MS_{res} = SS_{res}/[pq(r-1)]$	
계	SST	$pqr-1$		

검정법

각 귀무가설 하에서 해당되는 평균제곱들의 기댓값은 오차의 분산과 동일하고 서로 독립이므로 이들의 비가 다음과 같이 F–분포를 따름을 이용하여 f–검정을 시행한다.

$$f_1 = \mathrm{MS_A}/\mathrm{MS_{res}} \sim F(p-1,\ pq(r-1))$$

$$f_2 = \mathrm{MS_B}/\mathrm{MS_{res}} \sim F(q-1,\ pq(r-1))$$

$$f_3 = \mathrm{MS_{A\times B}}/\mathrm{MS_{res}} \sim F((p-1)(q-1),\ pq(r-1))$$

① $F \sim F(p-1,\ pq(r-1))$일 때 유의확률 $P(F \ge f_1)$의 값이 유의수준 α보다 작으면 인자 A의 효과에 대한 귀무가설 $H_0 : \alpha_1 = \alpha_2 = \cdots = \alpha_p = 0$을 기각한다.

② $F \sim F(q-1,\ pq(r-1))$일 때 유의확률 $P(F \ge f_2)$의 값이 유의수준 α보다 작으면 인자 B의 효과에 대한 귀무가설 $H_0 : \beta_1 = \beta_2 = \cdots = \beta_q = 0$을 기각한다.

③ $F \sim F((p-1)(q-1),\ pq(r-1))$일 때 유의확률 $P(F \ge f_3)$의 값이 유의수준 α보다 작으면 교호작용 A×B의 효과에 대한 귀무가설 $H_0 : \gamma_{ij} = 0$, 모든 i, j에 대하여를 기각한다.

B. 불균형 이원배치법(반복이 동일하지 않은 이원배치법)

각 처리(인자의 수준 조합)에서 반복횟수가 다른 경우를 불균형(unbalanced) 이원배치법이라 한다. 불균형 이원배치법에서는 인자들이 모형에 포함되는 순서에 따라 제곱합의 값이 달라지므로 입력순서에 유의해야 한다. 불균형 이원배치법은 일반선형모형 메뉴에서만 분석이 가능하다. 이에 관한 자세한 내용은 6장을 참조하기 바란다.

자료의 형태

불균형 이원배치법에서는 고급입력 자료구조만을 사용할 수 있다.

:: 표 5-11 불균형 이원배치법의 고급입력 자료구조
(예 : 인자 A의 수준 p, 인자 B의 수준 q, 반복횟수 n_{ij}인 경우)

인자 A	인자 B	분석변수
A_1	B_1	y_{111}
A_1	B_1	y_{112}
⋮	⋮	⋮
A_1	B_1	$y_{11n_{11}}$
A_1	B_2	y_{121}
⋮	⋮	⋮
A_1	B_q	$y_{1qn_{1q}}$
A_2	B_1	y_{211}
⋮	⋮	⋮
A_2	B_q	$y_{2qn_{2q}}$
⋮	⋮	⋮
A_p	B_1	y_{p11}
⋮	⋮	⋮
A_p	B_q	$y_{pqn_{pq}}$

불균형 이원배치법 모형

불균형 이원배치법에서 관측값을 나타내는 모형은 다음과 같다.

$$y_{ijk} = \mu + \alpha_i + \beta_j + \gamma_{ij} + \varepsilon_{ijk},\ \ i = 1, \cdots, p,\ \ j = 1, \cdots, q,$$
$$k = 1, \cdots, n_{ij},\ \ (N = \sum_{i=1}^{p} \sum_{j=1}^{q} n_{ij})$$

γ_{ij} : A의 i번째 수준과 B의 j번째 수준의 교호작용효과

주인자효과 및 교호작용효과 검정을 위한 귀무가설, 제곱합의 분해 및 유의성 검정은 균형 이원배치법과 동일하다. 각 요인별 제곱합, 자유도, 제곱합을 자유도로 나눈 평균제곱이 다음 분산분석표에 요약되어 있다.

:: 표 5-12 불균형 이원배치 분산분석표

요인	제곱합	자유도	평균제곱	F값
인자 A	SS_A	$p-1$	$MS_A = SS_A/(p-1)$	$f_1 = MS_A/MS_{res}$
인자 B	SS_B	$q-1$	$MS_B = SS_B/(q-1)$	$f_2 = MS_B/MS_{res}$
교호작용	$SS_{A\times B}$	$(p-1)(q-1)$	$MS_{A\times B} = SS_{A\times B}/(p-1)(q-1)$	$f_3 = MS_{A\times B}/MS_{res}$
잔차	SS_{res}	$N-pq$	$MS_{res} = SS_{res}/(N-pq)$	
계	SST	$N-1$		

검정법

각 귀무가설 하에서 해당되는 평균제곱들의 기댓값은 오차의 분산과 동일하고 서로 독립이므로 이들의 비가 다음과 같은 F-분포를 따름을 이용하여 F-검정을 시행한다.

$$f_1 = MS_A/MS_{res} \sim F(p-1,\ N-pq)$$
$$f_2 = MS_B/MS_{res} \sim F(q-1,\ N-pq)$$
$$f_3 = MS_{A\times B}/MS_{res} \sim F((p-1)(q-1),\ N-pq)$$

① $F \sim F(p-1,\ N-pq)$일 때 유의확률 $P(F \ge f_1)$의 값이 유의수준 α보다 작으면 인자 A의 효과에 대한 귀무가설 $H_0 : \alpha_1 = \alpha_2 = \cdots = \alpha_p = 0$을 기각한다.

② $F \sim F(q-1,\ N-pq)$일 때 유의확률 $P(F \ge f_2)$의 값이 유의수준 α보다 작으면 인자 B의 효과에 대한 귀무가설 $H_0 : \beta_1 = \beta_2 = \cdots = \beta_q = 0$을 기각한다.

③ $F \sim F((p-1)(q-1),\ N-pq)$일 때 유의확률 $P(F \ge f_3)$의 값이 유의수준 α보다 작으면 교호작용 A×B의 효과에 대한 귀무가설 $H_0 : \gamma_{ij} = 0$, 모든 i, j에 대하여를 기각한다.

5.3 다중비교

일원배치법 또는 이원배치법에서 귀무가설을 기각하게 되는 경우 구체적으로 어떤 처리들 사이에 차이가 있는지를 다중비교(multiple comparison) 방법을 사용하여 알아볼 수 있다. Tukey의 HSD(정직유의차방법)와 Fisher의 LSD(최소유의차방법), Duncan의 다중범위방법을 선택할 수 있다.

귀무가설

$H_0 : \mu_i = \mu_j$, 모든 $i \neq j$에 대하여

오류율의 실험별 관리와 비교별 관리

다중비교에서 관리하는 오류율은 크게 실험별 오류율과 비교별 오류율로 나눌 수 있다. 실험별 오류율(experimentwise error rate)을 α로 관리한다는 것은 귀무가설 $H_0 : \mu_1 = \cdots = \mu_k$ 하에서 제1종의 오류를 범할 확률을 α 이내로 관리한다는 것을 뜻한다. 한편 비교별 오류율(comparisonwise error rate)을 α로 관리하는 것은 비교를 단계 또는 쌍으로 나누어 비교할 때 각 비교에서 제1종의 오류를 범할 확률을 α 이내로 관리한다는 것을 뜻한다. 따라서 비교별 오류율을 α로 관리하면 실험별 오류율은 α보다 훨씬 클 수 있다. 즉 같은 오류율 수준에서 비교별 관리가 실험별 관리보다 귀무가설을 더 쉽게 기각한다.

5.3.1 Tukey의 HSD(experimentwise)

Tukey의 정직유의차방법(HSD)은 실험별 오류율을 관리한다. 표준화 범위 통계량(studentized range statistic)을 $q = \dfrac{\bar{y}_{max} - \bar{y}_{min}}{\sqrt{MS_{res}/n}}$로 정의하고 q의 분포를 이용하여 검정한다. 단, k는 처리의 개수, f는 MS_{res}의 자유도이다.

$$T_\alpha = q_\alpha(k,\ f)\sqrt{\frac{\mathrm{MS_{res}}}{n}} \text{ 또는 } \frac{q_\alpha(k,\ f)}{\sqrt{2}}\sqrt{\mathrm{MS_{res}}\left(\frac{1}{n_i}+\frac{1}{n_j}\right)} \text{일 때,}$$

$\left|\bar{y}_{i\cdot}-\bar{y}_{j\cdot}\right| > T_\alpha$이면 μ_i와 μ_j가 유의하게 다르다고 판단한다.

5.3.2 Fisher의 LSD(comparisonwise)

Fisher의 최소유의차방법(LSD)은 비교별 오류율을 관리한다. 다음에서 N은 관측값의 개수, k는 처리의 개수이다.

$$LSD = t_{\alpha/2,\,N-k}\sqrt{\frac{2\mathrm{MS_{res}}}{n}} \text{ 또는 } t_{\alpha/2,\,N-k}\sqrt{\mathrm{MS_{res}}\left(\frac{1}{n_i}+\frac{1}{n_j}\right)} \text{일 때,}$$

$\left|\bar{y}_{i\cdot}-\bar{y}_{j\cdot}\right| > LSD$이면 μ_i와 μ_j가 유의하게 다르다고 판단한다.

5.3.3 Duncan의 방법(comparisonwise)

Duncan의 방법은 다단계 검정법으로서 다중범위검정(multiple range test)이라고도 하며, 각 단계에서 비교별 오류율을 관리한다. 한 단계에서 포함된 처리의 개수가 k일 때, 유의수준 α에서 다중비교를 시행하면 이 단계에서 실제 유의수준은 $1-(1-\alpha)^{k-1}$이 된다. 따라서 처리의 개수가 많을 때는 허용된 오류율보다 실제 유의수준이 훨씬 클 수 있어 처리 평균의 차이가 크다고 판단하는 경향이 있다. Duncan 방법은 균형배치일 때만 사용하는 것이 안전하다.

6.1 상관분석

6.2 회귀분석

6.3 이분형 로지스틱

회귀분석과 로지스틱분석

CHAPTER 6

회귀분석(regression analysis)은 변수들 사이의 함수관계를 규명하는 통계적 방법이다. 두 변수 x와 y 사이에 $y = f(x)$의 함수관계가 있을 때, x를 **설명변수**(explanatory variable) 또는 **독립변수**(independent variable)라고 하며, y를 **반응변수**(response variable) 또는 **종속변수**(dependent variable)라고 한다. 회귀분석은 영국의 수학자 갈톤(Galton)이 아버지의 키가 크면 아들의 키도 크다고 할 수 있는지를 알아보기 위해 제안했던 분석방법이다. 아버지와 아들의 키라는 두 변수 사이에 연관성이 있는지를 알아보려면 먼저 상관계수를 구해 보면 되지만, 구체적으로 두 변수 사이에 어떤 관계가 성립하는지를 설명하기 위해서는 함수식을 이용하는 것이 좋을 것이다.

아버지의 키를 x, 아들의 키를 y라고 할 때, 갈톤은 아버지의 키와 아들의 키 사이에 다음과 같은 관계가 있다고 생각했다.

$$y = M + \beta(x - M) + \varepsilon$$

위의 식에서 M은 아버지의 키의 중앙값이다. β의 값이 0과 1 사이에 있는 것을 보고 β의 값이 0보다 크므로 아버지의 키가 크면 아들의 키도 커지는 경향이 있으나, 1보다 작으므로 아들의 키와 중앙값 M의 차이는 아버지의 키와 중앙값 M의 차이보다 작아지는 경향이 있다. 즉 인간의 키는 중앙값으로 회귀(regress)한다는 결론을 얻은 데서, 회귀분석(regression analysis)이라는 용어가 사용되었다.

6.1 상관분석

상관분석(correlation analysis)에서는 두 변수 사이의 연관성을 측정하는 측도로 Pearson의 단순상관계수(Pearson's simple correlation coefficient)를 구하고, 두 변수 사이에 상관관계가 존재하는지를 검정하는 추론문제를 다룬다. 회귀분석의 예와 이론적 배경을 설명하기 전에 먼저 상관분석을 설명하기로 한다.

6.1.1 상관분석 예

《예제 6-1》

Data 디렉토리에 저장된 회귀분석 시트의 ‘상관분석’ 자료는 키와 몸무게 자료이다. 이 자료를 이용하여 상관계수를 구해 보기로 한다. 상관분석을 위해

[통계분석] → [상관분석]

을 선택하면 상관분석 대화상자가 나타난다.

그림 6-1 상관분석 대화상자

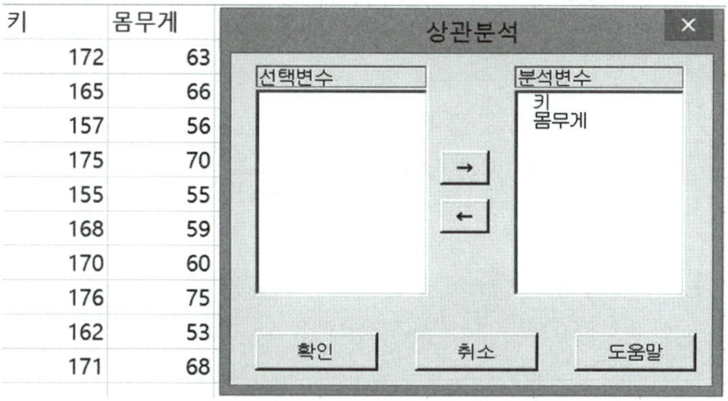

선택변수 창에서 키와 몸무게 변수를 선택한 후 →를 눌러 오른쪽 분석변수 창으로 보낸다. [확인]을 누르면 상관분석 결과가 출력된다. 키와 몸무게 사이의 상관계수는 0.8192이고 유의확률은 0.0037이므로 상관관계가 매우 높음을 알 수 있다.

그림 6-2 상관분석 결과

상관분석결과

상관분석

상관계수
(유의확률)

	키	몸무게
키	1	0.8192
(유의확률)	.	0.0037
몸무게	0.8192	1
(유의확률)	0.0037	.

6.1.2 이론적 배경

두 변수 X와 Y의 Pearson의 단순상관계수를 일반적으로 **상관계수**라고 부르며 다음과 같이 정의된다.

$$\rho = Corr(X, Y) = \frac{Cov(X, Y)}{\sqrt{Var(X)\,Var(Y)}}$$

X와 Y 두 변수에 대한 n개의 관측값이 다음과 같다고 하자.

$$(x_1, y_1), (x_2, y_2), \cdots, (x_n, y_n)$$

유의성검정

상관계수의 추정량으로는 표본상관계수

$$r = \frac{\sum_{i=1}^{n}(x_i - \overline{x})(y_i - \overline{y})}{\sqrt{\sum_{i=1}^{n}(x_i - \overline{x})^2 \sum_{i=1}^{n}(y_i - \overline{y})^2}}$$

를 이용한다. 표본상관계수는 $-1 \le r \le 1$ 사이의 값을 가지며, 두 변수 사이에 연관성이 없다는 귀무가설

$$H_0 : \rho = 0$$

하에서 다음과 같은 **검정통계량**

$$T = \frac{\sqrt{n-2}\,r}{\sqrt{1-r^2}}$$

을 이용하여 연관성의 검정을 실시한다. T가 H_0 하에서 자유도 $n-2$인 t-분포를 따름을 이용하여 유의수준 α에서 귀무가설을 기각하는 기각역은 다음과 같이 대립가설에 따라 달라진다.

① $H_1 : \rho > 0$일 때, $t \geq t_\alpha(n-2)$
② $H_1 : \rho < 0$일 때, $t \leq -t_\alpha(n-2)$
③ $H_1 : \rho \neq 0$일 때, $|t| \geq t_{\alpha/2}(n-2)$

관측된 t-값이 기각역에 속하면 연관성이 없다는 귀무가설을 기각한다.

6.2 회귀분석

회귀분석은 다른 변수(설명변수 또는 독립변수)에 의해 영향을 받는 변수(반응변수 또는 종속변수)들 사이의 관계를 함수식으로 나타내고 이를 이용하여 독립변수의 특정한 값에 대응되는 종속변수의 값을 예측하는 분석법이다. 일반적으로 종속변수와 독립변수는 연속형 변수인데, 독립변수가 범주형 변수인 경우에는 가변수(dummy variable)를 이용하고, 종속변수가 범주형 변수인 경우에는 로짓모형 또는 로지스틱회귀모형을 이용한다.

독립변수가 1개인 회귀모형을 **단순회귀모형**(simple regression)이라 하며, 2개 이상인 모형을 **중회귀모형**(multiple regression)이라 한다. 단순회귀모형에서 특히 독립변수와 종속변수 사이에 직선관계(선형관계)가 있는 모형을 **단순**

선형회귀모형(simple linear regression) 또는 직선회귀모형이라 한다.

6.2.1 단순회귀모형

회귀모형 중에서 가장 간단한 모형이 독립변수 x가 하나인 단순회귀모형이며, 종속변수 y와의 직선관계는 다음과 같이 나타낼 수 있다.

$$y_i = \beta_0 + \beta_1 x_i + \varepsilon_i, \ \ i = 1, 2, \cdots, n$$

여기서 β_0와 β_1은 회귀계수이며 ε_i는 오차항으로 서로 독립인 $N(0, \sigma_\varepsilon^2)$을 따르는 확률변수이다. 오차항이 정규분포를 따르므로 y_i도 $N(\beta_0 + \beta_1 x_i, \sigma_\varepsilon^2)$을 따른다. 오차항에 대한 가정은 정규성(normality), 등분산성(equal variance), 독립성(independence)으로 요약할 수 있다.

A. 단순회귀분석 예

《예제 6-2》 단순선형회귀모형

《예제 6-1》에서 사용한 키와 몸무게 자료를 이용하여 단순회귀모형을 구해 보기로 한다. 키가 크면 몸무게도 많이 나가는지를 알아보기 위해 키를 독립변수, 몸무게를 종속변수로 하는 회귀분석을 실행하기 위해

[통계분석] → [회귀분석] → [회귀분석]

을 선택하면 회귀분석 대화상자가 나타난다.

선택변수 창에서 몸무게 변수를 선택한 후 →를 눌러 오른쪽의 종속변수(y) 창으로 보내고 키 변수를 선택한 후 →를 눌러 독립변수(x) 창으로 보낸다. 독립변수가 한 개이므로 단순선형회귀 창이 활성화되고 산점도, 신뢰도 그래프, 표준화 잔차 vs 독립변수 그래프를 선택할 수 있다. [상수항 포함] 확인란은 디폴트로 선택되며, 이 확인란을 선택하여 체크기호를 없애면 상수항이 없는 모형이 적합된다. 예측값의 신뢰구간을 구하려면 [예측값 데이

터 시트에 출력] 단추를 선택한다. 디폴트 신뢰수준은 95%이며, 예측값과 신뢰구간은 자료가 저장되어 있는 시트에 출력된다.

그림 6-3 단순회귀모형 적합을 위한 회귀분석 대화상자

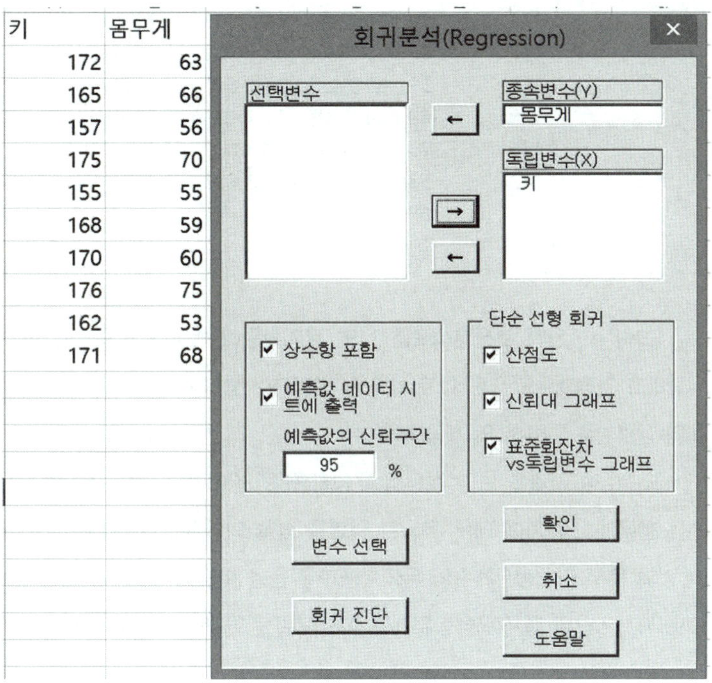

회귀분석 결과라는 제목으로 회귀모형의 유의성검정을 위한 분산분석표, 회귀모수의 추정값, 표준오차 및 유의확률이 디폴트로 출력된다. [예측값 데이터 시트에 출력]을 선택하면 예측값과 예측값의 기대값의 95% 신뢰구간의 하한과 상한이 자료가 저장되어 있는 시트에 출력된다.

그림 6-4 예측값과 예측구간이 출력된 자료시트

키	몸무게	예측값	95% 하한	95% 상한
172	63	66.48667	62.57668	70.39666
165	66	60.79143	57.46551	64.11734
157	56	54.28258	48.61627	59.94888
175	70	68.92749	64.07279	73.78219
155	55	52.65536	46.19929	59.11144
168	59	63.23225	60.02515	66.43934
170	60	64.85946	61.40631	68.31261
176	75	69.7411	64.52663	74.95557
162	53	58.35061	54.38585	62.31536
171	68	65.67306	62.01376	69.33237

[그림 6-5]의 분산분석표를 보면 유의확률이 0.0037로서 적합한 회귀모형은 매우 유의하고 결정계수도 0.6711로 비교적 설명력이 높다고 할 수 있다. 결정계수는 키와 몸무게의 상관계수 0.8192의 제곱과 같다.

모수추정 결과를 보면 절편의 유의확률은 0.061이고 키의 유의확률은 0.0037이므로 키는 몸무게의 증가에 매우 유의한 역할을 함을 의미하고, [그림 6-2]의 상관분석 결과에서 키와 몸무게의 상관계수의 유의확률과 같음을 확인할 수 있다. 회귀계수의 값이 0.81이므로 키가 1단위 증가하면 몸무게는 0.81단위 증가한다는 의미이다.

그림 6-5 단순회귀모형 적합 결과

회귀분석결과

분산분석표

요인	제곱합	자유도	평균제곱	F 값	유의확률
회귀	310.3908	1	310.3908	16.325	0.0037
잔차	152.1092	8	19.0136		
계	462.5000	9			

Root MSE	4.3605
결정계수	0.6711
수정결정계수	0.6300

모수 추정

변수명	추정값	표준오차	T-통계량	유의확률
절편	-73.45361	33.67700	-2.181	0.0608
키	0.81361	0.20137	4.040	0.0037

단순선형회귀모형을 적합하면 회귀진단 결과라는 제목으로 선택된 산점도, 신뢰대 그래프, 표준화잔차와 독립변수의 산점도가 출력된다. 특별히 이상한 점이 보이지 않는다. 표준화잔차와 예측값의 산점도를 그리고 싶으면 예측값이 저장된 시트에서 몸무게의 관측값과 예측값을 이용하여 잔차를 구한 후 그래프 그리기 기능을 이용하면 된다.

그림 6-6 단순선형회귀모형 적합 후의 회귀진단 결과

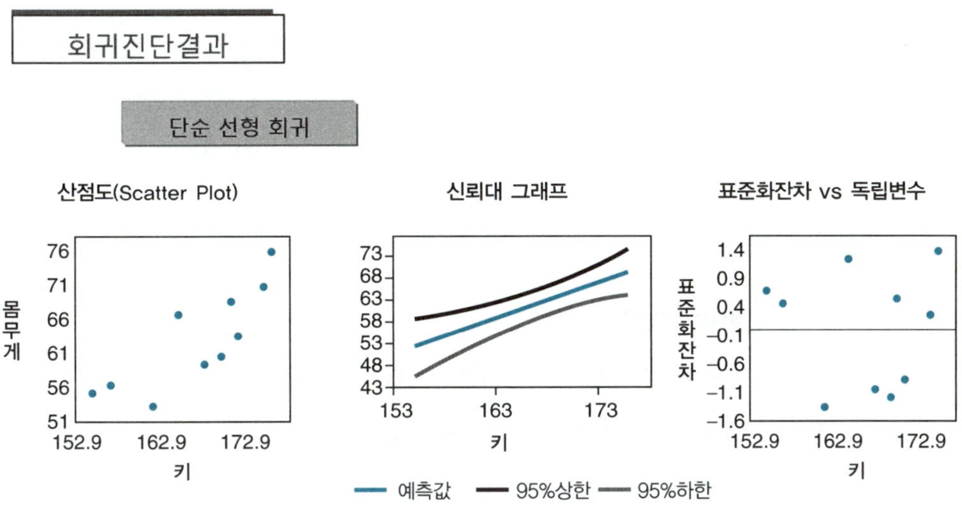

B. 이론적 배경

모수의 추정

회귀계수 β_0와 β_1은 오차들의 제곱합

$$\sum_{i=1}^{n}\varepsilon_i^2 = \sum_{i=1}^{n}(y_i - \beta_0 - \beta_1 x_i)^2$$

을 최소로 하는 최소제곱법(least squares method)에 의해 추정할 수 있으며, 이렇게 구해진 추정량 $\hat{\beta}_0$와 $\hat{\beta}_1$을 최소제곱추정량(least squares estimator ; LSE)이라 하며 다음과 같이 표현된다.

$$\hat{\beta}_0 = \overline{y} - \hat{\beta}_1 \overline{x}$$

$$\hat{\beta}_1 = \frac{\sum_{i=1}^{n}(x_i - \overline{x})(y_i - \overline{y})}{\sum_{i=1}^{n}(x_i - \overline{x})^2}$$

LSE에 의해 추정된 회귀직선 또는 적합된 회귀직선은 다음과 같다.

$$\hat{y}_i = \hat{\beta}_0 + \hat{\beta}_1 x_i$$

하나의 x_i에서 위의 식을 이용한 적합값 $\hat{y}_i$와 관측값 y_i의 차이 $r_i = y_i - \hat{y}_i$를 잔차(residual)라고 하며, 잔차의 값이 작을수록 모형이 잘 적합되었다고 할 수 있다.

모형의 적합성 판단

회귀모형이 잘 적합되었는지를 판단하기 위해서는 분산분석을 이용한다. 5장에서 설명했던 것처럼 관측값 y_i와 평균 $\overline{y}$의 차이를 다음과 같이 분해한다.

$$y_i - \overline{y} = (y_i - \hat{y}_i) + (\hat{y}_i - \overline{y})$$

여기서 $y_i - \hat{y}_i$는 잔차로서 적합된 모형에 의해 설명되지 않는 부분이고 $\hat{y}_i - \overline{y}$는 모형에 의해 설명되는 부분이다. 위 식의 양변을 제곱한 후 다음과 같이 제곱합을 얻는다.

$$\Sigma(y_i - \overline{y})^2 = \Sigma(\hat{y}_i - \overline{y})^2 + \Sigma(y_i - \hat{y}_i)^2$$

여기서

$SST = \Sigma(y_i - \overline{y})^2$은 총제곱합(total sum of squares)

$SSR = \Sigma(\hat{y}_i - \overline{y})^2$은 회귀제곱합(regression sum of squares)

$SS_{res} = \Sigma(y_i - \hat{y}_i)^2$은 잔차제곱합(residual sum of squares)

이라고 부른다. 총변동(총제곱합) SST는 회귀모형에 의해 설명되는 부분인 회귀제곱합 SSR과 회귀모형에 의해 설명되지 않는 잔차제곱합 SS_{res}로 분해되며, SST에 비해 SS_{res}가 작으면(또는 SSR이 크면) 회귀모형이 잘 적합되었음을 의미한다. 제곱합들은 χ^2–분포를 따르고 서로 독립임을 보일 수 있으며, 제곱합에 대응되는 자유도로 나누어 준 평균제곱들의 비가 F–분포를 따름을 이용하여 모형의 유의성을 검정한다. 특히 잔차제곱합을 자유도로 나누어 준 잔차평균제곱 $MS_{res} = SS_{res}/(n-2)$는 오차의 분산 σ_ε^2의 추정량으로 사용된다. 즉

$$\hat{\sigma}_\varepsilon^2 = \frac{1}{n-2}\sum_{i=1}^{n}(y_i - \hat{y}_i)^2$$

$MSR = SSR/1$을 회귀평균제곱이라고 하며 평균제곱들의 비

$$f = \frac{MSR}{MS_{res}}$$

은 귀무가설 $H_0 : \beta_1 = 0$ 하에서 자유도 $(1, n-2)$인 F–분포를 따르므로 회귀직선의 유의성검정 통계량으로 이용한다. 이를 요약해 보면 다음의 분산분석표와 같다.

:: 표 6–1 단순회귀의 분산분석표

요인	제곱합	자유도	평균제곱	F–값
회귀	SSR	1	$MSR = SSR/1$	$f = MSR/MS_{res}$
잔차	SS_{res}	$n-2$	$MS_{res} = SS_{res}/(n-2)$	
계	SST	$n-1$		

다시 한 번 정리해 보면, 회귀직선의 유의성검정을 위한 가설은

$$H_0 : \beta_1 = 0 \text{ vs } H_1 : \beta_1 \neq 0$$

와 같으며, 유의수준 α에서 기각역은 다음과 같이 주어진다.

$$f = \frac{\text{MSR}}{\text{MS}_{\text{res}}} > F_\alpha(1, n-2)$$

KESS에서는 검정의 유의확률을 구해 주며, 이 값이 유의수준 α보다 작으면 귀무가설을 기각하고 회귀직선이 유의하다고 판단한다.

결정계수

모형의 적합도를 설명하는 통계량으로는 결정계수(coefficient of determination)가 있는데, 총제곱합 SST 중에서 회귀제곱합 SSR이 차지하는 비율로서

$$R^2 = \frac{\text{SSR}}{\text{SST}} = 1 - \frac{\text{SS}_{\text{res}}}{\text{SST}}$$

이 값이 1에 가까울수록 회귀직선의 설명력이 높다고 할 수 있다. 결정계수 R^2은 0과 1 사이의 값을 가지며, 직선회귀의 경우에는 x와 y의 상관계수의 제곱과 같다.

회귀계수의 추론

회귀분석의 추론문제에서 가장 관심이 있는 것은 직선의 기울기 β_1에 대한 추론 문제이다. $\hat{\beta}_1$은 정규분포를 따르는 y_i들의 선형결합이므로 정규분포를 따르고, $\hat{\beta}_1$을 표준화한 통계량은 t–분포를 따름을 이용하여 $\hat{\beta}_1$에 대한 추론을 한다. 즉 귀무가설 $H_0 : \beta_1 = \beta_{10}$ 하에서 검정통계량은

$$T = \frac{\hat{\beta}_1 - \beta_{10}}{\widehat{SE}(\hat{\beta}_1)} \sim t(n-2), \quad \widehat{SE}(\hat{\beta}_1) = \sqrt{\frac{\hat{\sigma}_\varepsilon^2}{\Sigma(x_i - \overline{x})^2}}, \quad \hat{\sigma}_\varepsilon^2 = \text{MS}_{\text{res}}$$

를 이용한다. 유의수준 α에서 기각역은 다음과 같다.

① $H_1 : \beta_1 > \beta_{10}$일 때, $t \geq t_\alpha(n-2)$

② $H_1 : \beta_1 < \beta_{10}$일 때, $t \leq -t_\alpha(n-2)$

③ $H_1 : \beta_1 \neq \beta_{10}$일 때, $|t| \geq t_{\alpha/2}(n-2)$

검정통계량의 값이 기각역에 포함되면 유의수준 α에서 귀무가설을 기각한다. 모평균 β_1의 $100(1-\alpha)\%$ 신뢰구간은 다음과 같이 구한다.

$$(\hat{\beta}_1 - t_{\alpha/2}(n-2)\widehat{SE}(\hat{\beta}_1),\ \hat{\beta}_1 + t_{\alpha/2}(n-2)\widehat{SE}(\hat{\beta}_1))$$

잔차분석

분산분석표, 결정계수, 회귀계수에 대한 추론 등을 통해 적합된 모형이 유의하다고 판단되면, 잔차분석을 통해 설정한 모형이 문제점이 없는지 확인해 보아야 한다. 단순회귀모형은 기본적으로 오차항에 대한 정규성, 등분산성, 독립성 이외에 모형에 대한 직선(linear) 관계를 가정하고 있으며, 잔차를 이용하여 이 4가지 가정을 검토해야 한다. 이를 잔차분석이라고 한다.

이 중 직선관계에 관한 가정은 산점도를 통해 확인할 수 있으며, 오차에 대한 가정은 잔차 $r_i = y_i - \hat{y}_i$ 대신 이를 표준화한 표준화잔차(standardized residual) 또는 스튜던트화잔차(Studentized residual)를 이용하는 것이 바람직하다.

$$t_i = \frac{r_i}{\hat{\sigma}_\varepsilon\sqrt{1-h_{ii}}},\quad \hat{\sigma}_\varepsilon = \sqrt{\text{MS}_{\text{res}}}$$

단, $h_{ii} = \dfrac{1}{n} + \dfrac{(x_i - \bar{x})^2}{\Sigma(x_i - \bar{x})^2}$는 행렬 $H = \mathbf{X}(\mathbf{X}'\mathbf{X})^{-1}\mathbf{X}'$의 i번째 대각원소이다.

표준화잔차는 이상점이 있으면 $\hat{\sigma}_\varepsilon$이 커져서 t_i값이 작아지는 경향이 있으므로 다음과 같은 표준화제외잔차 또는 스튜던트화제외잔차(Studentized deleted residual)를 이용하기도 한다.

$$t_{(-i)} = \frac{r_i}{\hat{\sigma}_{\varepsilon(i)}\sqrt{1-h_{ii}}}$$

단, $\hat{\sigma}_{\varepsilon(i)}$는 (x_i, y_i)를 제외하고 계산된 σ_ε의 추정값

① 독립성의 검토

표준화된 잔차를 세로축, 관측 순서를 가로축으로 하는 산점도를 그렸을 때, 특별한 경향이 나타나지 않으면 독립성이 만족된다. Durbin-Watson (DW) 검정을 통해 자기상관이 존재하는지 판단한다. DW 검정통계량은 다음과 같이 잔차 r_i들의 함수로서

$$d = \sum_{i=1}^{n}(r_i - r_{i-1})^2 \Big/ \sum_{i=1}^{n} r_i^2$$

이다. 만약 잔차들이 양의 자기상관을 가지면 0에 가까운 값을 갖고 음의 자기상관을 가지면 4에 가까운 값을 갖는 성질을 이용한다(Durbin and Watson, 1951).

독립성 가정이 만족되지 않으면 오차들의 공분산행렬을 이용한 일반화최소제곱법(generalized least squares method)을 사용한다.

② 등분산성의 검토

표준화된 잔차를 세로축, $\hat{y}_i$를 가로축으로 하는 산점도를 그렸을 때, 0을 중심으로 대칭적으로 나타나지 않고 $\hat{y}_i$값이 커짐에 따라 산포가 달라지는 경향을 보여주면 등분산성이 만족되지 않는다고 본다. 이런 경우에는 분산 안정화 변환을 통해 등분산이 되도록 해주거나, 가중최소제곱법(weighted least squares method)을 사용한다.

③ 정규성의 검토

표준화된 잔차들을 이용하여 정규확률그림을 그렸을 때, 점들이 직선에 가까이 있으면 정규성이 만족된다고 본다. 정규성검정을 시행할 수도 있다. 정규

성 가정이 만족되지 않으면 Box−Cox 변환(Box and Cox, 1964)을 적용하거나, 로버스트(robust) 회귀분석법을 사용한다.

6.2.2 중회귀모형

독립변수가 두 개 이상으로 확장된 경우의 회귀모형을 중회귀모형(multiple regression model)이라고 한다. 독립변수의 개수가 k개인 중회귀모형의 일반형은 다음과 같다.

$$y_i = \beta_0 + \beta_1 x_{1i} + \beta_2 x_{2i} + \cdots + \beta_k x_{ki} + \varepsilon_i,\ i = 1. \cdots, n$$

여기서 $\beta_0, \beta_1, \cdots, \beta_k$는 회귀계수이고 ε_i는 오차항으로 서로 독립인 $N(0, \sigma_\varepsilon^2)$을 따르는 확률변수로 가정한다.

A. 중회귀분석 예

《예제 6−3》 중회귀모형

Data 디렉토리에 저장된 회귀분석 시트의 ‘plastic’ 자료는 플라스틱 제품의 수율 y와 공정시간 x1과 촉매량 x2 사이의 관계를 알아보기 위한 자료이다. 수율 y를 종속변수, 공정시간 x1과 촉매량 x2를 독립변수로 하는 회귀분석을 실행하기 위해

[통계분석] → [회귀분석] → [회귀분석]

을 선택하면 회귀분석 대화상자가 나타난다.

그림 6-7 회귀분석 대화상자

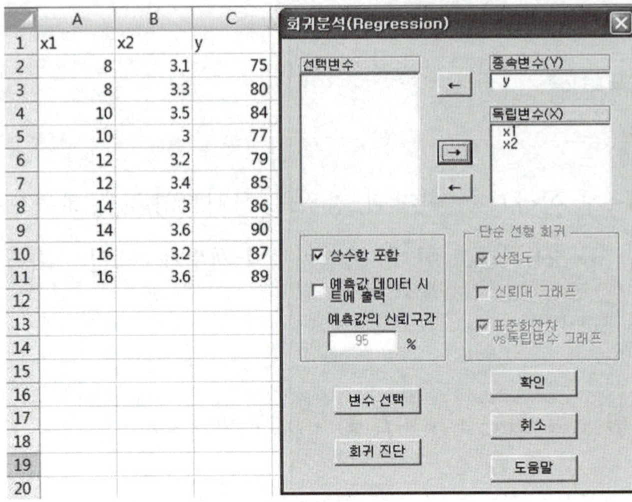

선택변수 창에서 y를 선택한 후 →를 눌러 오른쪽의 종속변수(y) 창으로 보내고 x1과 x2를 선택한 후 →를 눌러 독립변수(x) 창으로 보낸다. 독립변수가 두 개 이상인 경우 중회귀모형이므로 [단순선형회귀] 프레임은 활성화되지 않는다. 디폴트로 상수항은 포함하고 [예측값 데이터 시트에 출력]을 선택하여 예측값을 구한다. 디폴트 신뢰수준은 95%이며,

그림 6-8 중회귀 분석 결과

회귀분석결과

분산분석표

요인	제곱합	자유도	평균제곱	F 값	유의확률
회귀	204.7021	2	102.3511	20.530	0.0012
잔차	34.8979	7	4.9854		
계	239.6000	9			

Root MSE	2.2328
결정계수	0.8543
수정결정계수	0.8127

모수 추정

변수명	추정값	표준오차	t-통계량	유의확률
절편	36.11144	10.75101	3.359	0.0121
x1	1.20158	0.26117	4.601	0.0025
x2	9.92999	3.41095	2.911	0.0226

예측값과 신뢰구간이 자료가 저장된 시트에 출력된다.

공정시간 x1과 촉매량 x2를 독립변수로 하는 중회귀모형분석 결과, 분산분석표의 유의확률이 0.0012로 회귀모형이 유의하며 결정계수도 0.8543임를 볼 수 있다. 모수 추정 결과를 보면 공정시간 x1의 회귀계수는 1.200이고 t-검정의 유의확률이 0.0025로 매우 유의하며, 촉매량 x2의 회귀계수는 9.930이고 유의확률이 0.0226으로 역시 유의하다. 두 독립변수가 모두 수율의 증가에 기여함을 알 수 있다.

B. 이론적 배경

중회귀모형의 경우는 다음과 같이 행렬을 이용하는 것이 편리하다.

$$\boldsymbol{y}=\begin{bmatrix} y_1 \\ y_2 \\ \vdots \\ y_n \end{bmatrix},\ \boldsymbol{X}=\begin{bmatrix} 1 & x_{11} & x_{21} & \cdots & x_{k1} \\ 1 & x_{12} & x_{22} & \cdots & x_{k2} \\ \vdots & \vdots & \vdots & \ddots & \vdots \\ 1 & x_{1n} & x_{2n} & \cdots & x_{kn} \end{bmatrix},\ \boldsymbol{\beta}=\begin{bmatrix} \beta_0 \\ \beta_1 \\ \vdots \\ \beta_k \end{bmatrix},\ \boldsymbol{\varepsilon}=\begin{bmatrix} \varepsilon_1 \\ \varepsilon_2 \\ \vdots \\ \varepsilon_n \end{bmatrix}$$

이들 행렬을 사용하면 중회귀모형은 다음과 같이 나타낼 수 있다.

$$\boldsymbol{y}=\boldsymbol{X\beta}+\boldsymbol{\varepsilon},\ \text{단, } \boldsymbol{\varepsilon} \sim N(\boldsymbol{0}, \sigma_\varepsilon^2 \boldsymbol{I}),\ \boldsymbol{I}\text{는 단위행렬}$$

위의 모형을 이용한 중회귀모형의 계수 $\boldsymbol{\beta}$의 최소제곱추정량은 다음과 같다.

$$\hat{\boldsymbol{\beta}}=(X'X)^{-1}X'\boldsymbol{y},\ \text{단, } X'\text{은 } X\text{의 전치행렬}$$

단순회귀모형의 경우와 같이 $\hat{\boldsymbol{\beta}}$을 이용하여 오차항의 분산은 다음과 같이 추정된다.

$$\hat{\sigma}_\varepsilon^2=\frac{1}{n-k-1}(\boldsymbol{y}-X\hat{\boldsymbol{\beta}})'(\boldsymbol{y}-X\hat{\boldsymbol{\beta}})$$

또한 예측값

$$\hat{y} = X\hat{\boldsymbol{\beta}}$$

이 되고 $\boldsymbol{x}$에서 y의 기댓값에 대한 신뢰구간은

$$\hat{y} \pm t_{\alpha/2}(n-k-1)\,\hat{\sigma}_{\varepsilon}\sqrt{\boldsymbol{x}'(X'X)^{-1}\boldsymbol{x}}$$

가 된다. 예측값을 이용하면 중회귀모형의 제곱합은 단순회귀모형의 경우와 같이 분해되며 다음과 같다.

$$\begin{aligned} \Sigma(y_i-\bar{y})^2 &= \Sigma(\hat{y}_i-\bar{y})^2 + \Sigma(y_i-\hat{y}_i)^2 \\ \text{SST} &= \text{SSR} + \text{SS}_{\text{res}} \end{aligned}$$

이 제곱합을 이용한 중회귀모형의 분산분석표는 다음과 같다.

:: 표 6-2 중회귀모형의 분산분석표

요인	제곱합	자유도	평균제곱	F-값
회귀	SSR	k	$\text{MSR} = \text{SSR}/k$	$f = \text{MSR}/\text{MS}_{\text{res}}$
잔차	SS_{res}	$n-k-1$	$\text{MS}_{\text{res}} = \text{SS}_{\text{res}}/(n-k-1)$	
계	SST	$n-1$		

중회귀모형의 유의성검정을 위한 가설은

$$H_0: \beta_1 = \beta_2 = \cdots = \beta_k = 0 \text{ vs } H_1: \text{적어도 하나의 } \beta_i \neq 0,\ i = 1, 2, \cdots, k$$

이다. 유의수준 α에서 기각역은 다음과 같으며

$$f = \frac{\text{MSR}}{\text{MS}_{\text{res}}} > F_{\alpha}(k, n-k-1)$$

$F \sim F(k, n-k-1)$이므로 유의확률은 $P(F \geq f)$와 같다.

회귀모형의 설명력을 나타내는 결정계수도 단순회귀모형의 경우와 같이

$$R^2 = \frac{\text{SSR}}{\text{SST}}$$

로 정의된다. 중회귀모형의 경우 결정계수는 모형에 포함되는 독립변수의 개수가 늘어남에 따라 항상 증가하므로 적절한 모형을 선택하기 위해서는 수정결정계수

$$\text{adjusted } R^2 = 1 - \frac{n-1}{n-k-1}\frac{\text{SS}_{\text{res}}}{\text{SST}}$$

를 사용하는 것이 좋다.

중회귀모형의 경우 β_i의 추정량 $\hat{\beta}_i$가 다음과 같은 분포를 따름을 이용하여 회귀계수 β_i에 대한 추론을 실행한다.

$$\frac{\hat{\beta}_i - \beta_i}{\widehat{SE}(\hat{\beta}_i)} \sim t(n-k-1), \quad \widehat{SE}(\hat{\beta}_i) = \sqrt{\hat{\sigma}_\varepsilon^2 (\mathbf{X}'\mathbf{X})_{ii}^{-1}}$$

위 식에서 $(\mathbf{X}'\mathbf{X})_{ii}^{-1}$은 $(\mathbf{X}'\mathbf{X})^{-1}$의 i번째 대각원소이다.

6.2.3 회귀진단

회귀분석에서 모형의 적합성을 검토하고, 이상점(outlier) 또는 영향관측점(influential observation) 등의 존재 여부를 검토하는 과정을 회귀진단(regression diagnostics)이라 하며 잔차분석 등 회귀분석을 실시할 때 수행되는 여러 가지 진단 방법을 포함한다. 상세한 내용은 이론적 배경을 참고하기 바란다.

A. 회귀진단 예

《예제 6-4》 stackloss 자료

Brownlee (1965)의 'stackloss' 자료는 이상점이 포함되어 있어서 많은 논문에서 인용되는 자료이다. 암모니아를 산화하여 질산을 생성하는 과정에서 21일 동안에 걸쳐 수집된 자료로서, 공기흡입량(x_1), 공정에 투입되는 냉각수의 온도(x_2), 질산의 농도(x_3)를 독립변수로 공정에서 발생하는 손실(stack loss)을 y로 하는 회귀모형을 적합하여 보자. 회귀분석 대화상자에서 [회귀진단]을 선택한 후 나타나는 회귀진단 대화상자에서 어떤 형태의 잔차를 이용할지를 선택한 후 출력하기를 원하는 그래프를 선택한다. 진단통계량 중 출력을 원하는 통계량을 선택한 후 [확인]을 누른다.

그림 6-9 회귀진단 대화상자

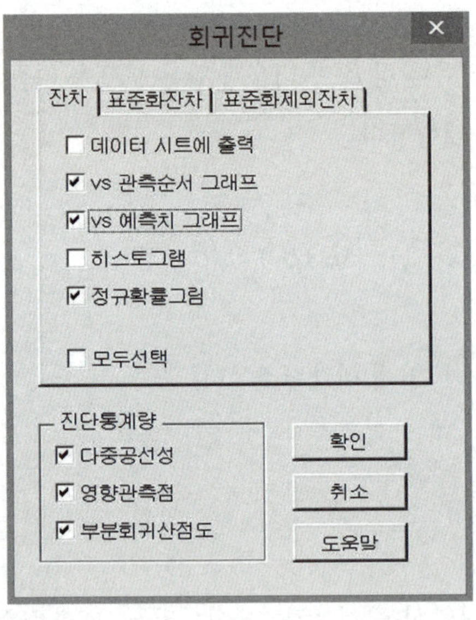

공기흡입량, 냉각수온도와 질산농도를 독립변수로 하는 회귀모형의 유의확률은 0.0001보다 작아 유의하나, 모수추정 결과를 보면 질산농도의 유의확률은 0.344로 유의하지 않다. 따라서 질산농도는 제외하고 다시 모형을 적합한다.

그림 6-10 독립변수가 3개인 중회귀분석 결과

회귀분석결과

분산분석표

요인	제곱합	자유도	평균제곱	F값	유의확률
회귀	1890.4081	3	630.1360	59.902	< 0.0001
잔차	178.8300	17	10.5194		
계	2069.2381	20			

Root MSE	3.2434
결정계수	0.9136
수정결정계수	0.8983

모수 추정

변수명	추정값	표준오차	t-통계량	유의확률
절편	-39.91967	11.89600	-3.356	0.0038
공기흡입량	0.71564	0.13486	5.307	< 0.0001
냉각수온도	1.29529	0.36802	3.520	0.0026
질산농도	-0.15212	0.15629	-0.973	0.3440

회귀모형의 유의확률도 매우 작고, 공기흡입량과 냉각수온도의 유의확률도 유의하여 모형이 잘 적합되었다고 생각된다.

그림 6-11 독립변수가 2개인 중회귀분석 결과

회귀분석결과

분산분석표

요인	제곱합	자유도	평균제곱	F값	유의확률
회귀	1880.4428	2	940.2214	89.642	< 0.0001
잔차	188.7953	18	10.4886		
계	2069.2381	20			

Root MSE	3.2386
결정계수	0.9088
수정결정계수	0.8986

모수 추정

변수명	추정값	표준오차	t-통계량	유의확률
절편	-50.35884	5.13833	-9.801	< 0.0001
공기흡입량	0.67115	0.12669	5.298	< 0.0001
냉각수온도	1.29535	0.36749	3.525	0.0024

회귀진단 결과를 보면 분산팽창인자의 값은 2.57로 별로 크지 않아 다중공선성의 문제는 없다고 생각되나, 3번째 고유값에 대응되는 상태지수의 값도 크고 대응되는 고유벡터의 방향으로 할당된 분산비율이 크므로 다중공선성의 가능성이 있다고 생각된다.

그림 6-12 회귀진단 결과

회귀진단결과

다중 공선성

변수명	분산팽창인자
상수항	0.0000
공기흡입량	2.5726
냉각수온도	2.5726

분산팽창인자 > 10 이면 다중공선성에 심각한 문제가 있다고 판정한다.

번호	고유값	상태지수	분산비율 상수항	분산비율 공기흡입량	분산비율 냉각수온도
1	2.9827	1.0000	0.0021	0.0009	0.0009
2	0.0127	15.3475	0.9969	0.1167	0.0999
3	0.0046	25.4044	0.0010	0.8824	0.8992

고유값이 평균 크기인 1에 비해 심각하게 작을 경우
상태지수의 값이 10보다 클 경우
분산비율이 80-90% 이상으로 나타나는 설명변수의 개수가 둘 이상인 경우
다중공선성의 문제가 있다고 판정한다.

영향관측점과 관련된 통계량들을 보면 21번째 관측값의 경우 h_{ii}, Cook's distance, DFFITS 및 DFBETAS가 크고, 공분산비율이 다른 관측값들과 차이가 나므로 영향관측점이라고 생각된다. 통계량들에 대한 자세한 설명은 이론적 배경을 참고하기 바란다. 부분회귀산점도를 보면 종속변수가 절편과는 음의 기울기를, 두 설명변수와는 양의 기울기를 가지고 있어 해당되는 회귀계수들이 유의하다고 판단한다.

그림 6-13

회귀진단 결과

영향 관측점

번호	Hat Diagonal	Cook's Distance	공분산비율	DFFITS	DFBETAS 상수항	공기흡입량	냉각수온도
1	0.2806	0.2348	1.2014	0.8600	-0.7110	0.3925	0.1159
2	0.1284	0.1719	0.7115	0.7777	-0.2222	-0.4260	0.6111
3	0.1284	0.0599	1.1031	-0.4268	0.1220	0.2338	-0.3354
4	0.1278	0.0239	1.2530	0.2638	0.1330	0.1325	-0.2044
5	0.1278	0.0042	1.3417	-0.1091	-0.0550	-0.0548	0.0845
6	0.1134	0.0011	1.3332	0.0553	0.0455	-0.0219	-0.0053
7	0.1502	0.0001	1.3966	-0.0145	-0.0075	0.0116	-0.0073
8	0.2806	0.0295	1.5884	-0.2908	0.2404	-0.1327	-0.0392
9	0.0521	0.0056	1.1890	-0.1275	0.0136	0.0105	-0.0305
10	0.1284	0.0294	1.2303	-0.2937	0.0839	0.1609	-0.2308
11	0.1278	0.0239	1.2530	0.2638	0.1330	0.1325	-0.2044
12	0.0778	0.0040	1.2566	-0.1075	-0.0544	-0.0350	0.0630
13	0.1189	0.0002	1.3464	0.0223	0.0154	-0.0143	0.0052
14	0.0594	0.0074	1.1892	0.1466	0.0761	-0.0458	0.0067
15	0.1739	0.1743	0.9205	0.7568	-0.5430	0.4058	-0.0047
16	0.0773	0.0268	1.0918	-0.2831	0.0645	0.1095	-0.1711
17	0.1355	0.0651	1.1072	-0.4451	0.0179	0.3192	-0.3512
18	0.2035	0.0593	1.3242	0.4180	0.2031	0.2486	-0.3617
19	0.1134	0.0101	1.2866	0.1703	0.1403	-0.0675	-0.0163
20	0.1189	0.0002	1.3464	0.0223	0.0154	-0.0143	0.0052
21	0.2760	0.9487	0.3287	-2.1430	0.1773	-1.9236	1.7010

부분회귀산점도

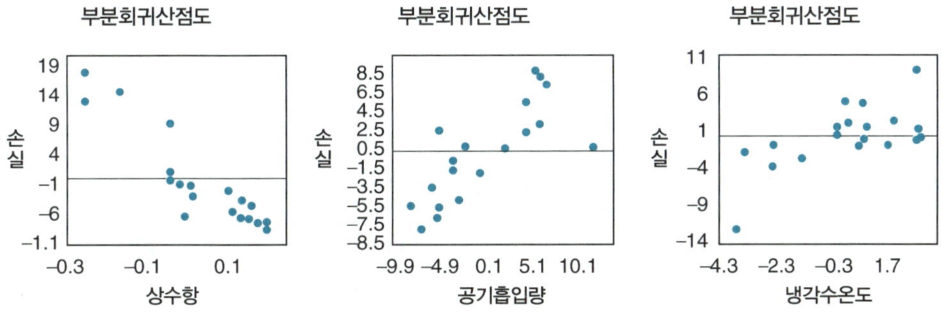

B. 이론적 배경

회귀모형의 추론을 위해서는 선형성, 정규성, 등분산성, 독립성 등의 가정을 필요로 한다. 이러한 가정들이 만족되는지를 확인하기 위해 잔차를 이용하여 모형의 가정에 대한 검토를 하는 것을 **잔차분석**(residual analysis)이라 하며,

잔차, 표준화잔차, 표준화제외 잔차 등을 이용한다. 잔차들에 대해서는 앞에서 설명하였다. 이 외에도 적합된 회귀계수의 유의성을 검토하고, 다중공선성, 이상점, 영향관측점 등의 존재 여부를 검토하여 회귀모형의 타당성을 검토하는 과정을 회귀진단이라 한다.

다중공선성(multicollinearity)

설명변수들 사이에 선형관계가 있는 경우 다중공선성의 문제가 있다고 하며 이에 대한 판단에 도움이 되는 측도로는 분산팽창인자(VIF), 고유값(eigenvalue), 상태지수(condition number) 및 분산비율(variance proportion) 등이 있다.

분산팽창인자는 다음과 같이 정의된다.

$$\mathrm{VIF} = (1 - R_k^2)^{-1}$$

단, R_k^2은 x_k를 종속변수로 하고 나머지 독립변수로 적합시킬 때의 결정계수이다. VIF의 값이 10 이상이면 다중공선성에 심각한 문제가 있다고 판단한다.

절편을 0으로 놓고, 독립변수들을 모두 표준화한 후 만든 설계행렬(design matrix)의 고유값의 합은 k가 된다. 따라서 어떤 고유값이 평균 크기인 1보다 심각하게 작으면 다중공선성의 문제가 있다고 본다.

최대고유값을 각 고유값으로 나눈 값의 제곱근을 상태지수라고 정의하며, 상태지수의 값이 클수록 다중공선성의 문제가 있다고 본다. 상태지수의 값이 10과 30 사이에 있으면 다중공선성이 있다고 판단하고, 30이 넘으면 심각한 다중공선성이 있다고 본다.

각 설명변수에 대응되는 회귀계수의 분산에 대하여 각 고유벡터 방향으로 할당된 비율을 분산비율이라고 하는데, 분산비율이 큰 경우 다중공선성의 가능성이 높다고 판단한다.

다중공선성이 있는 경우 ridge regression, factor regression 또는 변수 선택 방법을 이용한다.

영향관측점(influential observation)

회귀계수를 포함한 모수의 추정에 영향을 미치는 관측점을 의미한다. 영향관측점과 관련된 측도로는 공분산비율(COVRATIO), 적합값변화(DFFITS), 모수값변화(DFBETAS), COOK의 통계량(COOKD) 등이 있다.

$$\text{COVRATIO} = \frac{\det\{\hat{\sigma}^2_{(i)}(\boldsymbol{X}'_{(i)}\boldsymbol{X}_{(i)})^{-1}\}}{\det\{\hat{\sigma}^2(\boldsymbol{X}'\boldsymbol{X})^{-1}\}}, \ \det(\boldsymbol{X})\text{는 행렬 }\boldsymbol{X}\text{의 행렬식이다.}$$

$$\text{DFFITS} = \frac{\hat{y}_i - \hat{y}_{(i)}}{\hat{\sigma}_{(i)}\sqrt{h_{ii}}}$$

$$\text{DFBETAS} = \frac{\hat{\beta}_j - \hat{\beta}_{j(i)}}{\hat{\sigma}_{(i)}\sqrt{c_{ii}}}, \ (c_{ii}) = (\boldsymbol{X}'\boldsymbol{X})^{-1}\text{의 } i\text{번째 대각원소}$$

$$\text{COOKD} = \frac{(\hat{\boldsymbol{\beta}} - \hat{\boldsymbol{\beta}}_{(i)})'X'X(\hat{\boldsymbol{\beta}} - \hat{\boldsymbol{\beta}}_{(i)})}{(k+1)\hat{\sigma}^2}$$

단, $\hat{\sigma}^2_{(i)}$와 $\hat{\boldsymbol{\beta}}_{(i)}$는 i번째 관측값을 제외하고 구한 $\hat{\sigma}^2$과 $\hat{\boldsymbol{\beta}}$을 나타낸다.

Belsley, Kuh와 Welsch (1980)에 의하면

$$|\text{COVRATIO} - 1| \geq 3(k+1)/n$$

인 관측값은 영향관측점의 가능성이 있으며, DFFITS의 경우는 $2\sqrt{(k+1)/n}$, DFBETAS의 경우는 $2/\sqrt{n}$, COOKD의 경우는 1보다 크면 영향력이 있다고 판단한다.

부분회귀산점도(partial regression plot)

k개의 독립변수가 있는 회귀모형에서 i번째 독립변수 x_i와 y의 순수한 관계를 나타내는 산점도이다. 즉 y와 x_i를 각각 $x_1, \cdots, x_{i-1}, x_{i+1}, \cdots, x_k$를 독립변수로 하는 회귀모형을 적합한 후 얻은 잔차들의 산점도를 그린다.

6.2.4 변수선택

회귀분석에서 종속변수의 값을 결정하는 독립변수가 많이 있는 경우 그 중에서 관측 가능하면서도 중요하다고 생각되는 변수를 선택하거나, 설명력이 떨어지는 변수들은 제거하고 회귀모형을 적합시키는 것이 일반적이다. 그러나 때로는 주어진 많은 독립변수들 중에는 모형에 포함시키면 모형이 복잡해지는 반면에 종속변수를 설명하는 설명력은 약한 변수들도 있다. 따라서 모형에 도움이 되는 독립변수들을 선택하는 방법을 변수선택(variable selection)법이라 한다.

A. 변수선택 예

《예제 6-5》 Hald data

변수선택에서 자주 인용되는 Hald (1952) 자료는 종속변수 y를 설명하기 위해 4개의 독립변수 x_1, x_2, x_3, x_4를 사용한다. 이 자료를 이용하여 변수선택을 시행하는 절차는 다음과 같다. 회귀분석 대화상자에서 변수를 선택한 후 [변수선택]을 누르면 변수선택 대화상자가 나타난다. 여기서는 변수증감법을 이용하여 변수선택을 해보기로 한다. 유의수준으로는 디폴트옵션을 사용한다.

그림 6-14 변수선택 대화상자

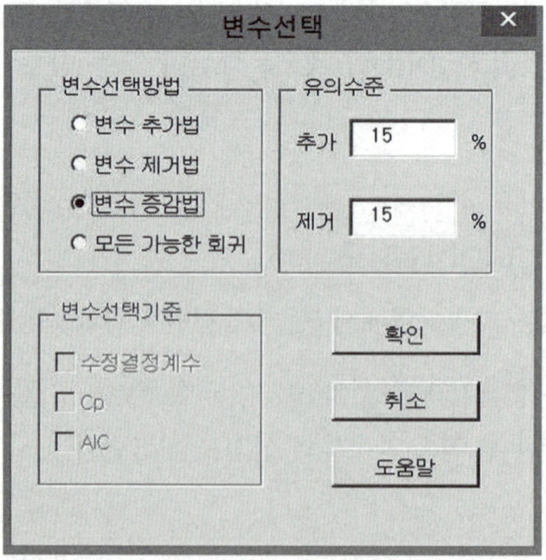

그림 6-15 변수증감법을 이용한 변수선택 과정

(a) 4개 변수를 모두 사용한 경우의 모수 추정결과

모수 추정

변수명	추정값	표준오차	t-통계량	유의확률
절편	62.40537	70.07096	0.891	0.3991
x1	1.55110	0.74477	2.083	0.0708
x2	0.51017	0.72379	0.705	0.5009
x3	0.10191	0.75471	0.135	0.8959
x4	-0.14406	0.70905	-0.203	0.8441

(b) 단계별로 선택된 변수들의 모수추정

변수명	추정값	표준오차	t-통계량	유의확률
절편	117.56793	5.26221	22.342	< 0.0001
x4	-0.73816	0.15460	-4.775	0.0006

변수명	추정값	표준오차	t-통계량	유의확률
절편	103.09738	2.12398	48.540	< 0.0001
x1	1.43996	0.13842	10.403	< 0.0001
x4	-0.61395	0.04864	-12.621	< 0.0001

변수명	추정값	표준오차	t-통계량	유의확률
절편	71.64831	14.14239	5.066	0.0007
x1	1.45194	0.11700	12.410	< 0.0001
x2	0.41611	0.18561	2.242	0.0517
x4	-0.23654	0.17329	-1.365	0.2054

변수명	추정값	표준오차	t-통계량	유의확률
절편	52.57735	2.28617	22.998	< 0.0001
x1	1.46831	0.12130	12.105	< 0.0001
x2	0.66225	0.04585	14.442	< 0.0001

(c) 변수선택과 제거 과정 요약

변수증감 요약

Step	Var Changed	Num Vars In	P R-sq	M R-sq	C_p	F 값	유의확률
1	x4 (추가)	1	0.6745	0.6745	138.7308	22.799	0.0006
2	x1 (추가)	2	0.2979	0.9725	5.4959	108.224	< 0.0001
3	x2 (추가)	3	0.0099	0.9823	3.0182	5.026	0.0517
4	x4 (제거)	2	0.0037	0.9787	2.6782	1.863	0.2054

먼저 4개의 변수를 모두 사용한 경우의 모수 추정값과 유의확률이 출력된다. 4개 변수 모두가 유의하지 않은 것으로 판단된다. 첫 번째 단계에서는 이 중에서 가장 유의한 변수 x4가 선택된다. 두 번째 단계에서는 x1이 추가되고 x1과 x4 모두 유의하므로, 세 번째 단계로 x2가 추가된다. 네 번째 단계에서 3개의 변수 중 가장 유의하지 않은 x4의 유의확률이 디폴트 유의수준 0.15보다 크므로 제거된다. 이상의 변수 선택과정이 [그림 6-15]에 요약되어 있다.

최종적으로 선택된 모형은 다음과 같다.

$$y = 52.58 + 1.47x_1 + 0.66x_2$$

B. 이론적 배경

중요한 변수선택법으로는 다음과 같은 4가지 방법이 있다.

① **변수추가법**(forward selection)

절편만 있는 모형으로부터 시작하여, 가장 중요한 변수부터 차례로 선택하여 모형에 추가하는 방법으로, 부분 F-검정(partial F-test)을 이용한다. 즉 남아 있는 변수들 중에서 가장 큰 부분 F-통계량에 대응되는 변수가 유의하지 않으면 변수선택을 중단하는 방법이다.

② **변수제거법**(backward elimination)

모든 독립변수를 모형에 포함시킨 후에 부분 F-검정에 의해 가장 작은 부분 F-통계량에 해당되는 변수가 유의할 때까지 변수를 제거해 나가는 방법이다.

③ **변수증감법**(stepwise selection)

독립변수를 차례로 선택하는 과정에서, 새로 추가된 변수로 인하여 기존에 선택된 변수 가운데 모형에 도움이 되지 않는 변수가 발생할 수 있으며, 필요가 없는 변수는 모형에서 제거하는 것이 좋다. 이와 같이 새로운 변수를 추가할 경우 기존에 선택된 변수 가운데 제거할 변수가 있는지를 확인하는 과정을 반복하면서 변수추가와 변수제거를 반복적으로 시행하는 방법이 변수증감법이다. 변수증감법은 응용분야에서 가장 많이 사용되는 변수선택법이다.

④ **모든 가능한 회귀**(all possible regression)

모든 가능한 변수의 조합으로 모형을 적합시킨 후에 가장 '좋은' 모형을 선택하는 방법이다. 이 방법의 경우 계산이 많아진다는 단점이 있다.

6.3 이분형 로지스틱

로지스틱 회귀모형(logistic regression model)은 반응변수가 **이진형**(binary) 또는 **순서형**(ordinal)인 경우, 연속형 또는 범주형의 설명변수를 이용하여 설명하고자 할 때 사용한다. 설명변수들이 범주형인 경우는 로짓모형(logit model)이라고 부르기도 한다. KESS에서는 반응변수가 이진형인 경우에만 분석이 가능하다.

6.3.1 이분형 로지스틱분석 예

《예제 6-6》

Data 디렉토리에 저장된 회귀분석 시트의 'ingot' 자료는 주괴(ingot)를 가열하는 가열시간(heating time)과 물에 담가두는 물담금시간(soaking time)을 변화시킴에 따라 다음 단계의 가공을 위한 준비 여부(ready)가 어떻게 달라지는지를 알아보기 위한 실험 결과로 얻은 자료이다. 반응변수가 범주형인 경우 로지스틱 모형이 많이 이용된다. 이분형 로지스틱 모형을 적합하기 위해

[통계분석] → [회귀분석] → [이분형 로지스틱]

을 선택하면 이분형 로지스틱 대화상자가 나타난다.

[그림 6-16]에서 total 변수는 처리된 주괴의 숫자로 시행횟수에 해당되며, ready 변수는 다음 단계의 가공 준비가 된 주괴의 숫자로 발생횟수에 해당된다. heat 변수와 soak 변수는 설명변수로서 연속형 변수이므로 공변량이다. 이런 형태의 자료구조를 표준입력이라고 한다.

그림 6-16 이분형 로지스틱 표준입력 대화상자

ready	total	heat	soak
10	10	7	1
17	17	7	1.7
7	7	7	2.2
12	12	7	2.8
9	9	7	4
31	31	14	1
43	43	14	1.7
31	33	14	2.2
31	31	14	2.8
19	19	14	4
55	56	27	1
40	44	27	1.7
21	21	27	2.2
21	22	27	2.8
15	16	27	4
10	13	51	1
1	1	51	1.7
1	1	51	2.2
0	0	51	2.8
1	1	51	4

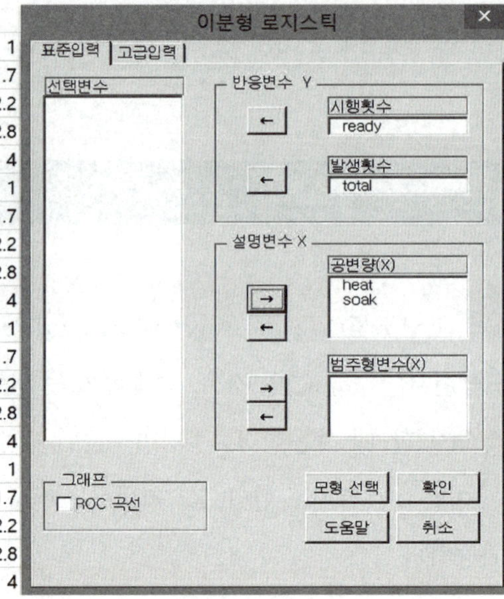

[그림 6-17]은 고급입력 형태의 자료구조를 갖는다. ready 변수는 반응변수, heat와 soak 변수는 공변량이다. 표준입력과는 달리 ready 변수는 0 또는 1의 값을 갖는다. 즉

그림 6-17 이분형 로지스틱 고급입력 대화상자

ready	heat	soak
1	7	0
1	7	0
1	7	0
1	7	0
1	7	0
1	7	0
1	7	0
1	7	0
1	7	0
1	7	0
1	7	1.7
1	7	1.7
1	7	1.7
1	7	1.7
1	7	1.7
1	7	1.7
1	7	1.7
1	7	1.7
1	7	1.7
1	7	1.7
1	7	1.7
1	7	1.7

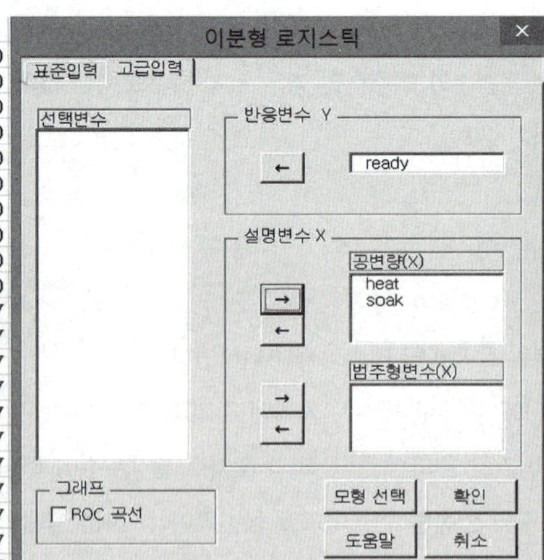

ready 변수는 다음 처리 준비가 되면 1, 준비가 되지 않으면 0의 값을 갖는다.

반응변수의 자료구조에 따라 표준입력과 고급입력 대화상자 중 하나를 선택한 후, 선택변수 창에서 →를 눌러 반응변수로 사용될 변수는 반응변수 창으로 설명변수로 사용될 변수는 설명변수 창으로 보낸다. 반응변수가 시행횟수와 발생횟수로 구성된 경우는 [표준입력]을 선택하고, 성공, 실패와 같이 이진형인 경우는 [고급입력]을 선택한다. 설명변수의 경우 연속형 변수는 공변량 창으로, 범주형 변수는 범주형 변수 창으로 보낸다.

그림 6-18 모형선택 대화상자

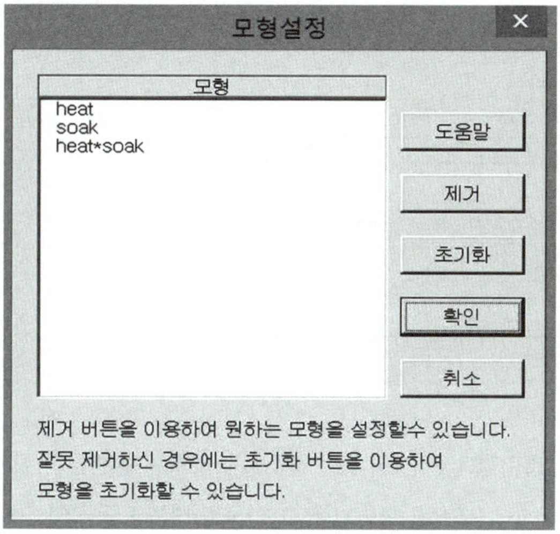

디폴트로 모든 공변량의 주효과와 공변량들의 교호작용효과가 포함된 포화모형(saturated model)을 적합하게 설정되어 있으며, [모형선택] 단추를 클릭하면 사용자가 원하는 모형을 선택하여 분석할 수 있는 모형선택 대화상자가 나타난다. 모형에 포함된 효과들 중 제거하고자 하는 효과를 선택한 후 [제거] 단추를 이용하여 축소된 모형을 설정할 수 있다. 효과가 잘못 제거된 경우에는 [초기화] 단추를 눌러 포화모형에서 다시 모형을 설정해야 한다.

[확인]을 누르면 모수추정값과 여러 가지 적합도검정 결과들이 출력된다.

그림 6-19 heat*soak 효과가 포함된 로지스틱모형 분석 결과

로지스틱모형분석

모수 추정값

요인	Beta	표준편차	Chi-Square	유의확률	오즈비	오즈비 95% 신뢰 상한	오즈비 95% 신뢰 하한
절편	5.9902	1.6666	12.9183	0.0003			
heat	-0.0963	0.0471	4.1896	0.0407	0.9082	0.9959	0.8281
soak	-0.2996	0.7551	0.1574	0.6916	0.7411	3.2555	0.1687
heat*soak	0.0088	0.0253	0.1219	0.727	1.0089	1.0602	0.96

적합도

	값	자유도	유의확률
LR test	11.766	3	0.008
Deviance	10.0066	383	1
Pearson	6.7671	383	1
H-L	8.5404	8	0.383
-2Log가능도	95.222183		
AIC	103.22218		
SBC	119.05588		

적합도 출력결과에서 LR test(가능도비 검정)는 절편만이 포함된 모형과 heat, soak, heat*soak 효과가 포함된 모형의 로그 가능도 비를 이용하여 '추가된 효과들의 계수가 모두 0'이라는 귀무가설을 검정한 결과이다. LR test의 유의확률이 0.008로 선택된 모형은 유의하다고 할 수 있다. Deviance, Pearson과 H-L은 선택된 모형과 포화모형과의 차이를 이용하여 '선택된 모형이 적합하다'는 귀무가설을 검정한 결과이다. 유의확률이 크므로 선택된 모형이 적합하다는 귀무가설을 기각할 수 없다.

선택된 모형이 적합하다는 귀무가설을 기각할 수는 없지만 선택된 모형에 포함된 모수들이 모두 유의하다고는 할 수 없으므로 각 모수들이 유의한지 여부를 추가로 확인하여 유의하지 않은 효과들은 모형에서 제거할 수 있다. 모수 추정값 출력결과를 보면 heat와 soak 변수의 교호작용효과인 heat*soak의 유의확률이 0.727로 유의하지 않다. 따라서 [모형선택] 대화상자에서 heat*soak 효과를 제거하고 다시 모형을 적합한 결과, soak 변수의 유의확률이 0.8639로 유의하지 않아 모형에서 제거하고 다시 적합하는 것이 좋을 것 같다.

그림 6-20 이분형 로지스틱모형 분석 결과

로지스틱모형분석

모수 추정값

요인	Beta	표준편차	Chi-Square	유의확률	오즈비	오즈비 95% 신뢰 상한	오즈비 95% 신뢰 하한
절편	5.5592	1.1197	24.6502	0			
heat	-0.082	0.0237	11.9452	0.0005	0.9212	0.9651	0.8794
soak	-0.0568	0.3312	0.0294	0.8639	0.9448	1.8083	0.4936

적합도

	값	자유도	유의확률
LR test	11.643	2	0.003
Deviance	9.9617	384	1
Pearson	6.6658	384	1
H-L	8.3098	8	0.404
-2Log가능도	95.345613		
AIC	101.34561		
SBC	113.22089		

6.3.2 이론적 배경

반응변수 y가 0, 1과 같이 두 가지 값을 갖는 경우 설명변수 x값이 커짐에 따라 $E(y)$값이 서서히 1로 수렴하는 형태의 함수는 로지스틱 함수(logistic function)로 표현할 수 있다. 즉 로지스틱 회귀분석은 이분형 반응변수와 독립변수 간의 관계를 로지스틱 함수를 이용하여 추정하는 분석법이다.

설명변수가 k개인 경우, $\boldsymbol{x} = (x_1, \cdots, x_k)'$이라고 하자. $p = P(y = 1|\boldsymbol{x})$라고 하면 확률 p는 $0 \leq p \leq 1$의 조건을 만족해야 하나, p를 설명변수 $\boldsymbol{x}$들의 선형함수로 나타내려면 p가 0과 1 사이에 있다는 조건을 만족하지 못하는 경우가 생긴다. 이를 해결하기 위해 p 대신 p의 로짓변환인 $\log(p/(1-p))$를 $\boldsymbol{x}$들의 선형함수로 나타내는 모형을 생각해 보기로 한다.

$$\text{logit} = \log\left(\frac{p}{1-p}\right) = \beta_0 + \beta_1 x_1 + \cdots + \beta_k x_k (\equiv \boldsymbol{x}'\boldsymbol{\beta}),$$

$$\boldsymbol{\beta}' = (\beta_0, \beta_1, \cdots, \beta_k)$$

를 로지스틱 회귀모형이라고 한다. 로짓변환에 의한 확률 p는 다음과 같으며,

$$p = \frac{\exp(\boldsymbol{x}'\boldsymbol{\beta})}{1 + \exp(\boldsymbol{x}'\boldsymbol{\beta})}$$

0과 1 사이의 값을 갖는다.

표준입력

〈표 6-3〉과 같은 '표준입력' 자료구조는 교재에서 주로 사용하고 있는 자료구조로, 반응변수에서 시행횟수는 전체 실험을 시행한 횟수이고 발생횟수는 성공한 횟수 또는 관심 있는 현상이 발생한 횟수를 의미한다. KESS에서는 발생횟수에 대응되는 횟수만큼 1의 값을 갖고 나머지 횟수만큼 0의 값을 갖는 가변수를 생성한다.

:: 표 6-3 표준입력 자료구조

반응변수		설명변수1(x_1)	설명변수2(x_2)	…	설명변수k(x_k)
시행횟수	발생횟수				
y_1	r_1	x_{11}	x_{21}	…	x_{k1}
y_2	r_2	x_{12}	x_{22}	…	x_{k2}
⋮	⋮	⋮	⋮	…	⋮
y_n	r_n	x_{1n}	x_{2n}	…	x_{kn}

고급입력

통계 패키지에서 일반적으로 사용하고 있는 자료구조로 반응변수가 이항분포를 따르는 경우에 해당된다. 즉 반응변수는 성공은 1, 실패는 0으로 표현되는 가변수이다.

:: 표 6-4 고급입력 자료구조

반응변수	설명변수1(x_1)	설명변수2(x_2)	…	설명변수k(x_k)
y_1	x_{11}	x_{21}	…	x_{k1}
y_2	x_{12}	x_{22}	…	x_{k2}
⋮	⋮	⋮	…	⋮
y_n	x_{1n}	x_{2n}	…	x_{kn}

설명변수가 한 개인 경우 반응값이 1일 확률을 p라고 하면 오즈(odds)와 오즈비(odds ratio)는 다음과 같이 정의된다.

$$\text{오즈}: \frac{p}{1-p} = \exp(\beta_0 + \beta_1 x) = \exp(\beta_0)\exp(\beta_1 x)$$

$$\text{오즈비}: \frac{x+1\text{일 때의 오즈}}{x\text{일 때의 오즈}} = \exp(\beta_1)$$

설명변수의 값이 1 증가하면 로짓(logit)은 β_1만큼 증가하고 오즈비는 e^{β_1}만큼 증가한다. 게임을 하는 경우 이길 확률이 질 확률에 비해 몇 배인가를 설명할 때 오즈를 사용할 수 있다.

모형의 적합도검정

로지스틱 회귀모형이 잘 적합되었는지를 알아보기 위해 적합도(goodness of fit)검정으로는 가능도비(likelihood ratio) 검정, 이탈도(deviance), χ^2-검정 및 Hosmer-Lemeshow 검정 등이 있다.

① 가능도비 검정(Likelihood Ratio test)

가능도비 검정은 모든 효과들이 포함된 포화모형(saturated model)과 일부 효과만을 포함한 선택된 모형(selected model)의 로그가능도 함수를 비교하여 선택된 모형이 적합한지를 알아보는 검정이다. 이 검정의 유의확률이 크면 선택된 모형이 적합함을 의미한다. 〈그림 6-19〉와 〈그림 6-20〉의 접합도에서 LR test는 절편만 포함된 모형과 선택된 모형을 비교하여 선택된 모형이 유의한지를 검정한 것이다. 이 검정의 유의확률이 작으면 선택된 모형이 유의하다는 것을 의미하며 검정통계량은 다음과 같다.

$$\mathrm{LR} = 2\left\{\sum_{i=1}^{n} y_i \ln \hat{p}_i + \sum_{i=1}^{n}(n_i - y_i)\ln(1-\hat{p}_i) - [y\ln(y) + (n-y)\ln(n-y) - n\ln(n)]\right\}$$

가능도비는 점근적으로 $\chi^2(n-k)$를 따른다. 단, $y = \sum_{i=1}^{k} y_i$이고 $n = \sum_{i=1}^{k} n_i$이다.

② **이탈도**(Deviance)

이탈도는 선택된 모형과 포화모형의 로그가능도 함수의 차이로 정의되며 '모형이 적합하다' 는 귀무가설을 검정하는 데 이용된다. 유의확률이 크면 선택된 모형이 적합하다고 판단한다.

$$\mathrm{D} = 2\ln\left[\frac{L(\text{saturated model})}{L(\text{selected model})}\right] = 2\sum_{i=1}^{n}\left[y_i \ln\left(\frac{y_i}{n_i \hat{p}_i}\right) + (n_i - y_i)\ln\left(\frac{n_i - y_i}{n_i(1-\hat{p}_i)}\right)\right]$$

이탈도는 점근적으로 $\chi^2(n-k)$를 따른다.

③ **피어슨 카이제곱**(Pearson chi-square statistic)

피어슨 카이제곱 통계량은 선택된 모형에 의해 추정된 기댓값과 관측된 값의 차이를 이용하여 이 값이 크면 선택된 모형이 적합하지 않다고 판단한다.

$$\chi^2 = \sum_{i=1}^{n}\left\{\frac{(y_i - n_i\hat{p}_i)^2}{n_i\hat{p}_i} + \frac{[(n_i - y_i) - n_i(1-\hat{p}_i)]^2}{n_i(1-n_i\hat{p}_i)}\right\} = \sum_{i=1}^{n}\frac{(y_i - n_i\hat{p}_i)^2}{n_i\hat{p}_i(1-\hat{p}_i)}$$

피어슨 카이제곱은 점근적으로 $\chi^2(n-k)$를 따른다.

④ **Hosmer-Lemeshow**

Hosmer-Lemeshow(H-L) 통계량은 관측값들을 g개의 그룹으로(일반적으로 10개의 그룹을 선호함) 분류한 뒤, 각 그룹의 관측횟수와 기대횟수의 기댓값을 비교하는 통계량이다. N_j를 j번째 그룹에서의 관측값들의 개수라 하고,

$\overline{\pi}_j$를 j번째 그룹의 평균 발생확률이라고 할 때, j번째 그룹의 발생횟수 O_j와 발생하지 않은 횟수 $N_j - O_j$를 각각에 해당되는 기댓값인 $N_j \overline{\pi}_j$와 $N_j(1 - \overline{\pi}_j)$와 비교하는 통계량으로 이 값이 작을수록 선택된 모형이 적합함을 의미한다.

$$\text{HL} = \sum_{j=1}^{q} \frac{(O_j - N_j \overline{\pi}_j)^2}{N_j \overline{\pi}_j (1 - \overline{\pi}_j)}$$

HL 통계량은 점근적으로 $\chi^2(g - 2)$ 분포를 따른다. 단, g는 그룹의 개수이다.

일반선형모형

CHAPTER 7

분산분석, 공분산분석, 다변량분산분석 및 회귀분석에서 다루는 모형들은 반응변수와 설명변수 간의 관계를 설명하는 모수의 형태가 선형인 모형이므로 선형모형(linear model)이라고 부른다. KESS에서는 일반선형모형 메뉴를 이용하여 위의 모형들을 분석할 수 있다.

일원배치법과 이원배치법은 분산분석 메뉴와 일반선형모형 메뉴에서 모두 처리할 수 있다. 단, 표준입력 형태의 자료구조를 갖는 경우는 분산분석 메뉴에서만 분석이 가능하며, 반복횟수가 다른 불균형 이원배치법의 경우는 일반선형모형 메뉴에서만 분석이 가능하다. 불균형 이원배치법에서는 인자들이 모형에 포함되는 순서가 중요하므로 여러 가지 종류(type)의 제곱합을 사용한다. 회귀분석 또한 일반선형모형 메뉴로 분석이 가능하나 변수선택은 회귀분석 메뉴에서만 실행할 수 있다.

일반선형모형 메뉴에서는 분산분석 및 회귀분석 메뉴로는 처리할 수 없는 다원배치법과 공분산분석 및 다변량분산분석을 실행할 수 있다. 이 장에서는 다원배치법과 공분산분석 및 다변량분산분석법에 대해서만 설명하기로 한다. 분산분석은 5장, 회귀분석은 6장을 참고하기 바란다.

선형모형의 기본 형태는 다음과 같다.

$$\boldsymbol{y} = \boldsymbol{X\beta} + \boldsymbol{\varepsilon}$$

여기서, 오차 $\boldsymbol{\varepsilon}$은 다변량 정규분포 $N(\mathbf{0}, \boldsymbol{\Sigma})$를 따른다. 설명변수 $\boldsymbol{X}$가 범주형인 경우는 요인(분류변수)이라 하고 연속형인 경우는 공변량(covariate)이라고 부르는데, 요인과 공변량이 모형에 함께 포함된다면 설명력을 높일 수 있을 것이며, 이런 모형을 분석하는 경우를 **공분산분석**(analysis of covariance ; ancova)이라고 한다. 이 책에서는 개별 변수는 인자, 인자들의 모임을 요인(source)이라고 부르기로 한다. 요인을 구성하는 인자의 개수가 3개 이상인 배치법을 **다원배치법**이라고 하며, 관측값들이 벡터의 형태로 주어지는 경우, 모집단들의 평균벡터(또는 처리효과)가 동일한지 여부를 알아보고자 할 때 사용되는 분석법을 **다변량분석분석**(multivariate analysis of variance ; MANOVA)이라고 한다.

추정가능

선형모형을 적합하기 위해서는 모수 $\boldsymbol{\beta}$ 또는 $\boldsymbol{\beta}$의 선형결합인 $\boldsymbol{L\beta}$를 추정할 수 있어야 한다. 이를 위해서는 관측값 $\boldsymbol{y}$의 선형결합이 존재하고 기댓값이 $\boldsymbol{L\beta}$가 되어야 하며, 이럴 경우 추정가능(estimable)하다고 한다. 적합시키는 모형에 따라 추정가능한 선형결합이 다르므로, 선형모형에서 관심있는 모수 또는 효과들이 존재하는지 여부를 알기 위해서는 다음의 제곱합들을 이용하여 추정가능 여부를 검정해야 한다.

제곱합

선형모형에서는 인자가 모형에 포함되는 순서가 중요하며, 3종류의 제곱합을 사용한다. 인자 A의 효과를 α, 인자 B의 효과를 β, A와 B의 교호작용효과를 γ라고 하면

SS$(\mu, \alpha, \beta, \gamma)$: 전체모형에서의 제곱합

SS$(\alpha|\mu)$: μ가 있는 모형에 α가 추가될 때 제곱합의 증가량

SS$(\beta|\mu, \alpha)$: μ, α가 있는 모형에 β가 추가될 때 제곱합의 증가량

SS$(\gamma|\mu, \alpha, \beta)$: μ, α, β가 있는 모형에 γ가 추가될 때 제곱합의 증가량

과 같으며, 모형에 포함되는 순서에 따라 다음과 같다.

:: 표 7-1 공분산분석의 3가지 제곱합

요인	자유도	Type I	Type II	Type III
인자 A	$p-1$	SS$(\alpha\|\mu)$	SS$(\alpha\|\mu, \beta)$	SS$(\alpha\|\mu, \beta, \gamma)$
인자 B	$q-1$	SS$(\beta\|\mu, \alpha)$	SS$(\beta\|\mu, \alpha)$	SS$(\beta\|\mu, \alpha, \gamma)$
A×B	$(p-1)(q-1)$	SS$(\gamma\|\mu, \alpha, \beta)$	SS$(\gamma\|\mu, \alpha, \beta)$	SS$(\gamma\|\mu, \alpha, \beta)$

① Type Ⅰ 제곱합(순차제곱합)

인자와 교호작용이 순서대로 모형에 추가될 때 발생하는 제곱합의 증가량이므로 인자가 모형에 포함되는 순서가 중요하다. 인자 A가 먼저 포함되고 인자 B가 포함되는 경우, 모형의 제곱합은 다음과 같이 분해가 가능하다.

$$SS(\mu, \alpha, \beta, \gamma) = SS(\mu) + SS(\alpha|\mu) + SS(\beta|\mu, \alpha) + SS(\gamma|\mu, \alpha, \beta)$$

② Type Ⅱ 제곱합

모든 주인자가 포함된 모형에서 각 인자를 제거할 때 발생하는 제곱합의 감소량으로 인자가 모형에 포함되는 순서와는 무관하다. 교호작용에 대한 제곱합은 Type I과 같으나 제곱합의 총합이 모형의 제곱합 $SS(\mu, \alpha, \beta, \gamma)$와 같을 필요는 없다.

③ Type Ⅲ 제곱합(부분제곱합)

주로 사용되는 제곱합이다. 모든 주인자와 교호작용이 포함된 전체모형에서 각 인자 또는 교호작용을 제거할 때 발생하는 제곱합의 감소량으로 인자가 모형에 포함되는 순서와는 무관하다. Type II와 마찬가지로 제곱합의 총합이 모형의 제곱합 $SS(\mu, \alpha, \beta, \gamma)$와 같을 필요는 없다.

7.1 공분산분석

분산분석과 회귀분석이 결합된 형태로서, 분산분석 모형에 공변량이라 부르는 연속형 설명변수를 추가하여 오차를 줄이면서 분석의 정밀도를 높일 수 있는 방법이다. 가장 단순한 공분산분석 모형은 《예제 7-1》과 같이 일원배치법 모형에 공변량이 하나 더해진 형태이다.

7.1.1 공분산분석 사용 예

《예제 7-1》

Data 디렉토리에 저장된 일반선형모형 시트 중 'leprosy' 자료를 이용하여 공분산분석을 실행해 보기로 한다.

:: 표 7-2 나병치료를 위한 항생제 효과 자료

항생제 A		항생제 B		항생제 C	
X	Y	X	Y	X	Y
11	6	6	0	16	13
8	0	6	2	13	10
5	2	7	3	11	18
14	8	8	1	9	5
19	11	18	18	21	23
6	4	8	4	16	12
10	13	19	14	12	5
6	1	8	9	12	16
11	8	5	1	7	1
3	0	15	9	13	20

이 자료는 Snecedor and Cochran(1980)이 분석에 이용한 자료로, 필리핀에서 나병환자의 치료를 위해 사용된 약의 효과를 비교하기 위한 연구자료 중 일부이다, 환자들에게 A, B, C 세 종류의 약을 투여한 후, 투여 전과 후에 환자의 몸에서 나병간균(leprosy bcilli)을 측정하여 얻은 자료이다. X는 치료 전의 병균의 양을 측정한 숫자이고 Y는 약을 투여한 후 일정 기간 후에 병균의 양을 측정한 숫자이다. A와 B는 항생제이고 C는 대조를 위해 투여된 위약(placebo)이다. 약의 종류에 따라 병균의 양이 달라지는지 알아보는 문제이므로, 반응변수는 Y이고, X는 공변량, 요인은 투여된 약의 종류이다. 공분산분석을 실행하기 위해

[통계분석] → [일반선형모형]

을 선택하면 일반선형모형 대화상자가 나타난다.

그림 7-1 공분산분석을 위한 일반선형모형 대화상자

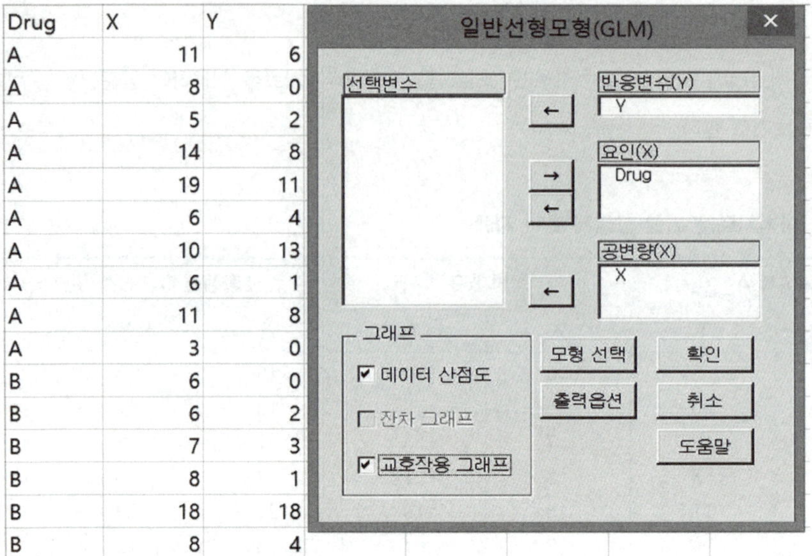

선택변수 창에서 Y를 선택한 후 →를 눌러 반응변수 창으로 보내고, 요인으로 사용될 Drug 변수는 요인 창, 공변량으로 사용될 X는 공변량 창으로 보낸다. [그래프] 프레임에서는 데이터 산점도, 잔차 그래프, 교호작용 그래프를 선택하여 출력할 수 있다. 잔차 그래프는 [출력옵션]에서 잔차 출력을 선택한 경우에만 활성화된다.

디폴트로 모든 주인자와 교호작용효과가 포함된 **포화모형**(saturated model)을 적합하게 설정되어 있으며, [모형선택]을 누르면 사용자가 원하는 모형을 설정하여 분석할 수 있는 모형선택 대화상자가 나타난다. 모형에 포함된 인자효과들 중 제거하고자 하는 인자를 선택한 후 [제거]를 눌러 축소모형을 설정할 수 있다. 한 인자의 주효과가 존재하지 않는다면 이 인자의 하위 교호작용효과도 모두 존재하지 않는다는 **계층적모형**(hierachical model)을 가정하므로 제거된 인자가 포함된 모든 교호작용효과도 함께 제거된다. 인자가 잘못 제거된 경우에는 [초기화]를 눌러 포화모형에서 다시 모형을 설정해야 한다. 인자와 공변량 사이의 교호작용효과는 고려하지 않기로 한다.

그림 7-2 모형선택 대화상자

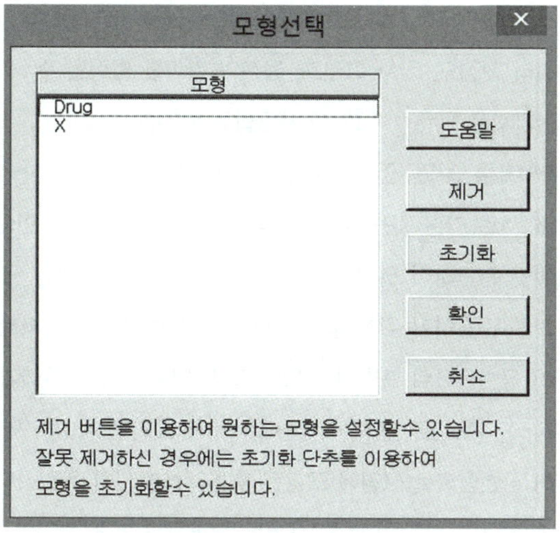

[출력옵션]을 누르면 어떤 제곱합을 출력할 것인지를 선택할 수 있는 출력옵션 대화상자가 나타난다. 일반선형모형에서는 인자들이 모형에 포함되는 순서에 따라 Type I 제곱합은 다르나, Type III 제곱합은 순서와 무관하다. 어떤 제곱합을 이용할지에 따라 출력할 제곱합을 선택할 수 있다. 디폴트로는 Type III 제곱합만이 출력된다.

적합된 모형을 이용한 적합값과 잔차를 출력하기를 원하면 [적합값, 잔차출력] 확인란(check box)을 선택한다. 잔차들은 모형의 진단에 이용된다. 잔차출력을 선택한 경우에만 잔차 그래프를 그릴 수 있다. 다중비교를 원하면 Fisher's LSD 비교를 선택할 수 있다.

그림 7-3 출력옵션 대화상자

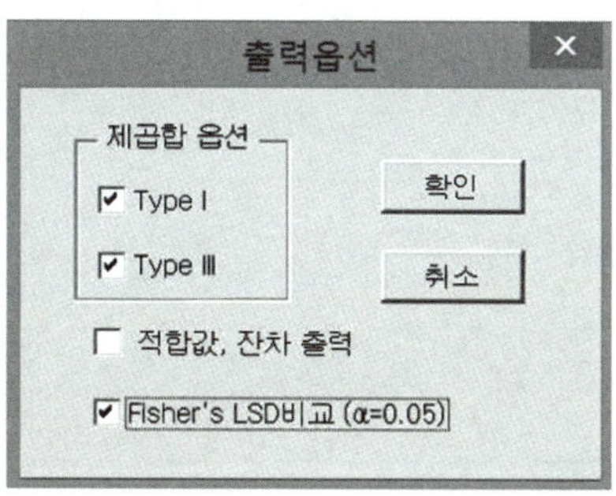

[그림 7-3]에서 [확인]을 눌러 [그림 7-1]의 대화상자로 돌아간 후, 다시 [확인]을 누르면 공분산분석의 분산분석표가 출력된다. 기술통계량과 제곱합 선택에 따른 분산분석 결과가 기본으로 출력되며, 각 요인에 대하여 분산분석(일원배치와 이원배치)에서 출력하였던 인자별 데이터 산점도, 잔차 그래프, 옵션의 결과를 출력할 수 있다. 옵션은 위에서 언급한 경우와 마찬가지로 Type(I & III)의 제곱합을 확인할 수 있다.

분산분석표를 보면 인자 Drug의 Type I 제곱합과 Type III 제곱합의 값이 각각 293.6과 68.55로 다른 것을 볼 수 있다, Type I 제곱합은 공변량의 효과를 고려하지 않고 인자의 효과를 판단하기 위한 통계량이고, Type III 제곱합은 공변량의 효과를 고려한 후 인자의 효과를 판단하기 위한 통계량이다. 이론적 배경에서 자세히 설명하겠지만 투약 전 병균의 양이 공변량으로 포함되지 않은 모형에서 Drug의 효과가 동일하다는 가설 검정의 유의확률(Type I 제곱합 이용)은 0.001로 Drug 효과에 차이가 있다고 판단되나, 투약 전의 병균의 양이 공변량으로 모형에 포함된 후 Drug 효과가 동일하다는 가설 검정의 유의확률(Type III 제곱합 이용)은 0.1384로 Drug 효과들 사이에 차이가 없다고 판단된다. 즉 투약 전의 병균의 양 X와 투약 후의 병균의 양 Y가 밀접하게 연관되어 있다면, 공변량 X의 효과를 보정한 후의 Drug 효과(adjusted mean이라고 한다)를 비교해야 Drug 효과를 정확하게 판단할 수 있음을 시사한다. 분산분석표를 보면 공변량 X의 유의확률은 0.0001보다 작아 매우 유의한 것을 알 수 있다.

[참고]

KESS에서는 공분산분석의 경우 요인이 공변량보다 먼저 모형에 포함된다고 가정하고 Type I 제곱합을 구한다. 즉 공분산분석에서 요인의 Type I 제곱합은 공변량을 고려하지 않은 분산분석에서 요인의 Type I 제곱합과 동일하다.

그림 7-4

공분산분석의 분산분석표

일반선형모형분석 결과

기술 통계량

Drug 의 수준	개수	평균	표준편차
A	10	5.3	4.644
B	10	6.1	6.1545
C	10	12.3	7.15
총합계	30	7.9	6.6662

분산 분석표

요인	제곱합	자유도	평균제곱	F값	유의확률
모형	871.4974	3	290.4991	18.1039	< 0.0001
잔차	417.2026	26	16.0463		
계	1288.7	29			

"H0:모평균들이 서로 같다."를 유의수준 α=0.01에서 기각한다.
즉, 표본평균들이 아주 뚜렷한(p<0.01) 차이가 있다.

요인	Type I SS	자유도	평균제곱	F값	유의확률
Drug	293.6	2	146.8	9.1486	0.001
X	577.8974	1	577.8974	36.0145	< 0.0001

요인	Type III SS	자유도	평균제곱	F값	유의확률
Drug	68.5537	2	34.2769	2.1361	0.1384
X	577.8974	1	577.8974	36.0145	< 0.0001

다중비교 결과를 보면 Drug A와 B는 같은 그룹에 속해 치료효과에 차이가 없으나, Drug C는 다른 그룹에 속해 Drug A, B와는 치료효과에 차이가 있다고 판단된다.

그림 7-5

다중비교 결과

다중비교 결과

Fisher's LSD　α = 0.05 에 대한 그룹

Drug	자료수	그룹 1	그룹 2	그룹 3
A	10	5.3		
B	10	6.1		
C	10		12.3	

같은 그룹에 속한 경우 유의수준 α= 0.05 에서 처리 평균에 차이가 없는 것으로 판단한다.

그림 7-6 Drug별 데이터 산점도

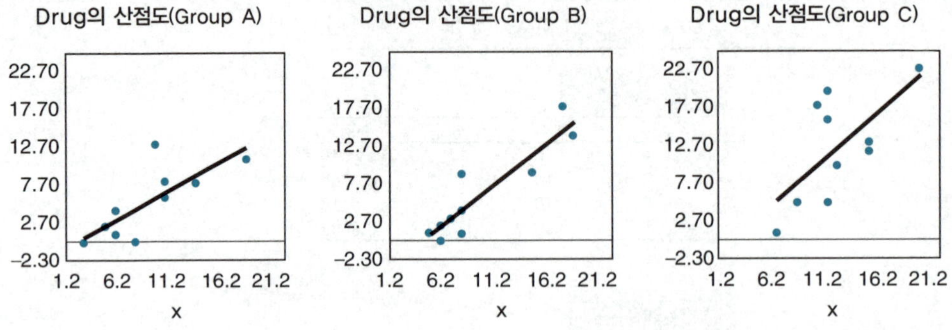

7.1.2 이론적 배경

인자의 개수가 하나이고 공변량도 하나이며 반복수는 n_i인 경우의 자료구조는 다음과 같다. 분산분석의 고급입력 자료구조에 공변량이 추가된 형태이다. 인자와 공변량이 여러 개인 경우도 비슷한 자료구조를 가진다.

인자	공변량	종속변수
A_1	x_{11}	y_{11}
A_1	x_{12}	y_{12}
$\vdots$	$\vdots$	$\vdots$
A_1	x_{1n_1}	y_{1n_1}
A_2	x_{21}	y_{21}
A_2	x_{22}	y_{22}
$\vdots$	$\vdots$	$\vdots$
A_2	x_{2n_2}	y_{2n_2}
$\vdots$	$\vdots$	$\vdots$
A_k	x_{kn_k}	y_{kn_k}

공분산분석 모형

위와 같은 구조를 가진 자료를 분석하기 위한 선형모형은 다음과 같다.

$$y_{ij} = \mu + \alpha_i + \beta x_{ij} + \varepsilon_{ij},\ i = 1, \cdots, k,\ j = 1, \cdots, n_i,\ (N = \sum_{i=1}^{k} n_i)$$

단, μ : 전체평균

α_i : 인자 A의 i번째 처리효과, $\sum n_i \alpha_i = 0$을 만족

β : 공변량 x의 회귀계수

ε_{ij} : 오차항으로 서로 독립인 $N(0, \sigma_\varepsilon^2)$을 따르는 확률변수.

공분산분석의 의미

편의상 인자의 수준을 그룹(처리)이라고 정의하고, i번째 그룹의 모평균을 μ_i로 표기하고 i번째 그룹에 속한 공변량의 모평균을 m_i로 표기하자. 일원배치법에서는 모평균의 차

$$\mu_i - \mu_j = (\mu + \alpha_i) - (\mu + \alpha_j) = \alpha_i - \alpha_j$$

이므로 인자 효과의 차 $\alpha_i - \alpha_j$ 대신 모평균의 차 $\mu_i - \mu_j$를 이용할 수 있다. 그러나 공분산분석에서는 두 그룹 모평균의 차는 다음과 같이 공변량의 함수로 나타나기 때문에 위와 같은 성질이 성립하지 않는다.

$$\begin{aligned}\mu_i - \mu_j &= (\mu + \alpha_i + \beta m_i) - (\mu + \alpha_j + \beta m_j)\\ &= (\alpha_i - \alpha_j) + \beta(m_i - m_j)\end{aligned}$$

따라서 공분산분석으로 인자 수준 차이를 검정할 때는 그룹 모평균에서 공변량의 효과를 뺀 평균 $(\mu_i - \beta m_i)$를 사용해야 한다. 이런 평균을 **보정된 평균**(adjusted mean)이라 부른다. 두 개의 보정된 평균의 차이가 바로 인자 수준 효과의 차이가 된다.

$$(\mu_i - \beta m_i) - (\mu_j - \beta m_j) = (\mu + \alpha_i) - (\mu + \alpha_j) = (\alpha_i - \alpha_j)$$

그러므로 공분산분석에서 인자 수준 차이의 검정은 보정된 평균을 기초로 검정이 진행된다.

인자 효과들이 동일한지 여부를 검정하기 위한 귀무가설은 다음과 같으며, 보정된 평균을이용하여 검정한다.

$$H_0 : \alpha_1 = \alpha_2 = \cdots = \alpha_k = 0$$

인자 효과가 동일하다는 귀무가설이 사실인데도 이를 기각한다면 오류를 범하게 되며 이를 **제1종의 오류**라고 한다. 제1종의 오류를 범할 확률은 다음과 같이 구한다.

$$F \sim F(k, N-k-1)\text{일 때 } P(F \geq f)\text{의 값}$$

제1종의 오류를 범할 확률은 유의확률이라고 하며, 이 확률이 크다면 귀무가설을 기각할 수 없다.

분산분석표

보정된 평균을 이용한 공분산분석의 분산분석표는 다음과 같다.

표 7-3 공분산분석 분산분석표

요인	제곱합	자유도	평균제곱	F값
모형	SS_{model}	k	$MS_{model} = SS_{model}/k$	$f = MS_{model}/MS_{res}$
잔차	SS_{res}	$N-k-1$	$MS_{res} = SS_{res}/(N-k-1)$	
계	SST	$N-1$		

공변량과 인자 사이에는 교호작용효과가 없다고 판단하고, 회귀계수의 유의성검정을 실시한다. 회귀계수가 유의하지 않으면 공변량의 효과가 없으므로

공변량분석을 실시할 이유가 없어 분산분석을 실시한다.

KESS 사용 시 주의사항

1) 불균형자료의 경우 공변량이 포함되면 분석이 실행되지 않는다.
2) 포화모형의 경우 반복수가 부족하여 오차의 자유도가 0이 될 경우, 공변량이 모형에 포함되면 실행되지 않는다.
3) 출력내용에서 잔차의 그래프 선택상자는 적합값과 잔차 출력옵션을 선택하지 않으면 활성화되지 않는다.
4) 인자의 개수가 너무 많을 경우에는 실험의 횟수를 줄이면서 보다 효율적인 실험을 계획하는 요인설계를 이용하는 편이 더 좋다.
5) 공변량과 인자의 교호작용은 고려하지 않는다.

7.2 다원배치법

특성값에 영향을 주는 요인의 유의성을 알아보고자 할 때, 각 인자의 여러 수준의 조합(처리)에서 실험하여 주인자효과(main effect)와 교호작용효과(interaction effect)의 유의성을 검정하는 방법을 **요인계획법**(factorial design)이라 한다. 인자의 개수가 3개 이상인 경우 다원배치법이라고 한다.

7.2.1 다원배치법 사용 예

《예제 7-2》

Data 디렉토리에 저장된 일반선형모형 시트 중 'ritalin' 자료는 치료약이 정상아동과 과잉아동에 미치는 영향이 남녀 성별에 따라 어떻게 다른지를 알아보기 위해 ritalin과 placebo를 투여한 후에 활동지수를 측정한 자료를 분석한다(Chatfield and Collins, 1980). Group(normal, hyperactive), Drug(ritalin, placebo), Sex(male, female)를 요인으로 하는 3원배치법 분석을 실행하기 위해

[통계분석] → [일반선형모형]

을 선택하면 일반선형모형 대화상자가 나타난다.

분석에 사용될 반응변수, 인자 및 공변량 값은 [그림 7-7]과 같이 순서에 관계없이 입력한다.

그림 7-7 다원배치법을 위한 일반선형모형 대화상자

group	drug	sex	score
n	p	m	50
n	p	f	45
n	p	m	55
n	p	f	52
n	r	m	67
n	r	f	60
n	r	m	58
n	r	f	65
h	p	m	70
h	p	f	72
h	p	m	68
h	p	f	75
h	r	m	51
h	r	f	57
h	r	m	48
h	r	f	55

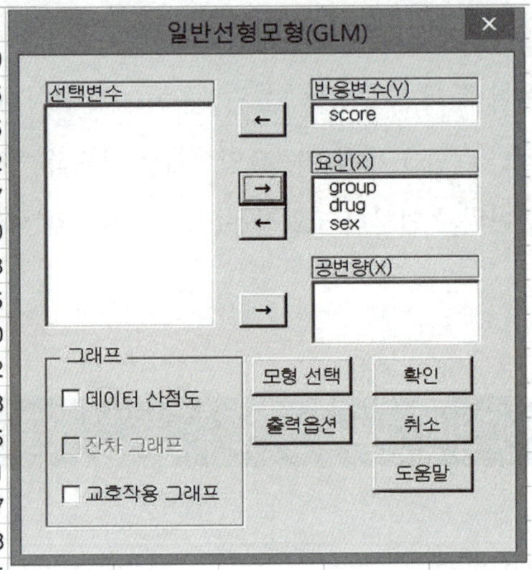

선택변수 창에서 score를 선택한 후 →를 눌러 반응변수 창으로 보내고, group, drug과 sex를 선택한 후 요인 창으로 보낸다. 디폴트로 모든 주인자와 교호작용효과가 포함된 포화모형을 적합하게 설정되어 있으며, [모형선택]를 눌러 사용자가 모형선택 대화상자에서 원하는 계층적모형을 설정하여 분석할 수 있다. 모형에 포함된 인자들 중 제거하고자 하는 인자를 선택한 후 [제거] 단추를 이용하여 축소모형을 설정할 수 있다. 계층적모형을 설정하므로 제거된 인자가 포함된 모든 교호작용효과도 함께 제거된다. 인자가 잘못 제거된 경우에는 [초기화] 단추를 눌러 포화모형에서 다시 모형을 설정해야 한다.

그림 7-8
모형선택 대화상자

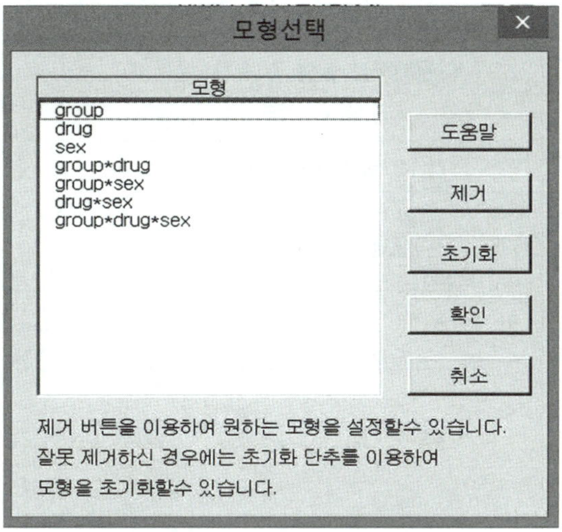

[출력옵션]을 누르면 어떤 제곱합을 출력할 것인지를 선택할 수 있는 출력옵션 대화상자가 나타난다. 일반선형모형에서는 인자들이 모형에 포함되는 순서에 따라 Type I 제곱합은 다르나, Type III 제곱합은 순서와 무관하다. 어떤 제곱합을 이용할지에 따라 출력할 제곱합을 선택할 수 있다. 디폴트로는 Type III 제곱합만이 출력된다.

적합된 모형을 이용한 적합값과 잔차를 출력하기를 원하면 [적합값, 잔차출력] 확인란을 선택한다. 잔차들은 모형의 진단에 이용된다. 잔차출력을 선택한 경우에만 잔차 그래프를 그릴 수 있다. 다중비교를 원하면 Fisher's LSD 비교를 선택할 수 있다.

그림 7-9
출력옵션 대화상자

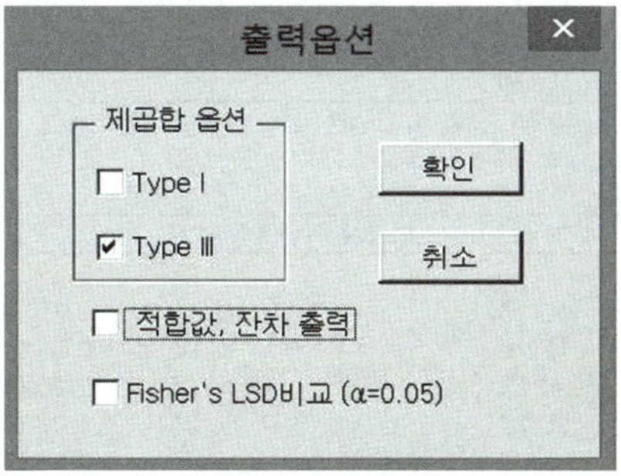

기술통계량과 제곱합 선택에 따른 분산분석 결과가 기본으로 출력되며, 인자별로 데이터 산점도와 잔차 그래프 및 교호작용 그래프가 출력된다.

그림 7-10 다원배치법 실행 결과(기술통계량)

일반선형모형분석 결과

기술 통계량

group 의 수준	개수	평균	표준편차
h	8	62	10.4198
n	8	56.5	7.5024
총합계	16	59.25	9.2195

drug 의 수준	개수	평균	표준편차
p	8	60.875	11.5936
r	8	57.625	6.4573
총합계	16	59.25	9.2195

sex 의 수준	개수	평균	표준편차
f	8	60.125	10.1198
m	8	58.375	8.8307
총합계	16	59.25	9.2195

포화모형 적합 결과 3인자 교호작용효과의 유의확률이 0.7875로 유의하지 않으므로 모형에서 제거하고 모든 2인자 교호작용효과가 포함된 모형을 적합한다.

그림 7-11 포화모형 적합 결과

분산 분석표

요인	제곱합	자유도	평균제곱	F값	유의확률
모형	1172	7	167.4286	13.0042	0.0008
잔차	103	8	12.875		
계	1275	15			

"H0:모평균들이 서로 같다."를 유의수준 α=0.01에서 기각한다.
즉, 표본평균들이 아주 뚜렷한(p<0.01) 차이가 있다.

요인	Type III SS	자유도	평균제곱	F값	유의확률
group	121	1	121	9.3981	0.0155
drug	42.25	1	42.25	3.2816	0.1076
sex	12.25	1	12.25	0.9515	0.3579
group*drug	930.25	1	930.25	72.2524	< 0.0001
group*sex	56.25	1	56.25	4.3689	0.07
drug*sex	9	1	9	0.699	0.4274
group*drug*sex	1	1	1	0.0777	0.7875

2인자 교호작용효과 중 drug*sex의 유의확률이 0.4005로 유의하지 않으므로 이 효과를 제거한 후 다시 모형을 적합한다.

그림 7-12

3인자 교호작용효과가 제거된 분산분석표

분산 분석표

요인	제곱합	자유도	평균제곱	F값	유의확률
모형	1171	6	195.1667	16.8894	0.0002
잔차	104	9	11.5556		
계	1275	15			

"H0:모평균들이 서로 같다."를 유의수준 α=0.01에서 기각한다.
즉, 표본평균들이 아주 뚜렷한(p<0.01) 차이가 있다.

요인	Type III SS	자유도	평균제곱	F값	유의확률
group	121	1	121	10.4712	0.0102
drug	42.25	1	42.25	3.6563	0.0882
sex	12.25	1	12.25	1.0601	0.3301
group*drug	930.25	1	930.25	80.5024	< 0.0001
group*sex	56.25	1	56.25	4.8678	0.0548
drug*sex	9	1	9	0.7788	0.4005

Sex의 주효과가 유의하지 않으나(유의확률 0.3223), 교호작용효과 group*sex가 유의하므로 계층적모형에 의해 인자 sex를 모형에서 제거할 수 없다. 나머지 효과들이 모두 유의하므로 최종모형으로 주효과 group, drug, sex와 2인자 교호작용효과 group*drug와 group*sex가 포함된 모형이 선택된다. 즉 drug과 sex는 서로 독립이라고 할 수 있으며, group과 drug, group과 sex는 독립이 아니라고 판단한다.

그림 7-13

교호작용 drug*sex 효과가 제거된 분산분석표

분산 분석표

요인	제곱합	자유도	평균제곱	F값	유의확률
모형	1162	5	232.4	20.5664	0.0001
잔차	113	10	11.3		
계	1275	15			

"H0:모평균들이 서로 같다."를 유의수준 α=0.01에서 기각한다.
즉, 표본평균들이 아주 뚜렷한(p<0.01) 차이가 있다.

요인	Type III SS	자유도	평균제곱	F값	유의확률
group	121	1	121	10.708	0.0084
drug	42.25	1	42.25	3.7389	0.0819
sex	12.25	1	12.25	1.0841	0.3223
group*drug	930.25	1	930.25	82.323	< 0.0001
group*sex	56.25	1	56.25	4.9779	0.0497

7.2.2 이론적 배경

3인자 배치법에서 인자 A의 수준 p, 인자 B의 수준 q, 인자 C의 수준 r, 반복수 w인 경우의 자료구조는 다음과 같다.

인자 A	인자 B	인자 C	종속변수
A_1	B_1	C_1	y_{1111}
A_1	B_1	C_1	y_{1112}
$\vdots$	$\vdots$	$\vdots$	$\vdots$
A_1	B_1	C_1	y_{111w}
A_1	B_1	C_2	y_{1121}
$\vdots$	$\vdots$	$\vdots$	$\vdots$
A_1	B_1	C_r	y_{11rw}
A_1	B_2	C_1	y_{1211}
$\vdots$	$\vdots$	$\vdots$	$\vdots$
A_1	B_q	C_r	y_{1qrw}
A_2	B_1	C_1	y_{2111}
$\vdots$	$\vdots$	$\vdots$	$\vdots$
A_2	B_q	C_r	y_{2qr1}
$\vdots$	$\vdots$	$\vdots$	$\vdots$
A_p	B_q	C_1	y_{pq11}
$\vdots$	$\vdots$	$\vdots$	$\vdots$
A_p	B_q	C_r	y_{pqrw}

위와 같은 구조를 가진 자료를 분석하기 위한 선형모형은 다음과 같다.

$$y_{ijkl} = \mu + \alpha_i + \beta_j + \gamma_k + (\alpha\beta)_{ij} + (\alpha\gamma)_{ik} + (\beta\gamma)_{jk} + (\alpha\beta\gamma)_{ijk} + \varepsilon_{ijkl},$$

$$i = 1, \cdots, p,\ \ j = 1, \cdots, q,\ \ k = 1, \cdots, r,\ \ l = 1, \cdots, w,\ \ N = pqrw$$

단, μ : 전체평균

α_i : 인자 A의 i번째 처리효과

β_j : 인자 B의 j번째 처리효과

γ_k : 인자 C의 k번째 처리효과

$(\alpha\beta)_{ij}$, $(\alpha\gamma)_{ik}$, $(\beta\gamma)_{jk}$: 교호작용효과

$\Sigma\alpha_i = 0,\ \Sigma\beta_j = 0,\ \Sigma\gamma_k = 0$

$\sum_i\sum_j(\alpha\beta)_{ij} = 0,\ \sum_i\sum_k(\alpha\gamma)_{ik} = 0,\ \sum_j\sum_k(\beta\gamma)_{jk} = 0$

ε_{ijkl} : 오차항으로 서로 독립인 $N(0,\ \sigma_\varepsilon^2)$을 따르는 확률변수이다.

인자들의 유의성 여부를 검증하는 귀무가설은 다음과 같다.

■ **처리효과의 유의성**

$H_0 : \alpha_i = 0$ 모든 i에 대하여

$H_0 : \beta_j = 0$ 모든 j에 대하여

$H_0 : \gamma_k = 0$ 모든 k에 대하여

■ **이차 교호작용효과의 유의성**

$H_0 : (\alpha\beta)_{ij} = 0$ 모든 i, j에 대하여

$H_0 : (\alpha\gamma)_{ik} = 0$ 모든 i, k에 대하여

$H_0 : (\beta\gamma)_{jk} = 0$ 모든 j, k에 대하여

■ **삼차 교호작용효과의 유의성**

$H_0 : (\alpha\beta\gamma)_{ijk} = 0$ 모든 i, j, k에 대하여

인자들이 여러 개 있는 경우 고차의 교호작용효과가 유의한지를 먼저 알아보고 만약 고차의 교호작용효과가 유의하면 저차의 교호작용효과의 유의성검정을 실시할 필요는 없다. 고차의 교호작용효과가 유의하지 않으면 이보다 저차인 교호작용효과의 유의성검정을 실시할 필요가 있다.

분산분석표

인자들의 효과를 검정하기 위한 분산분석표는 다음과 같다.

:: 표 7-4 다원배치법 분산분석표

요인	제곱합	자유도	평균제곱	F–통계량
인자 A	SS_A	$p-1$	$MS_A = SS_A/(p-1)$	$\frac{MS_A}{MS_{res}}$
인자 B	SS_B	$q-1$	$MS_B = SS_B/(q-1)$	$\frac{MS_B}{MS_{res}}$
인자 C	SS_C	$r-1$	$MS_C = SS_C/(r-1)$	$\frac{MS_C}{MS_{res}}$
교호작용 $(A \times B)$	$SS_{A\times B}$	$(p-1)(q-1)$	$MS_{A\times B} = SS_{A\times B}/[(p-1)(q-1)]$	$\frac{MS_{A\times B}}{MS_{res}}$
교호작용 $(A \times C)$	$SS_{A\times C}$	$(p-1)(r-1)$	$MS_{A\times C} = SS_{A\times C}/[(p-1)(r-1)]$	$\frac{MS_{A\times C}}{MS_{res}}$
교호작용 $(B \times C)$	$SS_{B\times C}$	$(q-1)(r-1)$	$MS_{B\times C} = SS_{B\times C}/[(q-1)(r-1)]$	$\frac{MS_{B\times C}}{MS_{res}}$
교호작용 $(A \times B \times C)$	$SS_{A\times B\times C}$	$(p-1)(q-1)(r-1)$	$MS_{A\times B\times C} = SS_{A\times B\times C}/[(p-1)(q-1)(r-1)]$	$\frac{MS_{A\times B\times C}}{MS_{res}}$
잔차	SS_{res}	$pqr(w-1)$	$MS_{res} = SS_{res}/[pqr(w-1)]$	

각 인자들의 유의성검정의 유의확률은 다음과 같이 구하고

$F \sim F(k,\ pqr(w-1))$일 때 $P(F \geq f)$의 값

단, k는 관련 인자 혹은 교호작용의 자유도

이 값이 유의수준 α보다 작으면 귀무가설을 기각하고 인자들은 유의하다고 판단한다.

7.3 다변량분산분석

MANOVA는 관측된 값들이 벡터의 형태로 주어지는 경우, 모집단들의 평균벡터(또는 처리효과)가 동일한지를 알아보고자 할 때 사용되는 분석법이다. 일변량분산분석(ANOVA)에서는 분산을 이용하여 모집단의 평균들 사이에 차이가 있는지를 비교하나, MANOVA의 경우는 공분산 행렬(covariance matrix)을 이용하여 평균벡터들 사이에 차이가 있는지를 비교한다. 검정을 위해 공분산 행렬을 일차원 값으로 변환하여 활용한다.

7.3.1 MANOVA 사용 예

《예제 7-3》 One-Way MANOVA

Data 디렉토리에 저장된 일반선형모형 시트 중 'turtle' 자료는 거북이들의 크기(size)와 형태(shape) 사이의 관계를 연구하기 위해 24마리씩의 암 · 수 거북이의 길이(length), 폭(width)과 높이(height)를 측정한 자료이다(Jolicoeur and Mosimann, 1960).

::표 7-5 거북이 측정자료 (단위 : mm)

female			male		
length	width	height	length	width	height
98	81	38	93	74	37
103	84	38	94	78	35
103	86	42	96	80	35
105	86	42	101	84	39
109	88	44	102	85	38
123	92	50	103	81	37
123	95	46	104	83	39
133	99	51	106	83	39
133	102	51	107	82	38
133	102	51	112	89	40
134	100	48	113	88	40
136	102	49	114	86	40
138	98	51	116	90	43
138	99	51	117	90	41
141	105	53	117	91	41
147	108	57	119	93	41
149	107	55	120	89	40
153	107	56	120	93	44
155	115	63	121	95	42
155	117	60	125	93	45
158	115	62	127	96	45
159	118	63	128	95	45
162	124	61	131	95	46
177	132	67	135	106	47

거북이의 크기를 설명하기 위해 사용된 변수들이 성별에 따라 차이가 있는지 알아보기 위해서는 암 · 수 두 모집단의 측정된 변수벡터의 모평균이 동일한지를 검정하는 다변량 분산분석을 실시한다. 다변량분산분석을 실행하기 위해

[통계분석] → [일반선형모형] → [다변량분산분석]

을 선택하면 다변량분산분석 대화상자가 나타난다. 거북이의 성별을 나타내는 변수 sex, 크기를 나타내는 변수들인 length, width, height의 관측값을 [그림 7-14]와 같이 순서에 관계없이 입력한다.

선택변수 창에서 sex는 요인에 해당되며 이를 선택한 후 →를 눌러 요인 창으로 보낸다. length, width와 height 변수를 선택한 후 →를 눌러 반응변수(Y) 창으로 보낸다. 이 예제의 경우는 처리에 해당되는 인자가 한 개이므로 교호작용 포함은 선택하지 않는다.

그림 7-14

다변량분산분석 대화상자

sex	height	length	width
female	38	98	81
female	38	103	84
female	42	103	86
female	42	105	86
female	44	109	88
female	50	123	92
female	46	123	95
female	51	133	99
female	51	133	102
female	51	133	102
female	48	134	100
female	49	136	102
female	51	138	98
female	51	138	99

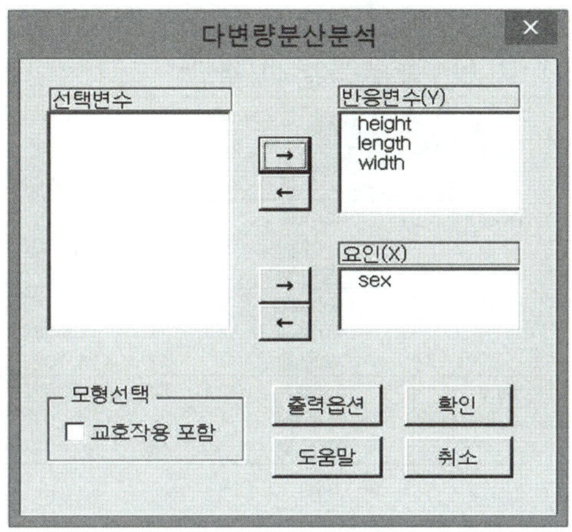

[출력옵션]을 누르면 출력옵션 대화상자가 나타난다. 기술통계량, 적합값과 잔차, SSCP 행렬을 선택하여 출력할 수 있으며, 암 · 수 두 모집단의 공분산행렬이 동일한지를

그림 7-15

출력옵션 대화상자

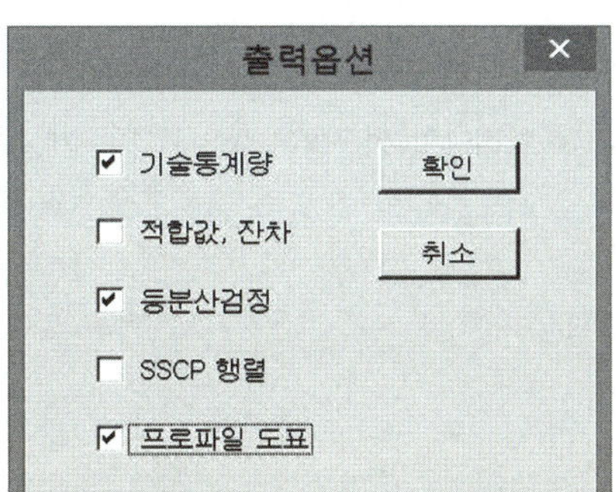

검정하기 위해서 [등분산검정] 확인란을 선택한다. 이 외에도 각 변수별로 두 모집단을 비교하는 데 도움이 되는 프로파일 도표도 선택하여 출력할 수 있다.

[확인]을 누르면 기술통계량과 암 · 수의 평균벡터가 동일한지를 검정한 결과인 다변량 검정표가 출력된다. Wilks의 람다를 포함하여 4가지 방법에 의한 검정결과가 출력되는데 유의확률이 모두 0(0.0001보다 작으면 0으로 출력된다)이므로 암 · 수의 평균벡터는 다르다고 판단한다.

그림 7-16 기술통계량과 다변량 분산분석표

다변량분석분석 결과

기술통계량

반응변수	sex의 수준	개수	평균	표준편차
height	female	24	52.0417	8.046
	male	24	40.7083	3.3555
	총합계	48	46.375	8.3656
length	female	24	136.0417	21.249
	male	24	113.375	11.7799
	총합계	48	124.7083	20.4949
width	female	24	102.5833	13.1047
	male	24	88.2917	7.074
	총합계	48	95.4375	12.6758

다변량검정

효과		값	F	분자자유도	분모자유도	유의확률
sex	Wilks의 람다	0.3886	23.0782	3	44	0
	Pillai의 트레이스	0.6114	23.0782	3	44	0
	Hotelling의 트레이스	1.5735	23.0782	3	44	0
	Roy의 최대근	1.5735	23.0782	3	44	0

sex에 대해, "H0:반응변수들의 평균이 서로 같다."를 유의수준 α=0.01에서 기각한다.
즉, 반응변수들의 평균이 아주 뚜렷한(p<0.01) 차이가 있다.

벡터를 구성하는 각 변수별로 일변량 ANOVA 표가 출력된다. Length, width와 height 변수 모두 두 모집단의 평균들이 동일하다는 가설의 유의확률이 0이므로 모두 다르다고 판단한다.

그림 7-17

일변량 분산분석표

분산분석표

반응변수: height

요인	제곱합	자유도	평균제곱	F값	유의확률
모형	1541.3333	1	1541.3333	40.5633	< 0.0001
잔차	1747.9167	46	37.9982		
계	3289.25	47			

height에 대해, "H0:모평균들이 서로 같다."를 유의수준 α=0.01에서 기각한다.
즉, 표본평균들이 아주 뚜렷한(p<0.01) 차이가 있다.

요인	Type III SS	자유도	평균제곱	F값	유의확률
절편	103230.75	1	103230.75	2716.7282	< 0.0001
sex	1541.3333	1	1541.3333	40.5633	< 0.0001

반응변수: length

요인	제곱합	자유도	평균제곱	F값	유의확률
모형	6165.3333	1	6165.3333	20.8893	< 0.0001
잔차	13576.583	46	295.1431		
계	19741.917	47			

length에 대해, "H0:모평균들이 서로 같다."를 유의수준 α=0.01에서 기각한다.
즉, 표본평균들이 아주 뚜렷한(p<0.01) 차이가 있다.

요인	Type III SS	자유도	평균제곱	F값	유의확률
절편	746504.08	1	746504.08	2529.2953	< 0.0001
sex	6165.3333	1	6165.3333	20.8893	< 0.0001

반응변수: width

요인	제곱합	자유도	평균제곱	F값	유의확률
모형	2451.0208	1	2451.0208	22.1038	< 0.0001
잔차	5100.7917	46	110.8868		
계	7551.8125	47			

width에 대해, "H0:모평균들이 서로 같다."를 유의수준 α=0.01에서 기각한다.
즉, 표본평균들이 아주 뚜렷한(p<0.01) 차이가 있다.

요인	Type III SS	자유도	평균제곱	F값	유의확률
절편	437199.19	1	437199.19	3942.7532	< 0.0001
sex	2451.0208	1	2451.0208	22.1038	< 0.0001

각 반응변수별 등분산검정 결과를 보면 유의확률이 모두 0.05보다 작으므로 분산이 동일하다고 볼 수 없다. 등분산검정이 기각되면 분석 결과 해석에 신중해야 한다. Johnson and Wichern (2007)에 의하면 표본크기가 큰 경우 분산이 동일하지 않다는 것은 크게 문제가 되지 않으며, 분산이 크게 다른 경우에는 변환 등을 이용하는 방법을 사용하여 개선할 수 있다고 한다.

One-Way MANOVA의 경우 출력옵션에서 [프로파일 도표] 확인란을 선택하면 [그림 7-19]와 같이 각 반응변수별로 상자그림이 출력된다. Height의 경우는 두 모집단의 차이가 크지 않으나 width의 경우는 중앙값 및 산포가 크게 다른 것을 볼 수 있어 암·수 거북이는 width 변수에 의해 구분할 수 있을 것으로 생각된다. 10장에서 설명할 주성분분석에서는 이 변수들과 거북이의 특징을 설명할 수 있는 형태와의 관계를 설명하고 있다.

그림 7-18 **등분산검정 결과**

등분산검정

반응변수: height

Levene's test	제곱합	자유도	평균제곱	F값	유의확률
처리	164.0951	1	164.0951	12.6328	0.0009
잔차	597.5194	49	12.1943		

"H0:요인 수준 간 모분산들이 서로 같다."를 유의수준 α=0.01에서 기각한다.
즉, 모분산들이 아주 뚜렷한(p<0.01) 차이가 있다.
등분산 가정이 위배 된다.

반응변수: length

Levene's test	제곱합	자유도	평균제곱	F값	유의확률
처리	579.2826	1	579.2826	5.6748	0.0214
잔차	4695.7057	49	95.8307		

"H0:요인 수준 간 모분산들이 서로 같다."를 유의수준 α=0.05에서 기각한다.
즉, 모분산들이 아주 뚜렷한(p<0.05) 차이가 있다.
등분산 가정이 위배 된다.

반응변수: width

Levene's test	제곱합	자유도	평균제곱	F값	유의확률
처리	251.7015	1	251.7015	6.2232	0.0163
잔차	1860.5159	49	37.9697		

"H0:요인 수준 간 모분산들이 서로 같다."를 유의수준 α=0.05에서 기각한다.
즉, 모분산들이 아주 뚜렷한(p<0.05) 차이가 있다.
등분산 가정이 위배 된다.

그림 7-19 **각 변수별 상자그림**

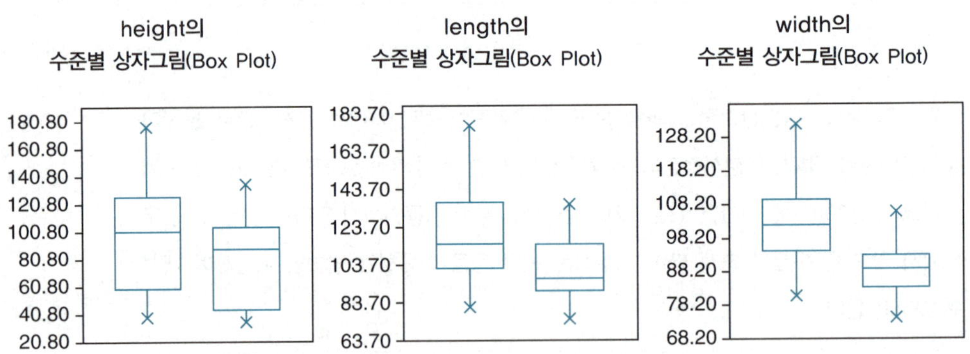

각 종속변수별 상자그림의 x축 값은 female, male 순서이다.

《예제 7-4》 Two-Way MANOVA

Data 디렉토리에 저장된 일반선형모형 시트 중 'film' 자료는 플래스틱 필름을 추출하기 위한 최적의 조건을 찾기 위한 실험 자료이다. 다음과 같이 3개의 반응변수 x1=tear resistance, x2=gloss, x3=opacity의 값이 인자 rate of extrusion과 amount of additive의 각각 두 수준에서 측정되었다. 두 인자가 반응변수에 어떤 영향을 미치는지 알아보자.

:: 표 7-6 플래스틱 필름 자료

x1=tear resistance, x2=gloss, x3=opacity		인자 2 : amount of additive					
		Low(1.0%)			High(1.5%)		
인자 1 : change in rate of extrusion	Low(-10%)	x1	x2	x3	x1	x2	x3
		6.5	9.5	4.4	6.9	9.1	5.7
		6.2	9.9	6.4	7.2	10.0	2.0
		5.8	9.6	3.0	6.9	9.9	3.9
		6.5	9.6	4.1	6.1	9.5	1.9
		6.5	9.2	0.8	6.3	9.4	5.7
	High(10%)	x1	x2	x3	x1	x2	x3
		6.7	9.1	2.8	7.1	9.2	8.4
		6.6	9.3	4.1	7.0	8.8	5.2
		7.2	8.3	3.8	7.0	9.7	6.9
		7.1	8.4	1.6	7.5	10.1	2.7
		6.8	8.5	3.4	7.6	9.2	1.9

출처 : Johnson and Wichern (2007)

관측값에 영향을 미치는 인자의 개수가 2개인 경우 이원배치법이라고 하며 관측값이 벡터로 주어진 경우 이변량분산분석을 실행한다. 이변량분산분석을 실행하기 위해

[통계분석] → [일반선형모형] → [다변량분산분석]

을 선택하면 다변량분산분석 대화상자가 나타난다. Rate, amount, resistance, gloss와 opacity의 관측값을 [그림 7-20]과 같이 순서에 관계없이 입력한다.

그림 7-20 이원배치 다변량분산분석을 위한 대화상자

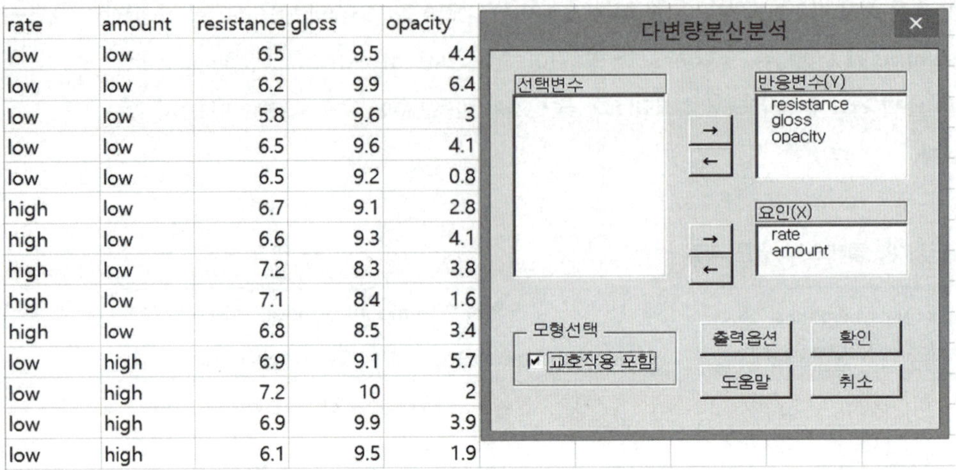

Rate와 amount가 요인이므로 선택변수 창에서 선택한 후 →를 눌러 요인 창으로 보낸다. Resistance, gloss, opacity는 종속변수이므로 선택한 후 →를 눌러 반응변수 창으로 보낸다. 인자의 개수가 2이므로 교호작용효과를 모형에 반영하려면 [모형선택] 프레임에서 [교호작용 포함] 확인란을 선택한다. KESS의 MANOVA에서는 인자의 개수를 최대 2개로 제한하였으며 이원배치일 때만 모형에 교호작용 포함 여부를 선택할 수 있다. [출력옵션]을 누른 후 나타나는 출력옵션 대화상자에서 필요한 옵션들을 선택한 후 [확인]을 누른다.

그림 7-21 출력옵션 대화상자

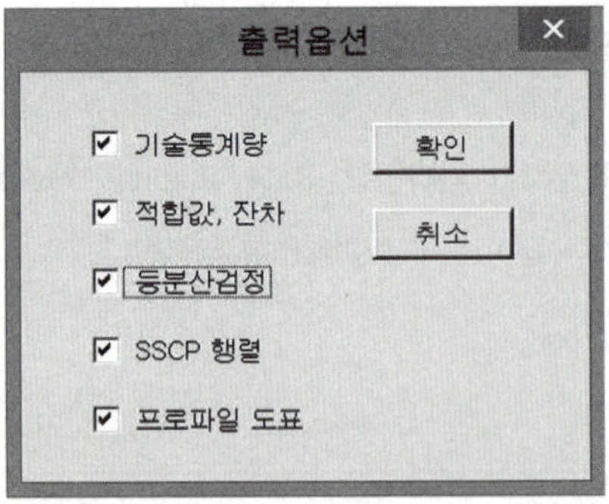

각 반응변수별로 기술통계량이 출력된다. 두 인자의 각 수준 조합별로 관측도수, 평균, 표준편차가 출력된다.

반응변수별 기술통계량

그림 7-22

반응변수: resistance

	high	low	계
high			
관측도수	5	5	10
평균	7.28	6.88	7.08
표준편차	0.2588	0.2588	0.3225
low			
관측도수	5	5	10
평균	6.68	6.3	6.49
표준편차	0.4604	0.3082	0.4202
계			
관측도수	10	10	20
평균	6.98	6.59	6.785
표준편차	0.4733	0.4067	0.4738

반응변수: gloss

	high	low	계
high			
관측도수	5	5	10
평균	9.4	8.72	9.06
표준편차	0.505	0.4494	0.5758
low			
관측도수	5	5	10
평균	9.58	9.56	9.57
표준편차	0.3701	0.251	0.2983
계			
관측도수	10	10	20
평균	9.49	9.14	9.315
표준편차	0.428	0.5602	0.5174

반응변수: opacity

	high	low	계
high			
관측도수	5	5	10
평균	5.02	3.14	4.08
표준편차	2.7435	0.9889	2.1821
low			
관측도수	5	5	10
평균	3.84	3.74	3.79
표준편차	1.8756	2.0513	1.8538
계			
관측도수	10	10	20
평균	4.43	3.44	3.935
표준편차	2.3012	1.5508	1.9762

교호작용을 포함하는 Two-Way MANOVA를 실행한 다변량검정 결과를 보면 rate 인자와 amount 인자의 주효과들은 유의확률이 각각 0.003과 0.0247로 모두 유의하나 교호작용효과는 유의확률이 0.3018로 유의하지 않다. 즉 두 인자들이 반응변수에 미치는 효과는 가법적(additive)이라고 할 수 있다.

다변량분산분석 결과

그림 7-23

다변량검정

효과		값	F	분자자유도	분모자유도	유의확률
rate	Wilks의 람다	0.3819	7.5543	3	14	0.003
	Pillai의 트레이스	0.6181	7.5543	3	14	0.003
	Hotelling의 트레이스	1.6188	7.5543	3	14	0.003
	Roy의 최대근	1.6188	7.5543	3	14	0.003

rate에 대해, "H0:반응변수들의 평균이 서로 같다."를 유의수준 α=0.01에서 기각한다.
즉, 반응변수들의 평균이 아주 뚜렷한(p<0.01) 차이가 있다.

효과		값	F	분자자유도	분모자유도	유의확률
amount	Wilks의 람다	0.523	4.2556	3	14	0.0247
	Pillai의 트레이스	0.477	4.2556	3	14	0.0247
	Hotelling의 트레이스	0.9119	4.2556	3	14	0.0247
	Roy의 최대근	0.9119	4.2556	3	14	0.0247

amount에 대해, "H0:반응변수들의 평균이 서로 같다."를 유의수준 α=0.05에서 기각한다.
즉, 반응변수들의 평균이 뚜렷한(p<0.05) 차이가 있다.

효과		값	F	분자자유도	분모자유도	유의확률
rate*amount	Wilks의 람다	0.7771	1.3385	3	14	0.3018
	Pillai의 트레이스	0.2229	1.3385	3	14	0.3018
	Hotelling의 트레이스	0.2868	1.3385	3	14	0.3018
	Roy의 최대근	0.2868	1.3385	3	14	0.3018

rate*amount에 대해, "H0:반응변수들의 평균이 서로 같다."를 유의수준 α=0.05에서 기각할 수 없다.
즉, 반응변수들의 평균이 차이가 있다(p>0.05)고 할 수 없다.

인자효과와 오차들의 제곱합과 교차제곱합(SSCP) 행렬이 출력된다. 이들을 보면 종속변수들 사이의 상관관계를 파악할 수 있다.

그림 7-24 SSCP 행렬

SSCP 행렬

			resistance	gloss	opacity
효과	rate	resistance	1.7405	-1.5045	0.8555
		gloss	-1.5045	1.3005	-0.7395
		opacity	0.8555	-0.7395	0.4205
	amount	resistance	0.7605	0.6825	1.9305
		gloss	0.6825	0.6125	1.7325
		opacity	1.9305	1.7325	4.9005
	rate*amount	resistance	0.0005	0.0165	0.0445
		gloss	0.0165	0.5445	1.4685
		opacity	0.0445	1.4685	3.9605
오차		resistance	1.764	0.02	-3.07
		gloss	0.02	2.628	-0.552
		opacity	-3.07	-0.552	64.924

각 반응변수별로 일변량 분산분석표가 출력된다. Resistance 변수의 경우 유의수준 5%에서 모형과 rate와 amount 변수의 주효과는 유의하나 교호작용효과는 유의하지 않고, gloss 변수의 경우는 모형과 rate 변수의 주효과는 유의하나 amount 변수와 교호작용효과는 유의하지 않다. Opacity 변수의 경우는 모형과 모든 효과들이 유의하지 않아 두 인자가 opacity 변수에는 영향을 미치지 않는다고 생각된다.

그림 7-25

일변량 분산분석표

분산분석표

반응변수: resistance

요인	제곱합	자유도	평균제곱	F값	유의확률
모형	2.5015	3	0.8338	7.5631	0.0023
잔차	1.764	16	0.1103		
계	4.2655	19			

resistance에 대해, "H0:모평균들이 서로 같다."를 유의수준 α=0.01에서 기각한다.
즉, 표본평균들이 아주 뚜렷한(p<0.01) 차이가 있다.

요인	Type III SS	자유도	평균제곱	F값	유의확률
절편	920.7245	1	920.7245	8351.2426	< 0.0001
rate	1.7405	1	1.7405	15.7868	0.0011
amount	0.7605	1	0.7605	6.898	0.0183
rate*amount	0.0005	1	0.0005	0.0045	0.9471

반응변수: gloss

요인	제곱합	자유도	평균제곱	F값	유의확률
모형	2.4575	3	0.8192	4.9873	0.0125
잔차	2.628	16	0.1643		
계	5.0855	19			

gloss에 대해, "H0:모평균들이 서로 같다."를 유의수준 α=0.05에서 기각한다.
즉, 표본평균들이 뚜렷한(p<0.05) 차이가 있다.

요인	Type III SS	자유도	평균제곱	F값	유의확률
절편	1735.3845	1	1735.3845	10565.5068	< 0.0001
rate	1.3005	1	1.3005	7.9178	0.0125
amount	0.6125	1	0.6125	3.7291	0.0714
rate*amount	0.5445	1	0.5445	3.3151	0.0874

반응변수: opacity

요인	제곱합	자유도	평균제곱	F값	유의확률
모형	9.2815	3	3.0938	0.7625	0.5315
잔차	64.924	16	4.0578		
계	74.2055	19			

opacity에 대해, "H0:모평균들이 서로 같다."를 유의수준 α=0.05에서 기각할 수 없다.
즉, 표본평균들이 차이가 있다(p<0.05)고 할 수 없다.

요인	Type III SS	자유도	평균제곱	F값	유의확률
절편	309.6845	1	309.6845	76.3193	< 0.0001
rate	0.4205	1	0.4205	0.1036	0.7517
amount	4.9005	1	4.9005	1.2077	0.2881
rate*amount	3.9605	1	3.9605	0.976	0.3379

KESS에서는 인자의 개수가 2개 이상인 경우는 등분산검정을 실행하지 않으며 [그림 7-26]과 같은 메시지를 출력한다.

그림 7-26 **등분산검정 결과**

등분산검정

WARNING: 설명변수(인자)가 2개이상인 경우는 Levene's test를 할수 없습니다.

마지막으로 프로파일 도표가 출력된다. 인자의 개수가 2이므로 변수별 상자그림이 출력되지 않는다. Resistance 변수의 경우는 그래프가 평행하고, gloss 변수의 경우는 그래프가 평행하지는 않으나 교호작용이 유의하지는 않다. Opacity 변수의 경우는 두 그래프가 교차하는 관계로 교호작용효과가 존재한다고 볼 수 있으나 분산분석의 통해 opacity 변수의 경우는 두 인자들의 효과가 없음을 확인하였다.

그림 7-27 **프로파일 도표**

프로파일 도표

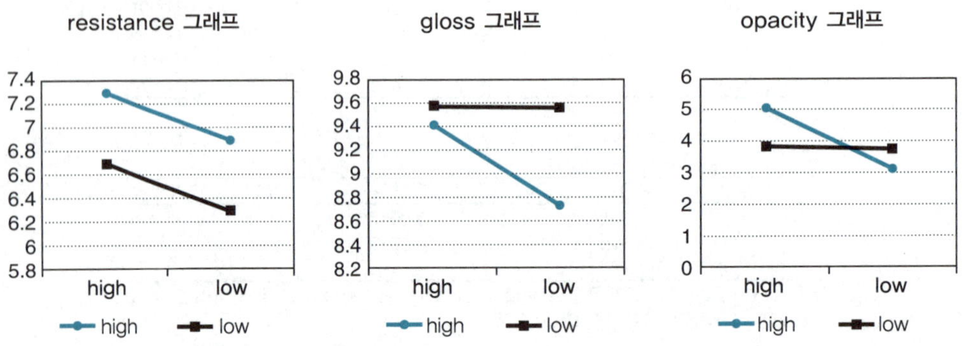

출력옵션에서 적합값 및 잔차를 선택하면 기존의 자료가 있던 시트에 각 반응변수별로 적합값과 잔차가 출력된다.

7.3.2 이론적 배경

A. 일원배치 다변량분산분석

$\mathbf{X}_{ij}(i=1, \cdots, k,\ j=1, \cdots, n_i)$를 k개의 서로 독립인 다변량 정규분포 $N_p(\boldsymbol{\mu}_i, \Sigma)$부터 얻어진 p차원 랜덤벡터라고 하자. 모집단의 평균 또는 처리효과가 동일한지를 알아보기 위한 다변량 일원배치모형은 다음과 같다.

$$\mathbf{X}_{ij} = \boldsymbol{\mu} + \boldsymbol{\alpha}_i + \boldsymbol{\varepsilon}_{ij},\quad i=1, 2, \cdots, k,\quad j=1, 2, \cdots, n_i$$

$\boldsymbol{\mu}$: 전체평균벡터

$\boldsymbol{\alpha}_i$: i번째 처리효과벡터

$\boldsymbol{\varepsilon}_{ij}$: 서로 독립이고 $N_p(\mathbf{0}, \Sigma)$를 따르는 확률벡터

i번째 모집단의 평균벡터를 $\boldsymbol{\mu}_i = \boldsymbol{\mu} + \boldsymbol{\alpha}_i$라고 하면, 검정하고자 하는 귀무가설은

$$H_0 : \boldsymbol{\mu}_1 = \boldsymbol{\mu}_2 = \cdots = \boldsymbol{\mu}_k \equiv \boldsymbol{\mu}$$

또는 다음과 같이 모집단의 처리효과들이 동일하다는 것이다.

$$H_0 : \boldsymbol{\alpha}_1 = \boldsymbol{\alpha}_2 = \cdots = \boldsymbol{\alpha}_k = \mathbf{0}$$

$n = \sum_{i=1}^{k} n_i$이라고 할 때, 처리효과벡터 $\boldsymbol{\alpha}_i$는 다음과 같은 조건을 만족한다.

$$\sum_{i=1}^{k} n_i \boldsymbol{\alpha}_i = \mathbf{0}$$

관측된 벡터 $\boldsymbol{X}_{ij}$는 다음과 같이 전체 표본평균벡터 $\overline{\boldsymbol{X}}_{..}$과 i번째 처리 표본평균벡터 $\overline{\boldsymbol{X}}_{i.}$을 이용하여 다음과 같이 분해할 수 있으며,

$$\boldsymbol{X}_{ij}-\overline{\boldsymbol{X}}_{..}=(\boldsymbol{X}_{ij}-\overline{\boldsymbol{X}}_{i.})+(\overline{\boldsymbol{X}}_{i.}-\overline{\boldsymbol{X}}_{..})$$

다변량 자료의 산포를 나타내는 측도에 해당되는 제곱합과 교차곱(sum of squares and crossproducts ; SSCP) 행렬들은 다음과 같다.

$$\begin{aligned}&\sum_{i=1}^{k}\sum_{j=1}^{n_i}(\boldsymbol{X}_{ij}-\overline{\boldsymbol{X}}_{..})(\boldsymbol{X}_{ij}-\overline{\boldsymbol{X}}_{..})'\\&=\sum_{i=1}^{k}n_i(\overline{\boldsymbol{X}}_{i}-\overline{\boldsymbol{X}}_{..})(\overline{\boldsymbol{X}}_{i}-\overline{\boldsymbol{X}}_{..})'+\sum_{i=1}^{k}\sum_{j=1}^{n_i}(\boldsymbol{X}_{ij}-\overline{\boldsymbol{X}}_{i.})(\boldsymbol{X}_{ij}-\overline{\boldsymbol{X}}_{i.})'\end{aligned}$$

단, $\overline{\boldsymbol{X}}_{..}=\sum_{i=1}^{k}\sum_{j=1}^{n_i}\boldsymbol{X}_{ij}\Big/\sum_{i=1}^{k}n_i$: 전체평균

$\overline{\boldsymbol{X}}_{i.}=\sum_{j=1}^{n_i}\boldsymbol{X}_{ij}\Big/n_i$: 처리효과 평균

$\boldsymbol{B}+\boldsymbol{W}=\sum_{i=1}^{k}\sum_{j=1}^{n_i}(\boldsymbol{X}_{ij}-\overline{\boldsymbol{X}}_{..})(\boldsymbol{X}_{ij}-\overline{\boldsymbol{X}}_{..})'$: 총(total corrected) 제곱합

$\boldsymbol{B}=\sum_{i=1}^{k}n_i(\overline{\boldsymbol{X}}_{i.}-\overline{\boldsymbol{X}}_{..})(\overline{\boldsymbol{X}}_{i.}-\overline{\boldsymbol{X}}_{..})'$: 처리 간(between treatment effect) 제곱합

$\boldsymbol{W}=\sum_{i=1}^{k}\sum_{j=1}^{n_i}(\boldsymbol{X}_{ij}-\overline{\boldsymbol{X}}_{i.})(\boldsymbol{X}_{ij}-\overline{\boldsymbol{X}}_{i.})'$: 처리 내(within treatment) 또는 잔차(residual) 제곱합.

S_i를 i번째 처리의 표본공분산 행렬이라 하면, 처리효과 내 제곱합 행렬은 다음과 같이 나타낼 수 있다.

$$\boldsymbol{B}=(n_1-1)S_1+(n_2-1)S_2+\cdots+(n_k-1)S_k$$

::표 7-7 One-Way MANOVA

요인	제곱합과 교차곱 행렬	자유도
처리(treatment)	$\boldsymbol{B}=\sum_{i=1}^{k} n_i(\overline{\boldsymbol{X}}_i-\overline{\boldsymbol{X}})(\overline{\boldsymbol{X}}_i-\overline{\boldsymbol{X}})'$	$k-1$
잔차(residual)	$\boldsymbol{W}=\sum_{i=1}^{k}\sum_{j=1}^{n_i}(\boldsymbol{X}_{ij}-\overline{\boldsymbol{X}}_i)(\boldsymbol{X}_{ij}-\overline{\boldsymbol{X}}_i)'$	$\sum_{i=1}^{k} n_i-k$
전체	$\boldsymbol{B}+\boldsymbol{W}=\sum_{i=1}^{k}\sum_{j=1}^{n_i}(\boldsymbol{X}_{ij}-\overline{\boldsymbol{X}})(\boldsymbol{X}_{ij}-\overline{\boldsymbol{X}})'$	$\sum_{i=1}^{k} n_i-1$

One-Way MANOVA의 검정통계량

처리 간 제곱합 행렬을 $\boldsymbol{B}$, 처리 내 제곱합 행렬을 $\boldsymbol{W}$라 하자. 처리효과벡터의 유의성 검정통계량으로는 Wilks의 lambda $\Lambda=\frac{\det(\boldsymbol{W})}{\det(\boldsymbol{B}+\boldsymbol{W})}$, Pillai의 trace $V=trace(\boldsymbol{B}(\boldsymbol{B}+\boldsymbol{W})^{-1})$, Hotelling trace $U=trace(\boldsymbol{W}^{-1}\boldsymbol{B})$, Roy의 최대근($W^{-1}B$의 고유값들 중 가장 큰 값)들이 사용되며, 모두 근사적으로 F-분포를 따름을 이용한다.

B. 이원배치 다변량분산분석

관측값에 영향을 미치는 인자가 두 개인 경우, Two-Way MANOVA 모형을 이용한다. 첫 번째 인자는 a개의 처리 수준, 두 번째 인자는 b개의 처리 수준이 존재한다고 하면, 총 ab개의 처리조합을 생각할 수 있다.

$\boldsymbol{X}_{ijk}(i=1,2,\cdots,a,\ j=1,2,\cdots,b,\ k=1,2,\cdots,n)$는 인자 1의 i번째 수준과 인자 2의 j번째 수준에 해당하는 개체에 대한 p차원 관찰벡터이다. 여기서는 각 처리조합에 대한 표본의 크기는 모두 n으로 동일하다고 가정한다. 반복횟수 n이 1보다 큰 경우에는 두 인자 간의 교호작용효과를 모형에 포함할 수 있다.

Two-Way MANOVA 모형은 다음과 같다.

$$X_{ijk} = \boldsymbol{\mu} + \boldsymbol{\alpha}_i + \boldsymbol{\beta}_j + \boldsymbol{\gamma}_{ij} + \boldsymbol{\varepsilon}_{ijk},\ i = 1, 2, \cdots, a,\ j = 1, 2, \cdots, b,$$
$$k = 1, 2, \cdots, n$$

$\boldsymbol{\mu}$: 전체평균 벡터

$\boldsymbol{\alpha}_i$: 인자 1의 i번째 처리효과 벡터

$\boldsymbol{\beta}_j$: 인자 2의 j번째 처리효과 벡터

$\boldsymbol{\gamma}_{ij}$: 인자 1의 i번째 처리와 인자 2의 j번째 처리의 교호작용효과 벡터

$\boldsymbol{\varepsilon}_{ijk}$: 오차항으로서 서로 독립인 $N_p(\mathbf{0}, \boldsymbol{\Sigma})$

단, $\boldsymbol{\alpha}_i$, $\boldsymbol{\beta}_j$, $\boldsymbol{\gamma}_{ij}$는 다음과 같은 조건을 만족한다.

$$\sum_{i=1}^{a}\boldsymbol{\alpha}_i = \sum_{j=1}^{b}\boldsymbol{\beta}_j = \sum_{i=1}^{a}\boldsymbol{\gamma}_{ij} = \sum_{j=1}^{b}\boldsymbol{\gamma}_{ij} = 0$$

Two-Way MANOVA에서 검정하고자 하는 가설들은 다음과 같다.

$$H_0 : \boldsymbol{\alpha}_1 = \boldsymbol{\alpha}_2 = \cdots = \boldsymbol{\alpha}_a = \mathbf{0}$$
$$H_0 : \boldsymbol{\beta}_1 = \boldsymbol{\beta}_2 = \cdots = \boldsymbol{\beta}_b = \mathbf{0}$$
$$H_0 : \boldsymbol{\gamma}_{ij} = \mathbf{0},\ i = 1, 2, \cdots, a,\ j = 1, 2, \cdots, b$$

관측된 벡터 $\boldsymbol{X}_{ijk}$는 다음과 같이 분해될 수 있다.

$$X_{ijk} = \overline{X} + (\overline{X}_{i\cdot} - \overline{X}) + (\overline{X}_{\cdot j} - \overline{X}) + (\overline{X}_{ij} - \overline{X}_{i\cdot} - \overline{X}_{\cdot j} + \overline{X}) + (X_{ijk} - \overline{X}_{ij})$$

$\overline{X}$: 전체평균 벡터

$\overline{X}_{i\cdot} - \overline{X}$: 인자 1의 처리효과 벡터

$\overline{X}_{\cdot j} - \overline{X}$: 인자 2의 처리효과 벡터

$\overline{X}_{ij} - \overline{X}_{i\cdot} - \overline{X}_{\cdot j} + \overline{X}$: 인자 1과 인자 2의 교호작용효과 벡터

$X_{ijk} - \overline{X}$: 잔차 벡터

여기서 $\hat{\boldsymbol{\mu}}=\overline{\boldsymbol{X}}$는 $\boldsymbol{\mu}$의 추정량, $\hat{\boldsymbol{\alpha}}_i=(\overline{\boldsymbol{X}}_{i\cdot}-\overline{\boldsymbol{X}})$는 $\boldsymbol{\alpha}_i$의 추정량, $\hat{\boldsymbol{\beta}}_i=(\overline{\boldsymbol{X}}_{\cdot j}-\overline{\boldsymbol{X}})$는 $\boldsymbol{\beta}_i$의 추정량, $\hat{\boldsymbol{\gamma}}_{ij}=(\overline{\boldsymbol{X}}_{ij}-\overline{\boldsymbol{X}}_{i\cdot}-\overline{\boldsymbol{X}}_{\cdot j}+\overline{\boldsymbol{X}})$는 $\boldsymbol{\gamma}_{ij}$의 추정량, $\hat{\boldsymbol{\varepsilon}}_{ijk}=(\boldsymbol{X}_{ijk}-\overline{\boldsymbol{X}}_{ij})$는 오차 $\boldsymbol{\varepsilon}_{ijk}$의 추정량이다.

관측값 벡터의 분해를 이용하면 산포를 나타내는 제곱합 및 교차곱(SSP) 행렬은 다음과 같이 분해할 수 있다.

$$\begin{aligned}
&\sum_{i=1}^{a}\sum_{j=1}^{b}\sum_{k=1}^{n}(\boldsymbol{X}_{ik}-\overline{\boldsymbol{X}})(\boldsymbol{X}_{ijk}-\overline{\boldsymbol{X}})' \\
&\quad=\sum_{i=1}^{a}bn(\overline{\boldsymbol{X}}_{i\cdot}-\overline{\boldsymbol{X}})(\overline{\boldsymbol{X}}_{i\cdot}-\overline{\boldsymbol{X}})'+\sum_{j=1}^{b}an(\overline{\boldsymbol{X}}_{\cdot j}-\overline{\boldsymbol{X}})(\overline{\boldsymbol{X}}_{\cdot j}-\overline{\boldsymbol{X}})' \\
&\quad+\sum_{i=1}^{a}\sum_{j=1}^{b}n(\overline{\boldsymbol{X}}_{ij}-\overline{\boldsymbol{X}}_{i\cdot}-\overline{\boldsymbol{X}}_{\cdot j}+\overline{\boldsymbol{X}})(\overline{\boldsymbol{X}}_{ij}-\overline{\boldsymbol{X}}_{i\cdot}-\overline{\boldsymbol{X}}_{\cdot j}+\overline{\boldsymbol{X}})' \\
&\quad+\sum_{i=1}^{a}\sum_{j=1}^{b}\sum_{k=1}^{n}(\boldsymbol{X}_{ijk}-\overline{\boldsymbol{X}}_{ij})(\boldsymbol{X}_{ijk}-\overline{\boldsymbol{X}}_{ij})'
\end{aligned}$$

:: 표 7-8 Two-Way MANOVA table

요인	제곱합과 교차곱 행렬	자유도
인자 1	$\text{SSP}_{\text{fac1}}=\sum_{i=1}^{a}bn(\overline{\boldsymbol{X}}_{i\cdot}-\overline{\boldsymbol{X}})(\overline{\boldsymbol{X}}_{i\cdot}-\overline{\boldsymbol{X}})'$	$a-1$
인자 2	$\text{SSP}_{\text{fac2}}=\sum_{j=1}^{b}an(\overline{\boldsymbol{X}}_{\cdot j}-\overline{\boldsymbol{X}})(\overline{\boldsymbol{X}}_{\cdot j}-\overline{\boldsymbol{X}})'$	$b-1$
교호작용	$\text{SSP}_{\text{int}}=\sum_{i=1}^{a}\sum_{j=1}^{b}n(\overline{\boldsymbol{X}}_{ij}-\overline{\boldsymbol{X}}_{i\cdot}-\overline{\boldsymbol{X}}_{\cdot j}+\overline{\boldsymbol{X}})(\overline{\boldsymbol{X}}_{ij}-\overline{\boldsymbol{X}}_{i\cdot}-\overline{\boldsymbol{X}}_{\cdot j}+\overline{\boldsymbol{X}})'$	$(a-1)(b-1)$
잔차	$\text{SSP}_{\text{res}}=\sum_{i=1}^{a}\sum_{j=1}^{b}\sum_{k=1}^{n}(\boldsymbol{X}_{ijk}-\overline{\boldsymbol{X}}_{ij})(\boldsymbol{X}_{ijk}-\overline{\boldsymbol{X}}_{ij})'$	$ab(n-1)$
전체	$\text{SSP}_{\text{cor}}=\sum_{i=1}^{a}\sum_{j=1}^{b}\sum_{k=1}^{n}(\boldsymbol{X}_{ijk}-\overline{\boldsymbol{X}})(\boldsymbol{X}_{ijk}-\overline{\boldsymbol{X}})'$	$abn-1$

SSP_{fac1}은 인자 1의 제곱합 행렬, SSP_{fac2}는 인자 2의 제곱합 행렬, SSP_{int}는 인자 1과 인자 2의 교차곱 행렬, SSP_{res}는 잔차제곱합 행렬, SSP_{cor}는 전체평균에 의해 수정된 제곱합 행렬을 나타낸다.

Two-Way MANOVA의 검정통계량

인자들의 처리효과가 유의한지를 검정하기 위한 가설은 다음과 같다.

$$H_0 : \boldsymbol{\alpha}_1 = \boldsymbol{\alpha}_2 = \cdots = \boldsymbol{\alpha}_a = \mathbf{0}$$

$$H_0 : \boldsymbol{\beta}_1 = \boldsymbol{\beta}_2 = \cdots = \boldsymbol{\beta}_b = \mathbf{0}$$

$$H_0 : \boldsymbol{\gamma}_{ij} = \mathbf{0},\ i = 1, 2, \cdots, a,\ j = 1, 2, \cdots, b$$

네 가지 형태의 검정통계량 : 인자 1 처리효과 검정 예

$$\text{Wilks의 } \Lambda = \frac{\det(\text{SSP}_{\text{res}})}{\det(\text{SSP}_{\text{fac1}} + \text{SSP}_{\text{res}})}$$

$$\text{Pillai의 trace} : V = trace(\text{SSP}_{\text{fac1}}(\text{SSP}_{\text{fac1}} + \text{SSP}_{\text{res}})^{-1})$$

$$\text{Hotelling의 trace} : U = trace(\text{SSP}_{\text{res}}^{-1}\text{SSP}_{\text{fac1}})$$

$$\text{Roy의 최대근} : \text{SSP}_{\text{res}}^{-1}\text{SSP}_{\text{fac1}} \text{ 행렬의 최대 고유값 } \theta = \lambda_1$$

들이 근사적으로 F-분포를 따름을 이용하여 유의성검정을 실시한다.

범주형 자료분석

CHAPTER 8

분석하고자 하는 변수(또는 인자)의 관측값이 속성(범주)에 따라 분류되고, 각 범주에 속하는 빈도 또는 도수의 형태로 관측되는 자료를 범주형 자료(categorical data)라고 한다. 관측결과는 분석하고자 하는 인자의 개수가 하나인 경우는 빈도표(frequency table), 두 개 이상인 경우는 분할표(cross table)의 형태로 주어진다. 인자의 개수가 하나인 경우는 적합도검정, 인자의 개수가 두 개 이상인 경우는 인자들 사이의 연관성이 주 관심사이다. 인자의 개수가 두 개인 경우는 분할표를 이용하여 독립성 또는 동질성검정을 실행하고, 인자의 개수가 세 개 이상인 경우는 로그선형모형을 이용하여 인자들 사이의 연관성을 모형화한다.

적합도검정

빈도표로 나타낸 자료들이 이론적 또는 가정된 확률모형과 일치하는지를 알아보는 검정을 적합도검정(goodness of fit test)이라고 한다. 각 범주별 관측도수와 이론적인 기대도수가 비슷한 값을 갖는지를 알아본다.

분할표 : 독립성검정과 동질성검정

인자의 개수가 두 개이고 분할표의 형태로 자료가 주어진 경우 두 인자가 서로 독립인지 여부를 알아보는 검정을 독립성검정(test of independence)이라고 하며, 한 인자에 대하여 여러 부차모집단에서 확률모형이 같은지를 검정하는 문제를 동질성검정(test of homogeneity)이라고 한다. 관측값이 어떤 목적으로 수집되었는가에 따라 검정의 성격이 결정된다.

로그선형모형

인자의 개수가 세 개 이상인 범주형 자료는 다차원 분할표의 형태로 주어지며, 이런 경우는 분할표를 이용한 분석이 적절하지 않으므로 인자들 사이의 연관성을 분석하기 위해서는 로그선형모형(loglinear model)을 사용한다.

8.1 적합도검정

8.1.1 적합도검정 사용 예

《예제 8-1》

Data 디렉토리에 저장된 범주형 분석 시트의 'bean' 자료는 완두콩 교배실험 결과 자료이다. 이론적으로는 둥노(둥글고 노란색), 둥녹(둥글고 녹색), 모노(모나고 노란색)와 모녹(모나고 녹색)의 4가지 종류의 완두콩이 9:3:3:1의 비율로 나타난다고 한다. 관측된 자료를 이용하여 이 이론이 맞는지를 확인하기 위해 적합도검정을 실시한다. 적합도검정을 실행하기 위해

[통계분석] → [범주형 자료분석] → [적합도검정]

을 선택하면 적합도검정 대화상자가 나타난다.

그림 8-1 적합도검정 대화상자

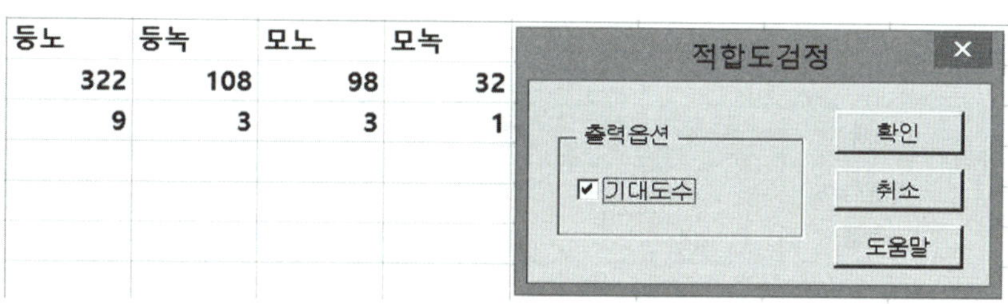

첫 번째 행에는 범주 이름, 두 번째 행에는 관측도수, 세 번째 행에는 이론에 의한 비율을 입력한다. 비율은 합계가 1일 필요는 없다. 기대도수를 출력하기를 원하면 [출력옵션] 프레임에서 [기대도수] 확인란을 선택한다.

각 범주에 대한 관측도수와 기대도수가 분할표 형식으로 출력되고, 카이제곱 통계량의 값과 유의확률이 출력된다. 유의확률이 0.8097이므로 완두콩의 형태가 9:3:3:1이라는 비율을 따른다는 멘델의 이론이 어긋난다고 할 근거가 없다.

그림 8-2 적합도검정 결과

적합도검정

도수표

	둥노	둥녹	모노	모녹
관측도수	322	108	98	32
기대도수	315	105	105	35

카이제곱 통계량 : 0.9651
유의확률 : 0.8097

8.1.2 이론적 배경

범주형 자료가 〈표 8-1〉과 같이 빈도표의 형태로 주어지는 경우, 귀무가설 하의 이론적 확률모형에 의해 각 범주의 확률이 주어지면 이를 이용하여 각 범주별 기대도수(expected frequency)를 구한다. 관측도수(observed frequency)와 기대도수의 차를 이용하여 가정된 확률모형의 적합 여부를 검정한다.

:: 표 8-1 범주형 자료의 빈도표

범주	1	2	…	k	계
관측도수	n_1	n_2	…	n_k	n
확률	p_1	p_2	…	p_k	1

귀무가설과 검정법

이론적인 확률모형에 의한 각 범주별 확률, 즉 i번째 속성의 확률을 p_i라고 하면 검정하고자 하는 귀무가설은 다음과 같다.

$$H_0 : p_1 = p_{10},\ p_2 = p_{20},\ \cdots,\ p_k = p_{k0}$$

귀무가설 H_0 하에서 기대도수는 $m_i = np_{i0}$이고 관측도수를 n_i라고 할 때, 귀무가설이 옳다면 m_i와 n_i가 비슷한 값을 가질 것이므로 다음과 같은 검정통계량을 이용한다.

$$\chi_0^2 = \sum_{i=1}^{k} \frac{(n_i - m_i)^2}{m_i}$$

귀무가설 하에서 χ_0^2는 자유도가 $k-1$인 카이제곱분포를 따르므로 유의확률 p는 다음과 같다.

$$p = P(\chi^2 \geq \chi_0^2)$$

유의확률값이 유의수준 α보다 작으면 귀무가설을 기각하고 관측된 자료가 가정된 확률모형을 따르지 않는다고 판단한다.

8.2 분할표

분할표 형식으로 주어진 자료를 이용하여 독립성검정이나 동질성검정을 시행한다.

8.2.1 분할표 사용 예

《예제 8-2》

Data 디렉토리에 저장된 범주형 분석 시트의 '성적' 자료는 남녀 학생의 과목 선호도를 조사한 결과이다. 성별에 따라 과목의 선호도가 다른지를 알아보려면 동질성검정을 실시한다. 동질성검정을 시행하기 위해

[통계분석] → [범주형 자료분석] → [분할표]

를 선택하면 분할표검정 대화상자가 나타난다. 독립성검정의 경우도 동일하다.

그림 8-3 **분할표 대화상자**

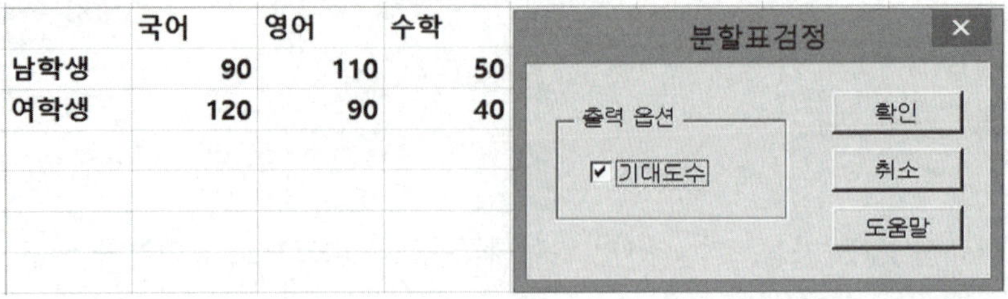

분할표에서는 자료를 [그림 8-3]과 같은 형태로 입력한다. 교재에서 볼 수 있는 형태이다. 디폴트로 각 셀의 기대도수가 출력된다. 출력을 원하지 않으면 [출력 옵션] 프레임에서 [기대도수] 확인란을 선택하여 해제한다.

분할표의 각 칸에 대한 관측도수와 기대도수가 표로 출력되고 검정통계량의 값과 유의확률이 출력된다. 동질성검정의 유의확률이 0.0248이므로 유의수준 0.05에서 남녀 학생의 과목 선호도가 다르다고 판단한다.

그림 8-4 **동질성검정 결과**

분할표검정

분할표

	국어	영어	수학	계
남학생				
관측도수	90	110	50	250
기대도수	105	100	45	
여학생				
관측도수	120	90	40	250
기대도수	105	100	45	
계	210	200	90	500

카이제곱 통계량 : 7.3968
유의확률 : 0.02476

8.2.2 이론적 배경

〈표 8-2〉와 같이 인자 A와 인자 B의 속성에 따라 자료가 분할표의 형태로 얻어졌다고 하자. 동질성검정의 자료구조 특징은 인자 A의 각 부차모집단인 $A_1, \cdots, A_r$별로 빈도수 $n_1, \cdots, n_r$이 미리 정해진다는 것이며, 관심사는 'A의 각 부차모집단에서 인자 B의 확률모형이 동일한가?' 라는 것이다. 독립성검정의 경우는 전체 빈도수 n만이 미리 정해지며, 관심사는 '인자 A와 인자 B는 서로 독립인가?' 를 검정하는 것이다. 분할표에서 독립성검정과 동질성검정의 이론적 배경은 다르나 검정법은 같다.

:: 표 8-2 $r \times c$ 분할표

인자 B / 인자 A	B_1	B_2	…	B_c	계
A_1	n_{11}	n_{12}	…	n_{1c}	$n_{1\cdot}$
A_2	n_{21}	n_{22}	…	n_{2c}	$n_{2\cdot}$
⋮	⋮	⋮	⋮	⋮	⋮
A_r	n_{r1}	n_{r2}	…	n_{rc}	$n_{r\cdot}$
계	$n_{\cdot 1}$	$n_{\cdot 2}$	…	$n_{\cdot c}$	n

귀무가설과 검정법

분할표에서 관심이 있는 귀무가설과 검정통계량은 다음과 같다.

① 동질성검정

각 부차모집단의 확률모형이 $(p_{i1}, p_{i2}, \cdots, p_{ic})$, $i = 1, \cdots, r$이라고 하면 동질성검정의 귀무가설은 다음과 같다.

$$H_0 : (p_{11}, \cdots, p_{1c}) = \cdots = (p_{r1}, \cdots, p_{rc}) = (p_1, \cdots, p_c)$$

귀무가설 하에서 p_j의 추정량은 $\hat{p}_j = n_{\cdot j}/n$이므로 (i, j)칸의 기대도수는 $m_{ij} = n_{i\cdot}\hat{p}_j = n_{i\cdot}n_{\cdot j}/n$이고 관측도수는 n_{ij}이다. 따라서 검정통계량은

$$\chi_0^2 = \Sigma \frac{(n_{ij} - m_{ij})^2}{m_{ij}} = \sum_i \sum_j \frac{(n_{ij} - n_{i\cdot} n_{\cdot j}/n)^2}{n_{i\cdot} n_{\cdot j}/n}$$

이 된다. χ_0^2는 피어슨의 카이제곱 통계량(Pearson' s χ^2 statistic)이라고 부르며 귀무가설 하에서 자유도가 $(r-1)(c-1)$인 χ^2 분포를 따르므로 χ_0^2를 이용한 검정법을 χ^2-검정법이라고 한다. χ^2-검정의 유의확률 p는 다음과 같다.

$$p = P(\chi^2 \geq \chi_0^2)$$

유의확률이 유의수준 α보다 작으면 귀무가설을 기각하고 각 부차모집단의 확률모형은 같지 않다고 판단한다.

피어슨의 χ^2 검정법과 함께 많이 사용되는 검정법으로는 가능도비 통계량(likelihood-ratio statistic) G^2를 이용한 검정법을 들 수 있다. 가능도비 통계량은

$$G^2 = 2\,\Sigma n_{ij} \log\left(\frac{n_{ij}}{m_{ij}}\right)$$

이며, 귀무가설 하에서 근사적으로 자유도가 $(r-1)(c-1)$인 χ^2 분포를 따르며 검정법은 피어슨의 χ^2-검정법과 같다.

② 독립성검정

두 범주형 변수 사이의 연관성을 알아보기 위해 사용하는 방법이 독립성검정이다. (i, j)칸의 관측도수 n_{ij}는 전체 빈도수 n만이 미리 결정되므로 표본의 크기가 n이고 확률이 p_{ij}인 다항분포를 따른다. 변수 A와 변수 B가 서로 독립이라는 귀무가설 하에서 (i, j)칸의 확률은

$$\begin{aligned} p_{ij} &= P(\text{변수 A의 범주는 } i\text{이고 변수 B의 범주는 } j) \\ &= P(\text{변수 A의 범주는 } i)\ P(\text{변수 B의 범주는 } j) \\ &= p_{i\cdot}\, p_{\cdot j} \end{aligned}$$

이므로 (i, j)칸의 기대도수는

$$m_{ij} = np_{ij} = np_{i\cdot}\, p_{\cdot j} = n_{i\cdot}\, n_{\cdot j} / n$$

가 되어 동질성검정의 경우와 동일하다. 따라서 검정법도 동일하다.

8.3 로그선형모형

8.3.1 로그선형모형 사용 예

《예제 8-3》

Data 디렉토리에 저장된 범주형 분석 시트의 'loglinear' 자료는 Wakeley(1954)가 소나무 묘목의 종류(long leaf와 slash leaf), 심는 깊이(too high와 too low)에 따라 생존율이 다른지를 알아보기 위해 사용한 자료이다. 변수의 개수가 세 개이므로 독립성검정이나 동질성검정 등은 이용할 수 없고 로그선형모형을 통해 변수들 사이의 연관성을 알아보게 된다.

:: 표 8-3 묘목의 사망률 자료

	묘목					
	long leaf			slash leaf		
심는 깊이(depth)	dead	survive	합계	dead	survive	합계
high	41	59	100	12	88	100
low	11	89	100	5	95	100
합계	52	148	200	17	183	200

로그선형모형을 적합하기 위해

[통계분석] → [범주형 자료분석] → [로그선형모형]

을 선택하면 로그선형모형 대화상자가 나타난다. 자료의 입력 형태에 따라 표준입력과 고급입력 메뉴 중에서 하나를 선택하는데 디폴트는 표준입력이다.

'loglinear(표준)' 시트의 자료는 첫 번째 행에는 변수, 두 번째 행부터는 각 변수들의 관측값들이 입력되어 있다. 이런 형태를 표준입력 형태라고 한다. 대화상자의 선택변수 창에서 count를 선택한 후 →를 눌러 발생횟수 창으로 보내고 depth, leaf와 surv 변수는 요인 창으로 보낸다. depth 변수의 범주는 high는 1, low는 2로, leaf 변수의 범주는 long leaf은 1, slash leaf은 2로, surv변수의 범주는 dead는 1, survive는 2를 사용하기로 한다.

그림 8-5 로그선형모형 표준입력 대화상자

depth	leaf	surv	count
1	1	1	41
1	1	2	59
1	2	1	12
1	2	2	88
2	1	1	11
2	1	2	89
2	2	1	5
2	2	2	95

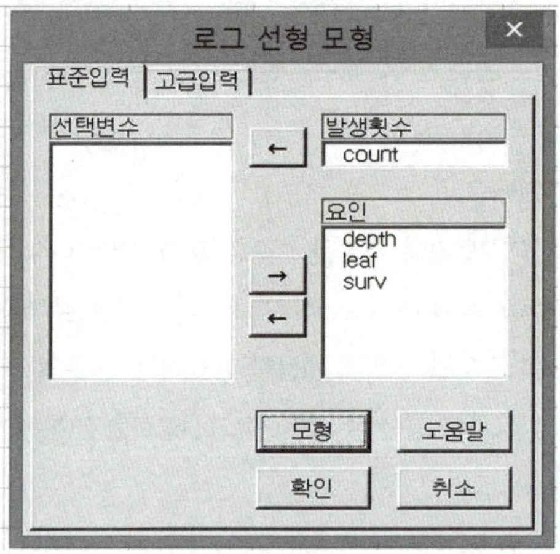

'loglinear(고급)' 시트의 자료는 첫 번째 행에는 인자명, 두 번째 행부터는 관측값들이 차례로 입력되어 있다, 교재에서 볼 수 있는 자료의 형태이며 이런 형태를 고급입력 형태라고 한다. 선택변수 창에서 depth, leaf, surv 변수를 선택한 후 →를 눌러 인자 창으로 보낸다. [출력옵션] 프레임의 [요약표] 확인란을 체크하면 요약표가 출력된다.

그림 8-6 로그선형모형 고급입력 대화상자

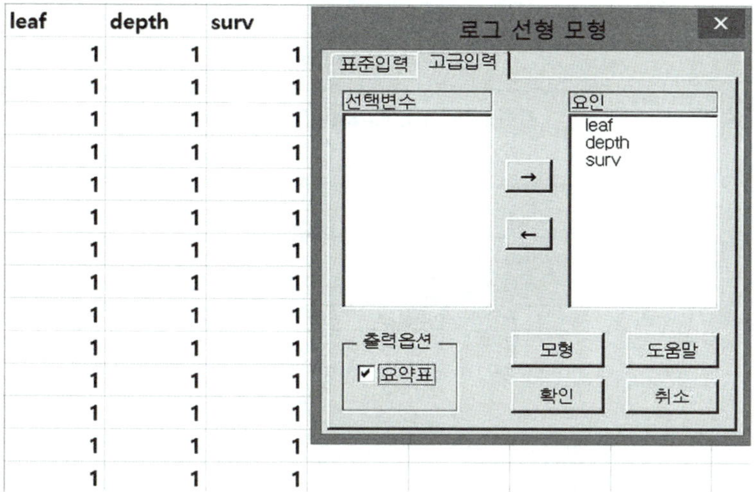

[모형]을 누르면 모형설정 대화상자가 나타나고 모형에 포함시키고자 하는 항들을 선택할 수 있다. 디폴트는 모든 요인들의 주효과와 교호작용효과가 포함된 포화모형(saturated model)이다. 유의하지 않은 항을 선택한 후 [제거]를 누르면 모형에서 제외된다. 모형이 설정되면 [확인]을 눌러 대화상자로 돌아간다.

그림 8-7 모형설정 대화상자

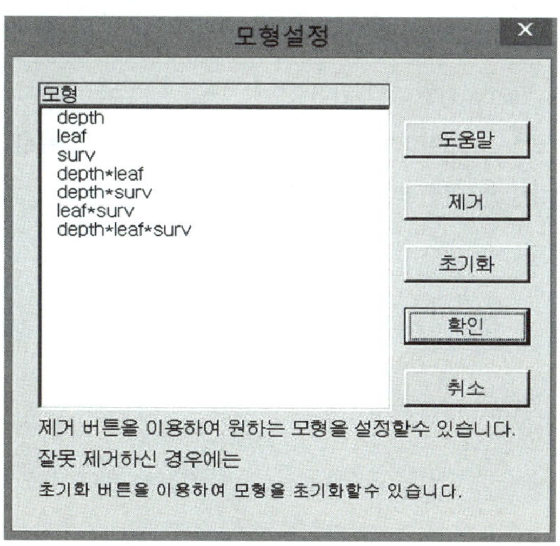

[확인]을 누르면 모수 추정값과 적합도검정 결과가 출력된다. 묘목을 심는 깊이를 D, 묘목의 종류를 L, 생존 여부를 S라고 하면 포화모형은 계층적구조를 가정한 경우 [D|L|S]와 같이 나타낼 수 있다.

그림 8-8 포화모형 [D|L|S] 모형 적합 결과

로그선형모형분석 결과

모수 추정값

요인	추정값	표준편차	t-통계량	유의확률
절편	3.4754	0.0837	41.5062	0
depth1	0.2129	0.0837	2.5431	0.011
leaf1	0.194	0.0837	2.317	0.0205
surv1	-0.9239	0.0837	-11.0346	0
depth1*leaf1	0.0132	0.0837	0.1577	0.8747
depth1*surv1	0.3348	0.0837	3.999	0.0001
leaf1*surv1	0.3103	0.0837	3.7055	0.0002
depth1*leaf1*surv1	0.0968	0.0837	1.1566	0.2474

적합도 검정

	값	자유도	유의확률
LR test	236.7549	7	0
Deviance	0	0	0
Pearson	0	0	0
-2Log가능도	42.58095		
AIC	58.58095		

포화모형의 하위모형은 3인자 교호작용효과를 모형에서 제외한 모형으로 모든 2인자 교호작용효과를 포함한 모형이며 [D|L D|S L|S]와 같이 나타낼 수 있다. 이 모형의 deviance $G^2 = 1.284$이며 유의확률은 0.2572이므로 자료를 잘 설명하고 있다. 참고로 $G^2 = 1.284 < \chi^2_{0.05}(1) = 3.84$이다.

3인자 교호작용이 제거된 [D|L D|S L|S] 모형의 적합 결과

그림 8-9

로그선형모형분석 결과

모수 추정값

요인	추정값	표준편차	t-통계량	유의확률
절편	3.4554	0.0859	40.2417	0
depth1	0.2566	0.0774	3.3133	0.0009
leaf1	0.2404	0.0762	3.1563	0.0016
surv1	-0.9457	0.0854	-11.0719	0
depth1*leaf1	-0.0635	0.0531	-1.1949	0.2321
depth1*surv1	0.376	0.0787	4.7802	0
leaf1*surv1	0.3541	0.0775	4.5679	0

적합도 검정

	값	자유도	유의확률
LR test	235.4709	6	0
Deviance	1.284	1	0.2572
Pearson	1.3671	1	0.2423
-2Log가능도	43.86493		
AIC	57.86493		

[D|L D|S L|S] 모형의 하위모형은 3개의 2인자 교호작용효과 중 2개씩만 포함된 모형이며 각 모형의 약식 표현 및 G^2와 유의확률은 다음과 같다.

[D|L D|S]	25.0337	0
[D|L L|S]	27.7857	0
[D|S L|S]	2.7197	0.2567

따라서 [D|S L|S] 모형과의 G^2의 차이가 가장 작고, 이 모형의 $G^2 = 2.7197$은 $\chi^2_{0.05}(1) = 3.84$보다 작아 유의확률이 0.2567이므로 축소가 가능하다.

그림 8-10 [D|L D|S] 모형 적합 결과

로그선형모형분석 결과

모수 추정값

요인	추정값	표준편차	t-통계량	유의확률
절편	3.5439	0.0765	46.3333	0
depth1	0.2433	0.0765	3.1809	0.0015
leaf1	0	0.05	0	1
surv1	-0.8656	0.0765	-11.3172	0
depth1*leaf1	0	0.05	0	1
depth1*surv1	0.3556	0.0765	4.6485	0

적합도 검정

	값	자유도	유의확률
LR test	211.7212	5	0
Deviance	25.0337	2	0
Pearson	24.0347	2	0
-2Log가능도	67.6147		
AIC	79.6147		

그림 8-11 [D|L L|S] 모형 적합 결과

로그선형모형분석 결과

모수 추정값

요인	추정값	표준편차	t-통계량	유의확률
절편	3.5546	0.0751	47.3228	0
depth1	0	0.05	0	1
leaf1	0.2264	0.0751	3.0146	0.0026
surv1	-0.8556	0.0751	-11.39	0
depth1*leaf1	0	0.05	0	1
leaf1*surv1	0.3326	0.0751	4.4276	0

적합도 검정

	값	자유도	유의확률
LR test	208.9692	5	0
Deviance	27.7857	2	0
Pearson	26.5389	2	0
-2Log가능도	70.36665		
AIC	82.36665		

그림 8-12 [L|S D|S] 모형 적합 결과

로그선형모형분석 결과

모수 추정값

요인	추정값	표준편차	t-통계량	유의확률
절편	3.4667	0.0843	41.1019	0
depth1	0.2433	0.0765	3.1809	0.0015
leaf1	0.2264	0.0751	3.0146	0.0026
surv1	-0.9372	0.0843	-11.1112	0
depth1*surv1	0.3556	0.0765	4.6485	0
leaf1*surv1	0.3326	0.0751	4.4276	0

적합도 검정

	값	자유도	유의확률
LR test	234.0352	5	0
Deviance	2.7197	2	0.2567
Pearson	2.7314	2	0.2552
-2Log가능도	45.30065		
AIC	57.30065		

다음 단계로 [L|S D|S] 모형의 하위모형인 [D L|S]와 [L D|S] 모형의 G^2를 구하면 다음과 같다.

[D L|S]	27.7857	0
[L S|D]	25.0337	0

G^2의 차이가 모두 $\chi^2_{0.05}(1) = 3.84$보다 크므로 더 이상 축소할 수 없다. 따라서 [L|S D|S] 모형을 최종모형으로 선택한다. 즉 묘목을 심는 깊이(D)와 잎의 종류(L) 사이에는 연관 관계가 없으나 생존 여부(S)와 묘목을 심는 깊이(D)와 잎의 종류(L)는 연관성이 있음을 알 수 있다. 즉 묘목을 심는 깊이에 따라 생존 여부가 달라지고, 마찬가지로 잎의 종류에 따라 생존 여부가 달라진다.

그림 8-13 [D L|S] 모형과 [L D|S] 모형 적합 결과

로그선형모형분석 결과

모수 추정값

요인	추정값	표준편차	t-통계량	유의확률
절편	3.5546	0.0751	47.3228	0
depth1	0	0.05	0	1
leaf1	0.2264	0.0751	3.0146	0.0026
surv1	-0.8556	0.0751	-11.39	0
leaf1*surv1	0.3326	0.0751	4.4276	0

적합도 검정

	값	자유도	유의확률
LR test	208.9692	4	0
Deviance	27.7857	3	0
Pearson	26.5389	3	0
-2Log가능도	70.36665		
AIC	80.36665		

[D L|S] 모형 적합 결과

로그선형모형분석 결과

모수 추정값

요인	추정값	표준편차	t-통계량	유의확률
절편	3.5439	0.0765	46.3333	0
depth1	0.2433	0.0765	3.1809	0.0015
leaf1	0	0.05	0	1
surv1	-0.8656	0.0765	-11.3172	0
depth1*surv1	0.3556	0.0765	4.6485	0

적합도 검정

	값	자유도	유의확률
LR test	211.7212	4	0
Deviance	25.0337	3	0
Pearson	24.0347	3	0
-2Log가능도	67.6147		
AIC	77.6147		

[L D|S] 모형 적합 결과

그림 8-14 고급입력에 의한 로그선형모형의 출력결과와 요약표

로그선형모형분석 결과

모수 추정값

요인	추정값	표준편차	t-통계량	유의확률
절편	3.4754	0.0837	41.5062	0
depth1	0.2129	0.0837	2.5431	0.011
leaf1	0.194	0.0837	2.317	0.0205
surv1	-0.9239	0.0837	-11.0346	0
depth1*leaf1	0.0132	0.0837	0.1577	0.8747
depth1*surv1	0.3348	0.0837	3.999	0.0001
leaf1*surv1	0.3103	0.0837	3.7055	0.0002
depth1*leaf1*surv1	0.0968	0.0837	1.1566	0.2474

적합도 검정

	값	자유도	유의확률
LR test	236.7549	7	0
Deviance	0	0	0
Pearson	0	0	0
-2Log가능도	42.58095		
AIC	58.58095		

요약표

depth	leaf	surv	도수
1	1	1	41
1	1	2	59
1	2	1	12
1	2	2	88
2	1	1	11
2	1	2	89
2	2	1	5
2	2	2	95

8.3.2 이론적 배경

인자의 개수가 세 개 이상인 경우 분할표를 이용한 분석은 적절하지 않다. 이런 경우 **로그선형모형**을 이용하여 인자들 사이의 연관성을 분석한다. 2절에서 설명한 독립성검정에서는 두 인자 A와 B가 서로 독립이라는 귀무가설 하에서 각 칸의 기대도수를 다음과 같이 구하고 있다.

$$m_{ij} = np_{ij} = np_{i\cdot}\, p_{\cdot j} = n_{i\cdot}\, n_{\cdot j} / n$$

이 식의 양변에 로그를 취하면

$$\log m_{ij} = \log n_{i\cdot} + \log n_{\cdot j} - \log n$$

의 형태를 가지며 이를 다음과 같이 나타내 보자.

$$\log m_{ij} = \frac{1}{rc}\sum_{i=1}^{r}\sum_{j=1}^{c}\log m_{ij} + \left(\frac{1}{c}\sum_{j=1}^{c}\log m_{ij} - u\right) + \left(\frac{1}{r}\sum_{i=1}^{r}\log m_{ij} - u\right)$$

$$= u + u_{1(i)} + u_{2(j)}$$

$u = \frac{1}{rc}\sum_{i=1}^{r}\sum_{j=1}^{c}\log m_{ij}$: 전체효과

$u_{1(i)} = \frac{1}{c}\sum_{j=1}^{c}\log m_{ij} - u$: 인자 A의 i번째 범주의 효과

$u_{2(j)} = \frac{1}{r}\sum_{i=1}^{r}\log m_{ij} - u$: 인자 B의 j번째 범주의 효과

여기서 $\sum_{i=1}^{r} u_{1(i)} = \sum_{j=1}^{c} u_{2(j)} = 0$을 만족한다. 이와 같은 모형을 두 인자 A와 B의 로그선형모형이라고 한다. 위의 모형에서는 두 인자가 서로 독립이므로 각 인자의 주효과만 존재하며, **독립모형**(independent model)이라고 한다. 만약 두 인자가 독립이 아니라면 두 인자 사이에 교호작용(interaction)이 존재하므로 교호작용효과 $u_{12(ij)}$를 추가하여

$$\log m_{ij} = u + u_{1(i)} + u_{2(j)} + u_{12(ij)}$$

와 같이 나타낼 수 있다. 여기서 $\sum_{i=1}^{r} u_{12(ij)} = \sum_{j=1}^{c} u_{12(ij)} = 0$을 만족한다. 2차원 분할표에서는 이런 모형을 **포화모형**(saturated model)이라고 한다. 이 외에도 다음과 같은 모형을 고려할 수 있다.

$\log m_{ij} = u + u_{1(i)}$: 인자 A의 주효과만 있는 모형

$\log m_{ij} = u + u_{2(j)}$: 인자 B의 주효과만 있는 모형

$\log m_{ij} = u$: 주효과가 없는 모형

인자가 3개인 경우의 자료구조가 다음과 같으며

:: 표 8-4 인자가 3개인 경우의 자료구조

인자 A	인자 B	인자 C	Count
A_1	B_1	C_1	n_{111}
A_1	B_1	C_2	n_{112}
A_1	B_2	C_1	n_{121}
A_1	B_2	C_2	n_{122}
A_2	B_1	C_1	n_{211}
A_2	B_1	C_2	n_{212}
A_2	B_2	C_1	n_{221}
A_2	B_2	C_2	n_{222}

인자들 사이의 연관성을 알아보기 위한 포화모형은 다음과 같다.

$$\log m_{ijk} = u + u_{1(i)} + u_{2(j)} + u_{3(k)} + u_{12(ij)} + u_{13(ik)} + u_{23(jk)} + u_{123(ijk)}$$

3인자들이 모두 독립이라면 포화모형에서 교호작용효과들 $u_{12(ij)}$, $u_{13(ik)}$, $u_{23(jk)}$, $u_{123(ijk)}$는 모두 0이 될 것이다.

계층적구조

자료에 적합한 로그선형모형을 표현하기 위해서는 계층적구조(hierachical structure)를 가정하고 다음과 같은 약식 표현을 이용한다. 3인자를 A, B, C라고 하면 포화모형은 [A|B|C]와 같이 나타낸다. 만약 3인자 교호작용효과 $u_{123(ijk)}=0$이라면 2인자 교호작용효과들은 존재할 것이므로 [A|B A|C B|C]와 같이 나타낸다. 만약 B와 C의 교호작용이 존재하지 않는다면 [A|B A|C]와 같이 나타낼 수 있으며 대응되는 모형의 형태는 다음과 같다.

$$\log m_{ijk} = u + u_{1(i)} + u_{2(j)} + u_{3(k)} + u_{12(ij)} + u_{13(ik)}$$

계층적구조란 만약 한 인자의 주효과가 존재하지 않는다면 이 인자의 하위 교호작용효과도 모두 존재하지 않는다는 것을 의미한다. 예를 들어, 인자 B의 주효과 $u_{2(j)}$가 모형에 포함되지 않는다면 B를 포함하는 모든 하위 효과인 $u_{12(ij)}$, $u_{23(jk)}$, $u_{123(ijk)}$도 모형에 포함되지 않는다는 것이다. 이러한 계층적구조를 가정해야 막대기호(|)을 이용한 약식 표현이 가능하고 또한 단계별 모형 선택도 가능하기 때문이다. 다음과 같은 형태의 모형은 계층적구조가 아니다.

$$\log m_{ij} = u + u_{1(i)} + u_{2(j)} + u_{13(ik)}$$

적합도검정

주어진 자료를 가장 잘 설명하는 모형을 찾기 위해서는 적합하고자 하는 모형 하에서 각 칸의 기대도수를 구한 후 2절에서 설명한 피어슨의 카이제곱통계량(χ^2) 또는 가능도비 통계량(G^2)을 구한다. 이 통계량들은 모형이 잘 적합된다면 근사적으로 카이제곱분포를 따르므로 이를 이용하여 카이제곱 검정을 시행한다. 이와 같은 검정을 **적합도검정**(goodness of fit test)이라고 하며, 자유도는

$$\text{자유도} = \text{칸의 수}(\#\text{ of cells}) - \text{적합한 모형에서 추정된 모수의 개수}$$

에 의해 구한다. 따라서 독립모형의 경우는 $rc-[(r-1)+(c-1)+1]$이 되고, 포화모형의 경우는 자유도가 $rc-[(r-1)+(c-1)+1+(r-1)(c-1)]=0$이 된다. 참고로 포화모형의 χ^2 통계량의 값은 0이다. χ^2-분포를 이용한 적합성 검정의 유의확률은 다음과 같다.

$$\chi^2 \sim \chi^2(df)\text{일 때 } P(\chi^2 \geq \chi_0^2)\text{의 값}$$

이 값이 크면 적합한 모형이 자료를 잘 설명하고 있음을 의미한다.

모형선택

로그선형모형에서 가능도비 통계량 G^2을 이용하여 모형을 선택하는 방법으로는 전진선택(forward selection), 후진제거(backward elimination)와 단계별 선택(stepwise selection) 등이 있다. 후진제거법에 의해 모형을 선택하는 방법은 다음과 같다.

모형 ①의 가능도비 통계량 G^2(①)의 유의확률이 유의수준보다 크면 모형 ①이 잘 적합함을 의미한다. 이제 모형 ②로의 축소가 가능한지 검정하기 위해 두 모형의 G^2의 차이가 유의한지를 이용한다. 즉

$$G^2(②) - G^2(①) < \chi_\alpha^2(df),\ df = \text{모형 ②의 자유도} - \text{모형 ①의 자유도}$$

가 성립하면 모형 ①에서 모형 ②로의 축소가 가능함을 의미한다. 즉 가능도비 통계량의 차이 G^2(②) $-$ G^2(①)이 유의하지 않으므로 모형 ①에서 모형 ②로의 축소가 가능하다. 다음 단계로

$$G^2(②) < \chi_\alpha^2(df),\ df = \text{모형 ②의 자유도}$$

를 만족하면, 모형 ②의 유의확률이 유의수준 α보다 커서 모형 ②가 적합함을

의미한다. 만약 G^2(②)의 유의확률이 유의수준 α보다 작으면 모형 ②는 적합이 안 되므로 모형 ①을 최종모형으로 선택한다. 축소 가능한 모형이 여러 개 있는 경우 이 중에서 G^2의 차이가 가장 작은 모형을 모형 ②로 선택한다. 위의 과정을 최종모형이 선택될 때까지 반복한다.

비모수분석

CHAPTER 9

모집단의 비교를 위해 사용되는 t-검정과 F-검정은 모집단이 정규분포를 따른다는 가정 하에 유도된 검정법들이다. 만약 모집단의 분포가 정규분포와 많이 다르다면 추정된 신뢰구간의 신뢰계수가 $1-\alpha$가 되지 않고, 검정에서는 유의수준 α를 만족하지 못하고 검정력이 떨어지는 것이 보통이다.

비모수(nonparametric)분석은 모집단의 분포함수와 무관하게 원하는 신뢰계수와 유의수준을 만족시킬 수 있는 추정법과 검정법으로 모집단 분포의 연속성과 대칭성 정도의 가정만 필요로 한다. 일반적으로 관측값 대신 관측값의 부호(sign)과 순위(rank)를 이용하므로 정보량의 손실로 인해 효율이 떨어지나, 모집단의 분포가 정규분포와 심하게 차이가 나면 정규이론에 근거한 방법보다 효율이 높아진다.

9.1 일표본 위치문제

모집단의 중심위치를 나타내는 모수로는 모평균이 많이 사용된다. 비모수적 방법에서는 중심위치를 나타내는 모수를 **위치모수**(location parameter)라고 하며 모평균을 의미하는 μ 대신에 θ를 사용한다.

9.1.1 일표본 비모수검정 예

《예제 9-1》

Data 디렉토리에 저장된 비모수검정 시트 중 전구의 '수명' 자료를 이용하여 일표본 비모수검정을 시행해 보자. 어느 공장에서 생산되는 전구의 평균수명이 1500시간이라는 주장을 확인하기 위해 16개의 시료를 추출하여 가속실험을 한 결과 얻은 자료이다. 평균수명이 1500시간 미만이라는 근거가 있는지 알아보자. 일표본 비모수검정을 실행하기 위해

[통계분석] → [비모수분석] → [일표본 위치문제]

를 선택하면 일표본 비모수검정 대화상자가 나타난다.

일표본 비모수검정 대화상자

그림 9-1

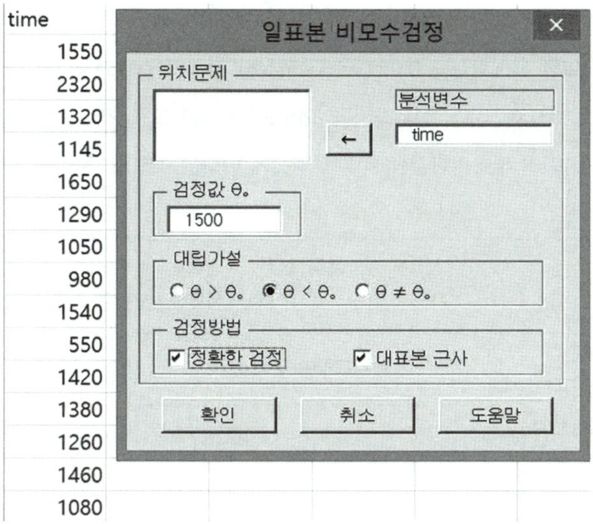

위치문제 창에서 분석하고자 하는 time 변수를 선택한 후 →를 눌러 오른쪽의 분석변수 창으로 보낸다. [검정값 θ_0] 입력란에는 귀무가설 하에서의 검정값 1500을 입력하고(디

일표본 위치문제 분석 결과

그림 9-2

비모수 분석 결과

일표본 위치문제

변수명	개수	평균	표준편차
x	15	1333	388.6782

x	x - θ。	부호	절대순위
1550	50	1	3
2320	820	1	14
1320	-180	-1	7
1145	-355	-1	10
1650	150	1	6
1290	-210	-1	8
1050	-450	-1	12
980	-520	-1	13
1540	40	1	1.5
550	-950	-1	15
1420	-80	-1	4
1380	-120	-1	5
1260	-240	-1	9
1460	-40	-1	1.5
1080	-420	-1	11

H0 : θ=θ。 vs. H1 : θ<θ。 (θ。 : 1500)

정확한 검정	통계량	유의확률
부호검정	4	0.0592
부호순위검정	24.5	0.0206

대표본 근사	통계량	유의확률
부호검정	-1.8074	0.0354
부호순위검정	-2.0167	0.0219

사용자의 편의를 위해서 t-검정 결과도 출력한다.

t-통계량	자유도	유의확률
-1.6641	14	0.0592

폴트값은 0이다) [대립가설] 프레임에서는 대립가설로 $\theta < \theta_0$를 선택한다. [검정방법] 프레임에서 [정확한 검정] 확인란과 [대표본 근사] 확인란를 선택하여 두 검정의 결과를 비교해 보기로 한다. 부호순위검정의 유의확률은 0.0206으로 매우 유의함을 알 수 있다. 대표본 근사에 의한 유의확률도 0.0219로서 정확한 검정의 결과와 유사하다. 반면에 t-검정의 유의확률은 0.0592이다. 상자그림을 그려보면 이상점으로 의심되는 자료 2320이 있어 t-검정의 검정력이 부호순위검정에 비해 약하게 나타난 것으로 판단된다.

그림 9-3 상자그림

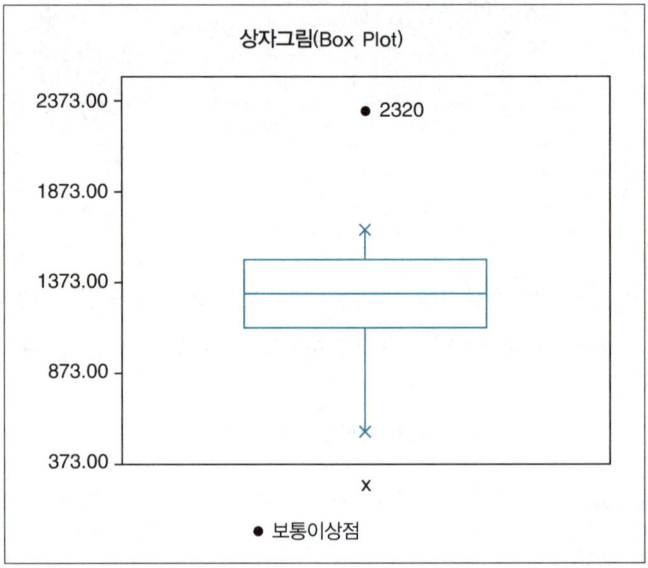

9.1.2 이론적 배경

관측값 $x_1, x_2, \cdots, x_n$이 연속인 분포 $F(x-\theta)$로부터의 임의표본이라고 하자. 위치모수 θ에 대한 검정을 시행하는 비모수적 검정법으로는 부호검정과 윌콕슨의 부호순위검정이 있다.

부호검정과 윌콕슨 부호순위검정에서는 부호정보를 사용하는데 귀무가설 하에서의 중심위치와 동일한 값을 갖는 관측값은 부호정보를 사용할 수 없기 때문에 분석에서 제외한다.

A. 부호 검정

부호검정(sign test)은 관측값과 귀무가설 하에서의 위치모수와의 차의 부호를 이용한 검정법이다. θ를 모집단의 중앙값(median)이라 하면 관측값 x가 θ보다 클 확률이나 작을 확률이 모두 1/2이 되므로 이항분포를 이용한 검정법이다. 검정하고자 하는 귀무가설이

$$H_0 : \theta = \theta_0$$

라고 하자. 부호를 이용한 부호검정통계량은

$$B = \text{“}\theta_0\text{보다 큰 관측값의 개수”}$$

로 정의된다. 귀무가설 하에서 B는 이항분포 $B(n,\ 1/2)$을 따르며, $b_\alpha(n)$은 이항분포에서 오른쪽 꼬리의 확률이 α가 되는 점으로 다음과 같이 정의된다.

$$P(B \geq b_\alpha(n)) = \alpha$$

유의수준 α에서 검정통계량 B-값을 이용하여 귀무가설을 기각하는 기각역은 다음과 같이 대립가설에 따라 결정된다.

① $H_1 : \theta > \theta_0$일 때, $B \geq b_\alpha(n)$
② $H_1 : \theta < \theta_0$일 때, $B < b_{1-\alpha}(n)$
③ $H_1 : \theta \neq \theta_0$일 때, $B \geq b_{\alpha/2}(n)$ 또는 $B < b_{1-\alpha/2}(n)$

또는 다음과 같이 검정통계량의 값이 b일 때 다음과 같이 유의확률을 구한 후

① $H_1 : \theta > \theta_0$일 때, $P(B \geq b)$

② $H_1 : \theta < \theta_0$일 때, $P(B < b)$

③ $H_1 : \theta \neq \theta_0$일 때, $2P(B \geq b)$ 또는 $2P(B < b)$

유의수준 α보다 작으면 귀무가설을 기각한다.

귀무가설 하에서 부호검정의 분포는 모집단의 분포와 무관하게 이항분포를 따르므로 분포무관 검정(distribution-free test)이라고 한다. 표본크기가 충분히 클 때에는 ($p = 1/2$인 경우이므로, $n \geq 10$일 때) 이항분포의 정규근사를 이용한다. 즉

$$Z = \frac{B - n/2}{\sqrt{n/4}}$$

은 귀무가설 하에서 근사적으로 표준정규분포를 따름을 이용하여 Z-검정을 시행한다.

B. 윌콕슨 부호순위 검정

자료들이 '연속'이고 '대칭'인 분포 $F(x - \theta)$에서의 랜덤표본이고 귀무가설이 참이면

$$x_1 - \theta_0,\ x_2 - \theta_0,\ \cdots,\ x_n - \theta_0$$

는 0에 대하여 대칭인 분포를 따른다. θ_0에서 각 데이터까지 거리와 상대적인 크기를 나타내는 절대값들의 순위, 즉 절대순위(absolute rank)를 이용한 검정법이다. $x_i - \theta_0$의 절대순위는

$$\{|x_1 - \theta_0|,\ |x_2 - \theta_0|,\ \cdots,\ |x_n - \theta_0|\}$$

에서 $|x_i - \theta_0|$의 순위로 정의되며, 윌콕슨 부호순위 통계량(Wilcoxon signed rank statistic)은 다음과 같이 절대순위를 이용하여 정의된다.

$$W^+ = \text{양의 } x_i - \theta_0 \text{에 대한 절대순위의 합}$$

검정하고자 하는 귀무가설이

$$H_0 : \theta = \theta_0$$

라면 귀무가설 H_0 하에서 각 x_i들은 θ_0에 대해 대칭이므로 $|x_i - \theta_0|$의 순위는 균등분포(uniform distribution)를 따르며, $x_i - \theta_0$가 양수일 확률과 음수일 확률은 각각 1/2이다. 따라서 윌콕슨 부호순위검정은 모집단의 분포 F와 무관하므로 분포무관 검정법이다.

유의수준 α에서 검정통계량 W^+–값을 이용하여 귀무가설을 기각하는 기각역은 다음과 같이 대립가설에 따라 결정된다.

① $H_1 : \theta > \theta_0$일 때, $W^+ \geq w_\alpha^+(n)$
② $H_1 : \theta < \theta_0$일 때, $W^+ \leq w_\alpha^{+*}(n)$
③ $H_1 : \theta \neq \theta_0$일 때, $W^+ \geq w_{\alpha/2}^+(n)$ 또는 $W^+ \leq w_{\alpha/2}^{+*}(n)$

또는 다음과 같이 유의확률을 구한 후

① $H_1 : \theta > \theta_0$일 때, $P(W^+ \geq w^+)$
② $H_1 : \theta < \theta_0$일 때, $P(W^+ \leq w^{+*})$
③ $H_1 : \theta \neq \theta_0$일 때, $2P(W^+ \geq w^+)$ 또는 $2P(W^+ \leq w^{+*})$

유의수준 α보다 작으면 귀무가설을 기각한다.

표본크기 n이 충분히 큰 경우에는 표준화된 통계량이 근사적으로 정규분포를 따름을 이용한다. 귀무가설 하에서의 통계량의 평균과 분산은 각각 다음

과 같으므로

$$E_0(W^+) = \frac{n(n+1)}{4},\ Var_0(W^+) = \frac{n(n+1)(2n+1)}{24}$$

표준화된 통계량은 다음과 같다.

$$Z = \frac{W^+ - E_0(W^+)}{\sqrt{Var_0(W^+)}} = \frac{W^+ - \frac{n(n+1)}{4}}{\sqrt{\frac{n(n+1)(2n+1)}{24}}}$$

귀무가설 하에서 Z-통계량은 근사적으로 표준정규분포를 따름을 이용하여 Z-검정을 시행한다.

[참고]

KESS에서는 '정확한 검정'은 표본크기가 15까지만 검정이 가능하고, 표본의 크기가 15를 넘으면 '대표본 근사'를 이용해야 한다.

9.2 이표본 위치문제

$x_1, x_2, \cdots, x_m$과 $y_1, y_2, \cdots, y_n$이 두 모집단에서의 임의표본이라고 할 때, 두 모집단의 분포를 모르는 경우 두 위치모수에 대한 추론을 다루는 비모수적 방법에 대해 알아보자.

9.2.1 이표본 비모수검정 예

《예제 9-2》

Data 디렉토리에 저장된 비모수검정 시트 중 '체중' 자료를 이용하여 이표본 비모수검정을 시행해 보자. A, B 두 식이요법의 효과를 비교하기 위해 10명을 랜덤하게 두 그룹으로 나누어 식이요법을 적용하고 일정 기간 후에 체중감소량을 측정하였다. A가 B보다

효과적이라고 할 수 있는가 알아보자. 이표본 비모수검정을 실행하기 위해

[통계분석] → [비모수분석] → [이표본 위치문제]

를 선택하면 이표본 비모수검정 대화상자가 나타난다.

자료의 입력형태에 따라 표준입력과 고급입력으로 나누어 분석을 한다. 표준입력 자료구조는 [그림 9-4]와 같으며, 첫 번째 행에는 수준(변수)의 이름을 쓰고, 두 번째 행부터는 각 수준에서의 관측값을 차례로 입력한다. 위치문제 프레임에서 A와 B를 선택한 후 →를 눌러 분석변수 창으로 보낸다.

그림 9-4 이표본 표준입력 대화상자

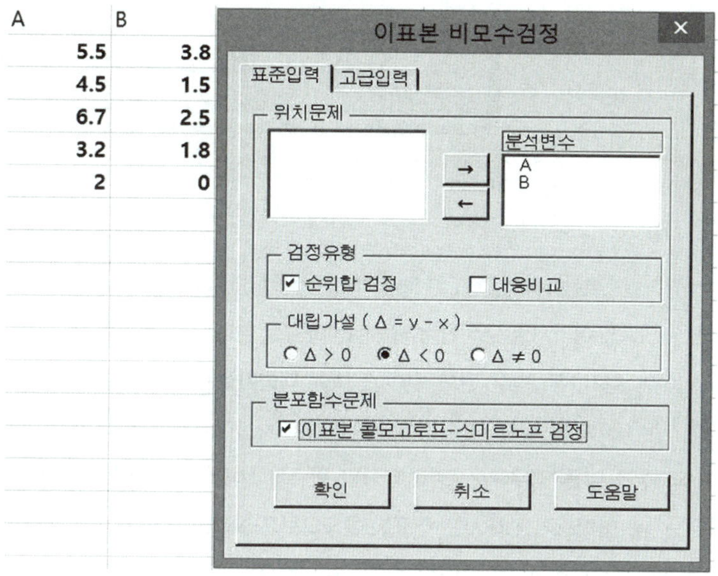

고급입력 자료구조는 [그림 9-5]와 같으며 첫 번째 열에는 분류변수의 수준(이름)을 쓰고, 두 번째 열에는 각 수준에서의 관측값을 차례로 입력한다. 위치문제 프레임에서 '방법'을 선택한 후 →를 눌러 분류변수 창으로 보내고, '감소량'은 분석변수 창으로 보낸다.

그림 9-5 이표본 고급입력 대화상자

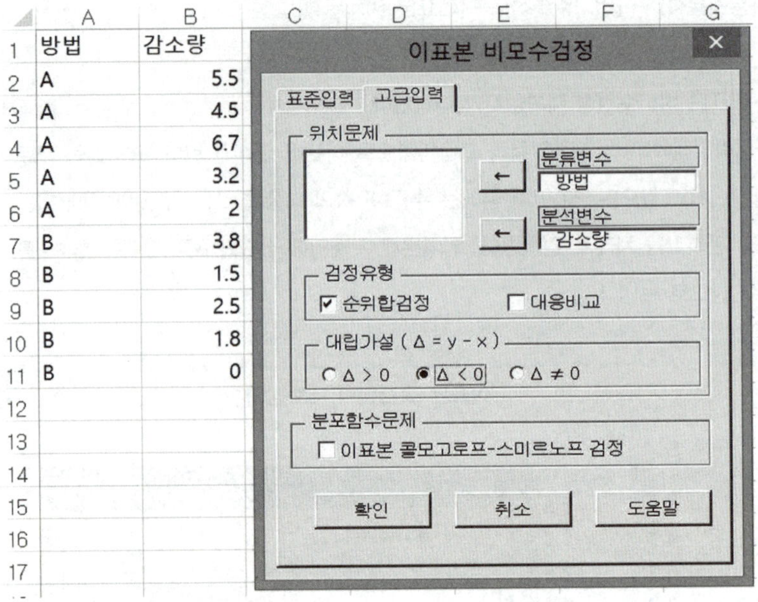

검정법으로는 [검정유형] 프레임에서 [순위합검정]과 [대응비교] 확인란을 이용하여 선택할 수 있다. 여기서는 순위합검정을 실행하기로 한다. 대응비교는 두 변수의 데이터 개수가 같아야 한다. 두 변수 간의 차이에 대한 대립가설은 [대립가설] 프레임에서 선택한다. 이때, y는 데이터의 수가 적은 변수를 의미하고 x는 데이터의 수가 많은 변수를 뜻한다. 데이터의 수가 같을 경우에는 먼저 입력된 변수가 x이다. 두 모집단이 서로 동일한 분포를 가지는가를 알아보기 위해서는 이표본 콜모고로프-스미르노프 검정을 선택하여 실행한다.

표준입력 대화상자를 이용하여 분석을 해보자. $\Delta = y - x$이므로 대립가설로 $\Delta < 0$를 선택한다. 먼저 등분산검정의 유의확률이 0.5941이므로 등분산 결과를 이용한다. 순위합검정의 유의확률이 0.0278이므로, 방법 A가 B보다 더 효과적이라고 할 수 있다. t-검정의 유의확률도 0.0224로 동일한 결론을 얻는다.

그림 9-6

이표본 위치문제 분석 결과

비모수 분석 결과

이표본 위치문제

변수명	개수	평균	표준편차
A	5	4.38	1.8512
B	5	1.92	1.3918

A	순위	B	순위
5.5	9	3.8	7
4.5	8	1.5	2
6.7	10	2.5	5
3.2	6	1.8	3
2	4	0	1
순위합	37	순위합	18

H0 : Δ = 0 vs. H1 : Δ < 0
(Δ = y - x , y : B , x : A)

순위합검정	통계량	유의확률
정확한 검정	18	0.0278
대표본 근사	-1.9845	0.0236

사용자의 편의를 위해서 t-검정 결과도 출력한다.

등분산 검정

자유도	F 값	유의확률
(4 , 4)	1.7692	0.5941

"H0:두 표본의 분산들이 서로 같다."를 유의수준 α=0.05에서 기각할 수 없다.
※유의확률이 유의수준보다 큰 경우에는 등분산 결과를 사용하는 것이 좋다.

분산	t-통계량	자유도	유의확률
등분산	-2.3751	8	0.0224
이분산	-2.3751	7.4269	0.0237

두 모집단이 동일한 분포를 갖는다는 가설을 검정하기 위한 콜모고로프-스미르노프 검정결과의 유의확률이 0.0079이므로 두 모집단의 분포는 같지 않다고 판단한다.

그림 9-7

콜모고로프-스미르노프 검정 결과

스미르노프 검정

번호	B	A	F(x)	G(x)	F(x)-G(x)
1	0		0.2	0	0.2
2	1.5		0.4	0	0.4
3	1.8		0.6	0	0.6
4		2	0.6	0.2	0.4
5	2.5		0.8	0.2	0.6
6		3.2	0.8	0.4	0.4
7		4.5	0.8	0.6	0.2
8		5.5	0.8	0.8	0
9					
10					
				통계량	0.6

H0 : Δ = 0 vs. H1 : Δ > 0 (Δ = F(x) - G(x))

정확한 검정	통계량	유의확률
스미르노프 검정	0.6	0.0079

F(x) : B 의 분포함수 , G(x) : A 의 분포함수

9.2.2 이론적 배경

A. 독립비교

두 위치모수에 대한 추론을 위해 $x_1, x_2, \cdots, x_m$이 연속인 분포 $F(x)$에서 임의표본이고 $y_1, y_2, \cdots, y_n$은 연속인 분포 $F(x-\Delta)$에서 임의표본이라고 하자. 즉 x와 y의 모평균이 각각 μ_1, μ_2일 때 $\Delta = \mu_2 - \mu_1$임을 의미한다. 두 위치모수 문제에서는 연속성의 가정만 필요로 한다.

이표본 위치모수의 검정을 위한 귀무가설은 다음과 같다.

$$H_0 : \Delta = 0$$

이표본 검정을 위한 윌콕슨 부호순위 검정통계량은 다음과 같다. x와 y의 혼합표본에서 y의 순위를 R이라 하자. 즉

$$R_j = x\text{와 } y\text{의 혼합표본에서 } y_j\text{의 순위}$$

라면, 윌콕슨 순위합 통계량(Wilcoxon rank-sum statistic)을 다음과 같이 정의한다.

$$W = \sum_{j=1}^{n} R_j$$

귀무가설 $H_0 : \Delta = 0$ 하에서 x와 y의 혼합표본의 순위는 균등분포를 따르므로 순위합통계량인 W는 분포무관이다.

순위합 통계량 W의 값이 크다는 것은 y-표본의 값들이 x-표본의 값보다 크다는 의미이므로 Δ가 0보다 큼을 의미한다. 따라서 윌콕슨 순위합검정의 유의수준 α에서의 기각역은 다음과 같이 정의된다.

① $H_1 : \Delta > 0$일 때, $W \geq w_\alpha(m, n)$

② $H_1 : \Delta < 0$일 때, $W \leq w^*_\alpha(m, n)$

③ $H_1 : \Delta \neq 0$일 때, $W \geq w_{\alpha/2}(m, n)$ 또는 $W \leq w^*_{\alpha/2}(m, n)$

여기서 $w_\alpha(m, n)$은 W_s를 혼합표본에서 표본크기가 작은 표본의 순위합이라고 할 때, W_s의 오른쪽 꼬리에 해당되는 $P(W_s \geq w_\alpha(m, n))$의 값이며 $w^*_\alpha(m, n)$은 왼쪽 꼬리에 해당되는 $P(W_s \leq w^*_\alpha(m, n))$이다.

또는 다음과 같이 유의확률을 구한 후

① $H_1 : \Delta > 0$일 때, $P(W \geq w)$

② $H_1 : \Delta < 0$일 때, $P(W \leq w)$

③ $H_1 : \Delta \neq 0$일 때, $2P(W \geq w)$ 또는 $2P(W \leq w)$

유의수준 α보다 작으면 귀무가설을 기각한다.

귀무가설 하에서 W-통계량의 기대값과 분산은 각각 다음과 같다. 따라서 귀무가설 하에서 표본크기가 충분해 클 때 W를 표준화시킨 Z-통계량은 근사적으로 표준정규분포를 따름을 이용하여 Z-검정을 시행한다.

$$E_0(W) = \frac{n(m+n+1)}{2}, \quad Var_0(W) = \frac{mn(m+n+1)}{12}$$

B. 대응비교

두 처리를 비교하고자 할 때 동질적인 실험단위를 얻지 못하여 처리효과의 공정한 비교가 어려운 경우, 이와 같은 문제점을 해결하는 방안으로 대응의 개념을 이용한다. 즉 하나의 실험단위 또는 동질적인 두 실험단위에 두 처리를 적용하여 n개의 쌍으로 된 관측값을 얻은 다음, 각 쌍에서 관측값의 차를 이용하여 두 위치모수의 차에 관한 추론을 시행한다. 즉

$$z_i = x_i - y_i, \ \ i = 1, \cdots, n$$

위와 같이 정의하고 z에 관한 일표본 위치문제와 같은 방법으로 처리한다. 그러므로 쌍의 두 관측값이 동일한 경우에는 부호정보를 사용할 수 없기 때문에 분석에서 제외한다.

C. 모집단의 동일성검정

두 모집단의 위치모수에 대한 추론과 함께 두 모집단이 동일한 분포를 갖는지에 관심이 있는 경우, 이를 검정하기 위한 대표적인 비모수적 방법이 콜모고로프-스미르노프 검정이다. 이 검정의 모형은 다음과 같다. $x_1, \cdots, x_m$을 $F(x)$에서 추출된 크기 m인 임의표본이라 하고, $y_1, \cdots, y_n$을 $G(x)$에서 추출된 크기 n인 임의표본이라 하자. 두 모집단분포의 동일성검정의 귀무가설은 다음과 같고

$$H_0 : \text{모든 } x\text{에 대하여 } F(x) = G(x)$$

대립가설은 다음과 같다.

① H_1 : 적어도 한 점 x에서 $F(x) > G(x)$

② H_1 : 적어도 한 점 x에서 $F(x) < G(x)$

③ H_1 : 적어도 한 점 x에서 $F(x) \neq G(x)$

9.3 비모수 분산분석

k개의 모평균이 같은지 또는 k개의 처리효과가 모두 같은지를 검정하는 일원배치법 문제에서 자료의 정규성을 가정할 수 없는 경우 비모수적 방법으로

크루스칼-왈리스(Kruskal-Wallis) 방법이 널리 이용된다.

9.3.1 비모수 분산분석 예

《예제 9-3》 크루스칼-왈리스 검정

Data 디렉토리에 저장된 비모수검정 시트 중 '자동차연비' 자료는 세 자동차 A, B, C의 연비를 측정한 자료이다. 자동차에 따라 연비가 다르다고 할 수 있는지 알아보자. 비모수 일원배치법인 크루스칼-왈리스 검정을 실행하기 위해

[통계분석] → [비모수분석] → [비모수 분산분석]

을 선택하면 비모수 일원배치법 대화상자가 나타난다.

분산분석의 경우와 같이 자료의 입력형태에 따라 표준입력과 고급입력 방식 중 선택할 수 있다. '자동차연비(표준)' 자료의 첫 번째 행에는 처리(변수), 두 번째 행부터는 각 처리에서의 관측값들이 입력되어 있다. 이 자료는 표준입력 방식으로 저장된 자료이므로 표준입력 대화상자를 선택하여 분석한다. 선택변수 창에서 분석하고자 하는 A, B, C 변수를 선택한 후 →를 눌러 오른쪽의 분석변수 창으로 보낸다.

그림 9-8 비모수 일원배치법 표준입력 대화상자

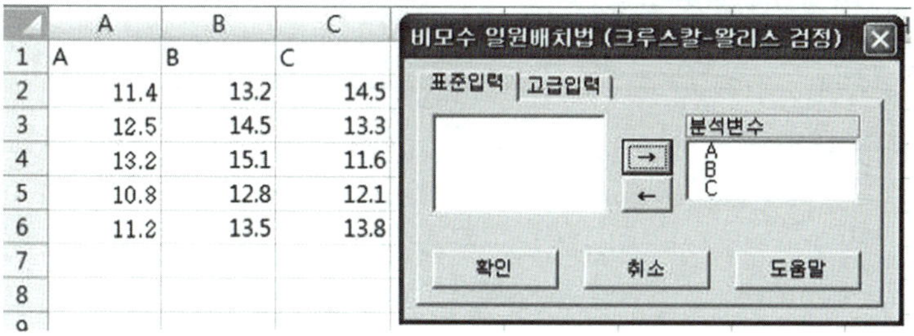

'자동차연비(고급)' 자료는 고급입력 방식으로 저장된 자료이다. 첫 번째 열에는 인자로 사용될 처리, 두 번째 열에는 분석변수로 사용될 관측값들이 차례로 입력되어 있다. 고급입력 대화상자의 선택변수 창에서 인자로 사용될 '처리'는 인자 창으로 분석변수로 사용될 'y'는 분석변수 창으로 보낸다.

그림 9-9 비모수 일원배치법 고급입력 대화상자

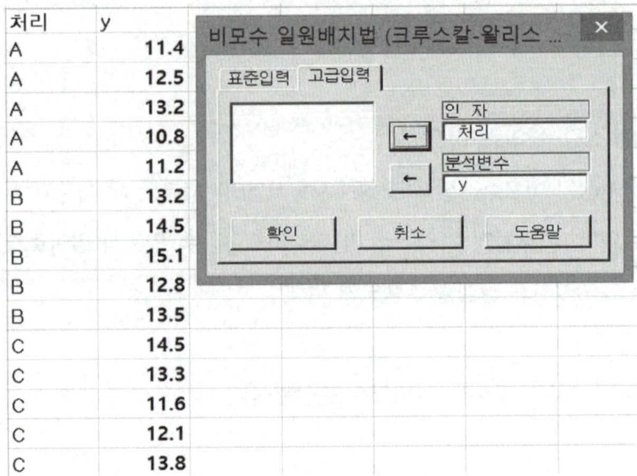

순위 계산표가 출력되고 근사유의확률이 0.0438로서 유의성이 있음을 확인할 수 있다. 즉 자동차에 따라 연비가 다르다고 판단한다.

그림 9-10 크루스칼–왈리스 검정 결과

비모수 분석 결과

일원배치법

A	순위	B	순위	C	순위
10.8	1				
11.2	2				
11.4	3				
				11.6	4
				12.1	5
12.5	6				
		12.8	7		
13.2	8.5	13.2	8.5		
				13.3	10
		13.5	11		
				13.8	12
		14.5	13.5	14.5	13.5
		15.1	15		

크루스칼 왈리스 검정법

	N	평균	표준편차	평균순위	통계량	근사유의확률	정확유의확률
A	5	11.82	0.996	4.1	6.255	0.0438	<0.05
B	5	13.82	0.9524	11			
C	5	13.06	1.1971	8.9			
합	15						

9.3.2 이론적 배경

각 모집단에서 n_i개의 관측값을 얻었다고 하고 이를 모형으로 나타내면 다음과 같다.

$$y_{ij} = \mu_i + \varepsilon_{ij}, \quad i = 1, \cdots, k, \quad j = 1, \cdots, n_i$$

중심위치가 모두 동일하다는 귀무가설은 다음과 같다.

$$H_0 : \mu_1 = \mu_2 = \cdots = \mu_k$$

귀무가설 H_0 하에서 $N = \sum_{i=1}^{k} n_i$개의 관측값들은 서로 독립이고 동일한 분포를 따른다. 따라서 이들을 크기순으로 나열한 순위들은 모집단의 분포와 무관하게 균등분포를 따르므로, 이들 순위를 이용한 검정법은 분포무관 검정법이다.

N개의 관측값들로 혼합표본을 만들고, 크기 순으로 나열한 후 순위를 다음과 같이 정한다.

$$R_{ij} = N\text{개의 혼합표본에서 } y_{ij}\text{의 순위}$$

각 모집단의 순위합과 평균순위는 다음과 같이 정의한다.

$$R_{ij} = N\text{개의 혼합표본에서 } y_{ij}\text{의 순위}$$
$$R_{i\cdot} = \sum_{j=1}^{n_i} R_{ij}, \quad \overline{R}_{i\cdot} = \frac{R_{i\cdot}}{n_i}, \quad i = 1, \cdots, k$$

모평균의 비교를 위한 크루스칼–왈리스 검정통계량은 다음과 같이 정의된다.

$$H = \frac{12}{N(N+1)} \sum_{i=1}^{k} n_i \left(\overline{R}_{i\cdot} - \frac{N+1}{2} \right)^2 = \frac{12}{N(N+1)} \sum_{i=1}^{k} \frac{R_{i\cdot}^2}{n_i} - 3(N+1)$$

귀무가설 H_0 하에서 혼합표본의 순위는 균등분포를 따르므로 크루스칼-왈리스 통계량 H의 분포는 분포무관이다. 처리개수와 표본의 크기에 따라 H의 분포를 구할 수 있으며, 처리개수가 3개를 넘거나, 반복수가 5개를 넘으면 H가 근사적으로 자유도 $k-1$인 χ^2-분포를 따름을 이용한다. $h_\alpha(n_1, \cdots, n_k)$가 다음과 같이 오른쪽 꼬리에 해당되는 값이라고 하면

$$P(H \geq h_\alpha(n_1, \cdots, n_k)) = \alpha$$

유의수준 α에서 기각역은 $H \geq h_\alpha(n_1, \cdots, n_k)$가 된다.

다변량분석

CHAPTER 10

사회적 또는 물리적인 현상을 설명하기 위한 연구에서는 실험 또는 관측을 통해 자료들을 수집하고 분석하는 과정들이 반복된다. 이러한 일련의 분석 과정에서 연관된 변수들이 추가로 관측되거나 유용하지 않은 변수들은 분석에서 제외되기도 한다. 이처럼 여러 개의 변수들을 동시에 분석하는 방법을 다변량분석(multivariate analysis)이라고 한다. 다변량분석은 여러 개의 변수들을 동시에 다루기 때문에 한 변수를 분석하는 일변량분석에 비해 관측된 자료의 개수가 변수의 개수에 비례해서 증가하기 때문에 대용량의 자료를 다루어야 한다는 특징을 가지고 있다.

다변량분석은 분석 목적에 따라 몇 개의 주제로 나눌 수 있다. 첫째, 변수들 사이의 관계를 이용하여 변수의 수를 줄인다면 관측값의 개수도 줄어, 자료들이 갖는 특징을 이해하기 쉬울 것이다(dimension reduction). 둘째, 유사한 관측값 또는 변수들을 그룹화하면 자료들의 특징을 쉽게 이해할 수 있을 것이다(grouping). 셋째, 변수들이 어떻게 연관되어 있는지를 이해(dependence among variables)하면 이후의 분석에 유용할 것이다.

분석에 사용되는 변수들의 개수를 줄여 분석을 용이하게 하는 방법으로는 주성분분석(principal component analysis)과 인자분석(factor analysis)이 대표적이고, 유사한 관측값들을 그룹화하는 방법으로는 판별분석(discriminant analysis)과 군집분석(cluster analyais)을 들 수 있다. 이들 분석법은 연속형 변수들을 다루는 경우에 주로 이용되는 방법이며, 이산형 자료가 포함된 경우에는 로지스틱 회귀분석(logistic regression analysis) 또는 의사결정나무(decision tree) 등의 방법이 이용된다.

주성분분석

여러 개($p \geq 2$)의 양적 변수들 사이의 분산-공분산 관계를 이용하여 이 변수들의 선형결합으로 표시되는 주성분(principal component)을 찾고, 이 중에서 중요한 $m(\leq p)$개(보통 2～3개)의 주성분으로 전체 변동(분산)의 대부분을 설명하고자 하는 데 목적이 있다.

인자분석

분석에 사용된 변수들의 정보를 이보다 적은 개수의 인자(factor)들로 대체하는 분석기법이다. 인자들은 가상의 변수로서 원 변수들의 주성분을 이용하거나 가능도함수를 최대로 하는 최대가능도 방법에 의해 구성된다. 변수들이 갖는 정보를 공분산행렬로 나타내고 변수들을 공통적으로 설명하는 공통인자(common factor)와 특정 변수만을 설명하는 특정인자(specific factor)들의 분산들을 이용하여 설명하는 분석법이다. 새롭게 만들어진 인자들은 다른 분석법에서 변수로 이용된다.

판별분석

어느 모집단에서 추출되었는지를 아는 표본들의 정보를 이용하여, 추출될 가능성이 높은 모집단으로 표본을 판별하는 기준을 찾는 분석법이다. 판별에 사용되는 기준은 잘못 분류될 확률 또는 잘못 분류되었을 경우 발생할 수 있는 비용들을 최소로 하는 확률변수들의 함수로 주어지며, 판별함수(discriminant function)라고 부른다. 이 함수는 새로운 관측값이 어느 모집단에 속하는지 분류하는 데 이용된다.

군집분석

개체들의 유사성을 이용하여 유사성이 높은 개체들은 동일 군집에 속한 것으로 분류하고, 상이한 개체들은 다른 군집에 속하도록 분류하는 분석법이다. 개체들을 분류하기 위한 명확한 기준이 존재하지 않거나 기준이 밝혀지지 않은 상태에서 다양한 특성을 지닌 개체들을 집단으로 분류하는 데 사용된다.

의사결정나무

대량의 자료에서 알려지지 않은 유용한 정보를 추출하는 기법을 데이터마이닝이라고 하며 판별분석, 로지스틱 회귀분석, 의사결정나무, 신경망분석 등이 주로 사용되는 기법이다. 의사결정나무는 의사결정 규칙을 나무(tree) 구조로 나타내는 방식으로 새 자료의 목표변수값을 예측하는 분석법이다.

10.1 주성분분석

주성분분석은 변수의 차원축소 기법 중의 하나로서 자료 전체의 변동을 대부분 설명할 수 있는 주성분(principal component)을 찾는 다변량 분석기법이다. 예를 들어, p개의 변수를 분석하는 경우 p차원의 자료를 공분산행렬(covariance matrix)이나 상관행렬(correlation matrix)만 보고서 해석하기에는 어려운 경우가 많다. 만약 자료들을 2차원 또는 3차원으로 축소시킬 수 있다면 산점도를 통해서 자료가 갖는 특성을 이해하기 쉬울 것이다. 주성분분석은 자료들 사이의 관계보다는 변수들 사이의 상호관계를 분석하는 것이 목적이므로 공분산행렬 또는 상관행렬을 이용하여 분석한다. 변수들의 측정단위가 다른 경우에는 표준화된 변수를 이용하는 것이 일반적이며, 상관행렬을 이용하는 것과 동일하다.

10.1.1 주성분분석 예

《예제 10-1》 Crime Rate

미국 50개 주에서 7종류 범죄의 10만 명당 범죄율을 조사한 자료가 〈표 10-1〉이다. 자료의 출처는 "Base SAS samples"이며 변수명은 살인(murder), 강간(rape), 약탈(robbery), 폭행(assault), 빈집털이(burglary), 절도(larceny), 자동차절도(auto theft)이다. 어느 주의 범죄 발생률이 낮은지, 살인, 강도 등과 같은 강력범죄는 어떤 주에서 많이 발생하는지를 알아보려고 하는데, 7개의 변수에 대해 50개의 관측값이 있으므로 표를 보아서는 이런 특징을 한눈에 알아보기 쉽지 않으며, 그림으로 나타내기도 쉽지 않다. 만약, 7차원의 자료를 2차원 또는 3차원 같이 저차원 공간으로 축소할 수 있다면 특징을 이해가기 쉬울 것이다.

이 자료는 Data 디렉토리에 저장된 다변량분석 시트 중 '범죄발생건수'에 저장되어 있다. 첫 번째 열에는 관측값들의 라벨에 해당되는 값들이 입력되어 있고 두 번째 열부터 분석에 사용될 변수값들이 입력되어 있다. 변수명은 첫 번째 행에 입력한다. 주성분분석을 실행하기 위해서는 자료가 입력되어 있는 시트에서

:: 표 10-1 미국 50개주의 범죄율 자료

주	살인	강간	약탈	폭행	가택침입	절도	자동차절도
Alabama	14.2	25.2	96.8	278.3	1135.5	1881.9	280.7
Alaska	10.8	51.6	96.8	284.0	1331.7	3369.8	753.3
Arizona	9.5	34.2	138.2	312.3	2346.1	4467.4	439.5
Arkansas	8.8	27.6	83.2	203.4	972.6	1862.1	183.4
California	11.5	49.4	287.0	358.0	2139.4	3499.8	663.5
Colorado	6.3	42.0	170.7	292.9	1935.2	3903.2	477.1
Connecticut	4.2	16.8	129.5	131.8	1346.0	2620.7	593.2
Delaware	6.0	24.9	157.0	194.2	1682.6	3678.4	467.0
Florida	10.2	39.6	187.9	449.1	1859.9	3840.5	351.4
Georgia	11.7	31.1	140.5	256.5	1351.1	2170.2	297.9
Hawaii	7.2	25.5	128.0	64.1	1911.5	3920.4	489.4
Idaho	5.5	19.4	39.6	172.5	1050.8	2599.6	237.6
Illinois	9.9	21.8	211.3	209.0	1085.0	2828.5	528.6
Indiana	7.4	26.5	123.2	153.5	1086.2	2498.7	377.4
Iowa	2.3	10.6	41.2	89.8	812.5	2685.1	219.9
Kansas	6.6	22.0	100.7	180.5	1270.4	2739.3	244.3
Kentucky	10.1	19.1	81.1	123.3	872.2	1662.1	245.4
Louisiana	15.5	30.9	142.9	335.5	1165.5	2469.9	337.7
Maine	2.4	13.5	38.7	170.0	1253.1	2350.7	246.9
Maryland	8.0	34.8	292.1	358.9	1400.0	3177.7	428.5
Massachusetts	3.1	20.8	169.1	231.6	1532.2	2311.3	1140.1
Michigan	9.3	38.9	261.9	274.6	1522.7	3159.0	545.5
Minnesota	2.7	19.5	85.9	85.8	1134.7	2559.3	343.1
Mississippi	14.3	19.6	65.7	189.1	915.6	1239.9	144.4
Missouri	9.6	28.3	189.0	233.5	1318.3	2424.2	378.4
Montana	5.4	16.7	39.2	156.8	804.9	2773.2	309.2
Nebraska	3.9	18.1	64.7	112.7	760.0	2316.1	249.1
Nevada	15.8	49.1	323.1	355.0	2453.1	4212.6	559.2
New Hampshire	3.2	10.7	23.2	76.0	1041.7	2343.9	293.4
New Jersey	5.6	21.0	180.4	185.1	1435.8	2774.5	511.5
New Mexico	8.8	39.1	109.6	343.4	1418.7	3008.6	259.5
New York	10.7	29.4	472.6	319.1	1728.0	2782.0	745.8
North Carolina	10.6	17.0	61.3	318.3	1154.1	2037.8	192.1
North Dakota	0.9	9.0	13.3	43.8	446.1	1843.0	144.7
Ohio	7.8	27.3	190.5	181.1	1216.0	2696.8	400.4
Oklahoma	8.6	29.2	73.8	205.0	1288.2	2228.1	326.8
Oregon	4.9	39.9	124.1	286.9	1636.4	3506.1	388.9
Pennsylvania	5.6	19.0	130.3	128.0	877.5	1624.1	333.2
Rhode Island	3.6	10.5	86.5	201.0	1489.5	2844.1	791.4
South Carolina	11.9	33.0	105.9	485.3	1613.6	2342.4	245.1
South Dakota	2.0	13.5	17.9	155.7	570.5	1704.4	147.5
Tennessee	10.1	29.7	145.8	203.9	1259.7	1776.5	314.0
Texas	13.3	33.8	152.4	208.2	1603.1	2988.7	397.6
Utah	3.5	20.3	68.8	147.3	1171.6	3004.6	334.5
Vermont	1.4	15.9	30.8	101.2	1348.2	2201.0	265.2
Virginia	9.0	23.3	92.1	165.7	986.2	2521.2	226.7
Washington	4.3	39.6	106.2	224.8	1605.6	3386.9	360.3
West Virginia	6.0	13.2	42.2	90.9	597.4	1341.7	163.3
Wisconsin	2.8	12.9	52.2	63.7	846.9	2614.2	220.7
Wyoming	5.4	21.9	39.7	173.9	811.6	2772.2	282.0

자료출처 : Base SAS samples

[통계분석] → [다변량분석] → [주성분분석]

을 선택하면 [그림 10-1]과 같이 주성분분석 대화상자가 나타난다. 선택변수 창에는 변수명들이 나열되어 있는데, 이 변수 중에서 분석에 사용하고 싶은 변수명을 선택한 후 →를 눌러 오른쪽의 분석변수 창으로 보낸다. 7개의 변수를 모두 분석변수로 선택하였다. 라벨변수는 관측값들을 구분하기 위해 사용되는 변수이다.

그림 10-1 주성분분석 대화상자

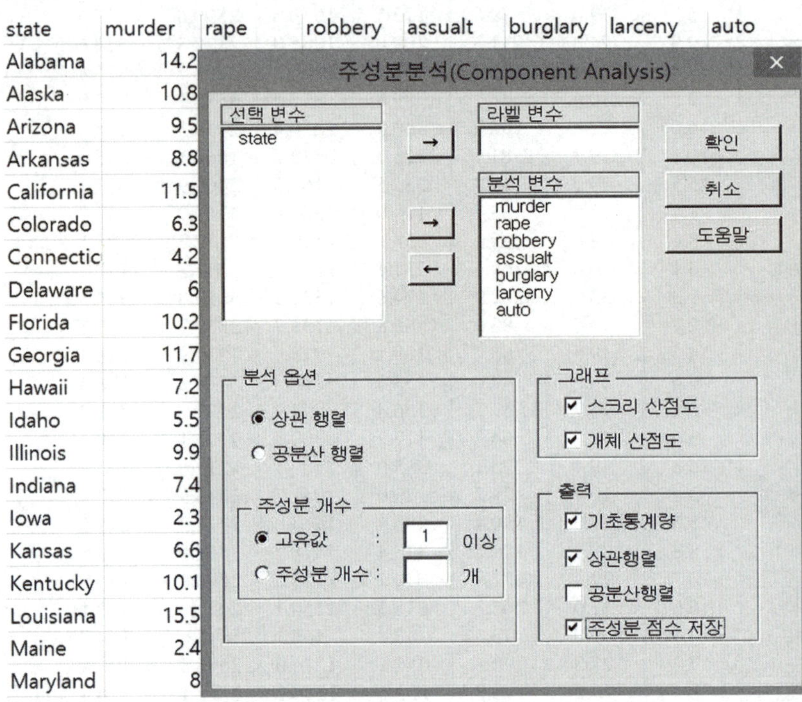

[분석옵션] 프레임을 보면 디폴트로 상관행렬이 선택되어 있는 것을 볼 수 있는데 상관행렬과 공분산행렬 중 하나만을 선택할 수 있다. 여기서는 상관행렬을 이용하기로 한다. [주성분 개수] 프레임에서는 보유할 주성분의 개수를 선택할 수 있다. 고유값이 1보다 큰 경우에 대응되는 주성분들을 보유하거나 사용자가 주성분 개수를 지정할 수 있다. 경험적으로 고유값이 0.7보다 큰 주성분을 보유하는 것이 좋다는 학자들도 있다. 자료의 특성을 보고 사용자가 보유할 주성분의 개수를 직접 입력할 수도 있다. 여기서는 고유값의 크기가 1 이상인 주성분을 보유하기로 한다.

[그래프] 프레임에서 스크리 산점도는 보유할 주성분의 개수를 결정하는 데 도움이 되는 그림이며, 개체 산점도는 개체들의 주성분점수를 이용한 산점도로 개체들 사이의 관계를 이해하는 데 도움이 된다. [출력] 프레임에서는 출력할 통계량들을 선택한다. 디폴트로 변수들의 기초통계량과 상관행렬이 출력되며 추가로 공분산행렬을 출력할 수 있다. 각 개체들의 주성분점수는 회귀분석에서 설명변수로 이용되거나, 군집분석에서 입력변수로 이용되기도 한다. [주성분점수] 확인란을 선택하면 원 자료가 저장된 워크시트에 주성분점수가 출력된다.

기초통계량과 상관행렬이 출력되고 이들을 보면 변수들 사이의 상관관계를 어느 정도 파악할 수 있다. 1보다 큰 고유값이 두 개이며 누적비율로부터 전체변동의 76.5%를 설명하고 있음을 알 수 있다. 첫 번째 주성분은 전체변동의 58.8%, 두 번째 주성분은 17.7%를 설명하는 것을 비율(%)로부터 알 수 있다. 고유벡터를 이용하여 변수들의 선형결합으로 각 주성분을 구성할 수 있다.

$$y_1 = 0.3x_1 + 0.43x_2 + 0.4x_3 + 0.4x_4 + 0.44x_5 + 0.36x_6 + 0.3x_7$$
$$y_2 = -0.63x_1 - 0.17x_2 + 0.04x_3 - 0.34x_4 + 0.2x_5 + 0.4x_6 + 0.5x_7$$

여기서 x_1부터 x_7은 순서대로 살인, 강간, 약탈, 폭행, 빈집털이, 절도, 자동차절도를 뜻한다. 첫 번째 주성분은 모든 변수가 고르게 적재되어 있으므로 전반적인 범죄율을 나타내는 변수라고 할 수 있다. 두 번째 주성분은 절도와 자동차절도에는 양의 큰값이 적재되어 있고, 살인과 폭행에는 음의 큰 값이 적재되어 있으므로 강력범죄에 비해 재산과 관련된 범죄의 우세한 정도를 나타내 주는 변수라고 할 수 있다.

그림 10-2 주성분분석 결과

주성분분석 결과

기초 통계량

변수명	평균	표준편차	관측치개수
murder	7.4440	3.86677	50
rape	25.7340	10.75963	50
robbery	124.0920	88.34857	50
assualt	211.3000	100.25305	50
burglary	1291.9040	432.45571	50
larceny	2671.2880	725.90871	50
auto	377.5260	193.39442	50

상관행렬

변수명	murder	rape	robbery	assualt	burglary	larceny	auto
murder	1.0000	.	.	.	.	.	.
rape	0.6012	1.0000	.	.	.	.	.
robbery	0.4837	0.5919	1.0000	.	.	.	.
assualt	0.6486	0.7403	0.5571	1.0000	.	.	.
burglary	0.3858	0.7121	0.6372	0.6229	1.0000	.	.
larceny	0.1019	0.6140	0.4467	0.4044	0.7921	1.0000	.
auto	0.0688	0.3489	0.5907	0.2758	0.5580	0.4442	1.0000

고유값

주성분	고유값	차이	비율(%)	누적비율(%)
1	4.1150	2.8762	58.785	58.785
2	1.2387	0.5129	17.696	76.481
3	0.7258	0.4094	10.369	86.850
4	0.3164	0.0585	4.520	91.370
5	0.2580	0.0359	3.685	95.056
6	0.2220	0.0980	3.172	98.228
7	0.1241		1.772	100.000

상관행렬의 고유값

고유벡터

변수명	주성분1	주성분2
murder	0.300	-0.629
rape	0.432	-0.169
robbery	0.397	0.042
assualt	0.397	-0.344
burglary	0.440	0.203
larceny	0.357	0.402
auto	0.295	0.502

상관행렬의 고유벡터

스크리 산점도를 보면 4번째 주성분부터 기울기가 완만해지므로 보유할 주성분의 개수는 최대 3개라고 생각된다. 개체 산점도에서 번호는 자료들의 입력순서이다. 산점도에서 가장 왼쪽 가운데에 위치한 34번은 North Dakota 주이며, 가장 오른쪽에 위치한 28번은

Nevada 주이다. 두 주 모두 어느 한 종류의 범죄에 치우쳐 있지 않으나 North Dakota 주는 범죄 발생률이 낮은 반면, Neveda 주는 라스베가스가 속해 있는 주로 범죄 발생률이 높은 것을 볼 수 있다. 중앙의 가장 위쪽의 21번은 Massachusetts 주로 재산과 관련된 범죄가 많이 발생하고 가장 아래쪽의 24번은 Mississippi 주로 강력범죄의 발생에 치우친 반면, 두 주 모두 범죄 발생률은 보통 정도임을 알 수 있다.

스크리 산점도와 개체 산점도 그림 10-3

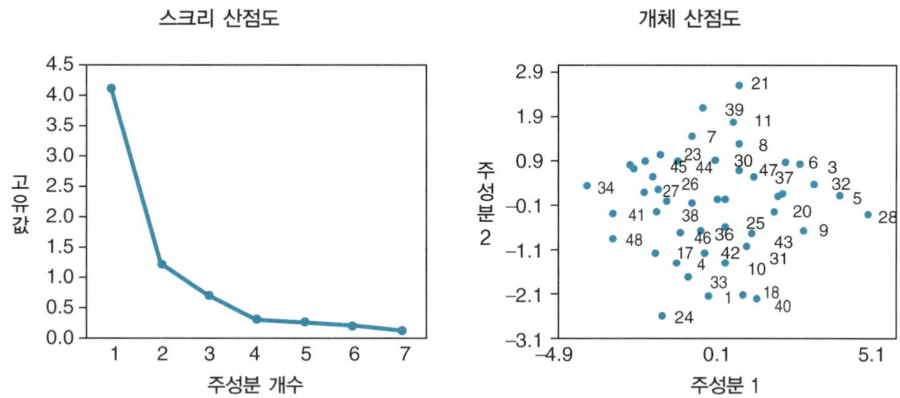

주성분점수는 원 자료가 저장된 워크시트에 저장되어 이후의 분석에 이용할 수 있다.

주성분점수가 저장된 워크시트 그림 10-4

state	murder	rape	robbery	assualt	burglary	larceny	auto	주성분1	주성분2
Alabama	14.2	25.2	96.8	278.3	1135.5	1881.9	280.7	-0.050	-2.096
Alaska	10.8	51.6	96.8	284	1331.7	3369.8	753.3	2.422	0.167
Arizona	9.5	34.2	138.2	312.3	2346.1	4467.4	439.5	3.014	0.845
Arkansas	8.8	27.6	83.2	203.4	972.6	1862.1	183.4	-1.054	-1.345
California	11.5	49.4	287	358	2139.4	3499.8	663.5	4.284	0.143
Colorado	6.3	42	170.7	292.9	1935.2	3903.2	477.1	2.509	0.917
Connectic	4.2	16.8	129.5	131.8	1346	2620.7	593.2	-0.541	1.501
Delaware	6	24.9	157	194.2	1682.6	3678.4	467	0.965	1.297
Florida	10.2	39.6	187.9	449.1	1859.9	3840.5	351.4	3.112	-0.604
Georgia	11.7	31.1	140.5	256.5	1351.1	2170.2	297.9	0.490	-1.381
Hawaii	7.2	25.5	128	64.1	1911.5	3920.4	489.4	0.823	1.824
Idaho	5.5	19.4	39.6	172.5	1050.8	2599.6	237.6	-1.432	-0.008
Illinois	9.9	21.8	211.3	209	1085	2828.5	528.6	0.513	0.094
Indiana	7.4	26.5	123.2	153.5	1086.2	2498.7	377.4	-0.500	0.000
Iowa	2.3	10.6	41.2	89.8	812.5	2685.1	219.9	-2.582	0.825
Kansas	6.6	22	100.7	180.5	1270.4	2739.3	244.3	-0.634	-0.028
Kentucky	10.1	19.1	81.1	123.3	872.2	1662.1	245.4	-1.727	-1.147

10.1.2 이론적 배경

랜덤벡터 $\boldsymbol{x} = (x_1, \cdots, x_p)'$이 다변량 정규분포 $N(\boldsymbol{\mu}, \boldsymbol{\Sigma})$를 따른다고 하자.

$$\boldsymbol{\mu} = \begin{pmatrix} \mu_1 \\ \mu_2 \\ \vdots \\ \mu_p \end{pmatrix}, \quad \boldsymbol{\Sigma} = \begin{pmatrix} \sigma_{11}, \sigma_{12}, \cdots, \sigma_{1p} \\ \sigma_{21}, \sigma_{22}, \cdots, \sigma_{2p} \\ \vdots \quad \vdots \quad \cdots \quad \vdots \\ \sigma_{p1}, \sigma_{p2}, \cdots, \sigma_{pp} \end{pmatrix}$$

$\lambda_1 \geq \lambda_2 \geq \cdots \geq \lambda_p \geq 0$을 $\boldsymbol{\Sigma}$의 고유값(eigenvalue)이라고 하고, 다음과 같이 x_i 들의 선형결합 $y_1, \cdots, y_p$를 생각해 보자.

$$\begin{aligned} y_1 &= \boldsymbol{l}_1'\boldsymbol{x} = l_{11}x_1 + l_{12}x_2 + \cdots + l_{1p}x_p \\ y_2 &= \boldsymbol{l}_2'\boldsymbol{x} = l_{21}x_1 + l_{22}x_2 + \cdots + l_{2p}x_p \\ &\vdots \\ y_p &= \boldsymbol{l}_p'\boldsymbol{x} = l_{p1}x_1 + l_{p2}x_2 + \cdots + l_{pp}x_p \end{aligned}$$

단, $\boldsymbol{l}_i = (l_{i1}, l_{i2}, \cdots, l_{ip})'$, $i = 1, 2, \cdots, p$는 모두 크기가 1인 단위벡터이다. 선형결합 y_i의 분산과 공분산은 다음과 같으며

$$Var(y_i) = \boldsymbol{l}_i'\boldsymbol{\Sigma}\boldsymbol{l}_i, \quad i = 1, 2, \cdots, p$$
$$Cov(y_i, y_k) = \boldsymbol{l}_i'\boldsymbol{\Sigma}\boldsymbol{l}_k, \quad i, k = 1, 2, \cdots, p$$

이러한 선형결합 중에서 $Cov(y_i, y_k) = 0$, $i \neq k$이면서, 즉 서로 상관관계가 없으면서, $Var(y_i)$를 최대로 하는 $y_1, y_2, \cdots, y_p$를 주성분이라고 하면, i번째 주성분은

$$y_i = \boldsymbol{e}_i'\boldsymbol{x} = e_{i1}x_1 + e_{i2}x_2 + \cdots + e_{ip}x_p, \quad i = 1, 2, \cdots, p$$

와 같음을 보일 수 있다. 단, $\mathbf{e}_i = (e_{i1}, e_{i2}, \cdots, e_{ip})'$은 $\mathbf{\Sigma}$의 고유값 λ_i에 대응되는 고유벡터(eigen vector)이다. 고유값-고유벡터 쌍 $(\lambda_i, \mathbf{e}_i)$의 성질에 의해

$$Cov(y_i, y_k) = 0, \ \forall i \neq k$$
$$Var(y_1) \geq Var(y_2) \geq \cdots \geq Var(y_p), \ Var(y_i) = \lambda_i, \ i = 1, 2, \cdots, p$$
$$\Sigma Var(y_i) = \Sigma \lambda_i = \Sigma Var(x_i)$$

이므로 주성분의 조건을 만족함을 알 수 있다.

p개의 주성분 중 처음 m개 주성분의 분산합은 $\lambda_1 + \cdots + \lambda_m$이므로, 처음 m개의 주성분에 의해 설명되는 변동의 비율은

$$\frac{\lambda_1 + \cdots + \lambda_m}{\lambda_1 + \cdots + \lambda_p}$$

이다. 즉 m개의 주성분으로 전체의 변동을 설명하고자 하는 것이 주성분분석의 목적이다.

공분산행렬 $\mathbf{\Sigma}$를 사용할 경우와 상관행렬 $\mathbf{R}$을 사용할 경우의 주성분분석 결과는 다르게 나타난다. 상관행렬은 표준화된 변수의 공분산행렬과 동일하므로 보통은 상관행렬을 이용한 주성분을 사용한다.

스크리 산점도

보유할 주성분의 개수 m을 결정하는 방법으로는 직접 주성분의 개수를 지정하거나 고유값의 크기가 1 또는 0.7 이상인 경우에 대응되는 주성분을 보유하는 방법이 있다. 디폴트 값은 1을 사용한다. 이 외에도 고유값을 크기 순으로 나열한 후에 (i, λ_i)를 그린 스크리 산점도(scree plot)를 이용하기도 한다. 만약 j번째부터 감소하는 추세가 완만해지면 $m = j - 1$을 선택한다.

10.2 인자분석

인자분석은 20세기 초, Pearson과 Spearman 같은 학자들이 "지능(intelligence)" 이란 무엇이며 어떻게 측정할 수 있을까에 관심을 가지면서 시작되었다고 한다. 인자분석의 목적은 여러 개의 변수들에 의해 설명되는 자료의 특성을 적은 개수의 "인자(factor)" 라는 관측이 안 되는 가상의 변수들을 이용하여 설명하고자 하는 데 있다. 만약 변수의 개수를 두세 개로 줄일 수 있다면 산점도와 같은 그림을 이용하여 변수들의 특성을 보다 쉽게 이해할 수 있을 것이다.

많은 변수들을 다루는 경우 어떤 변수들은 비슷한 특성을 갖거나(즉 높은 상관관계를 갖거나) 다른 변수들과는 별로 관련이 없을 수(즉 상관관계가 낮을 수) 있다. 만약 상관관계의 정도를 이용하여 상관관계가 높은 변수들로 그룹들을 생성하고, 다른 그룹에 속한 변수들과의 상관관계는 낮게 만들 수 있다면, 같은 그룹에 속한 변수들을 인자라는 하나의 가상의 변수로 설명할 수 있을 것이다. 인자분석은 변수들의 공분산 구조를 이용하여 유사한 특성을 갖는 변수들끼리 묶어서 자료 전체의 특성을 설명하는 방법이다. 인자분석을 통해 얻어진 인자들은 회귀분석에서 설명변수로 이용할 수 있으며(인자회귀분석), 군집분석에서는 입력변수로 이용될 수 있다.

10.2.1 인자분석 예

《예제 10-2》

주성분분석에서 사용했던 미국 50개 주의 범죄자료를 이용하여 인자분석의 의미를 알아보자. 주성분분석과 유사하게 범죄들을 두세 개의 인자라는 가상의 변수로 나타낼 수 있다면 그래프를 이용하여 특징을 이해하기 쉬울 것이다.

인자분석을 실행하기 위해

[통계분석] → [다변량분석] → [인자분석]

을 선택하면 인자분석 대화상자가 나타난다. 선택변수 창에는 변수명들이 나열되어 있는데, 이 변수 중에서 분석에 사용하고 싶은 변수명을 선택한 후 →를 눌러 오른쪽의 분석변수 창으로 보낸다. 7개의 변수를 모두 분석변수로 선택하였다.

그림 10-5 인자분석 대화상자

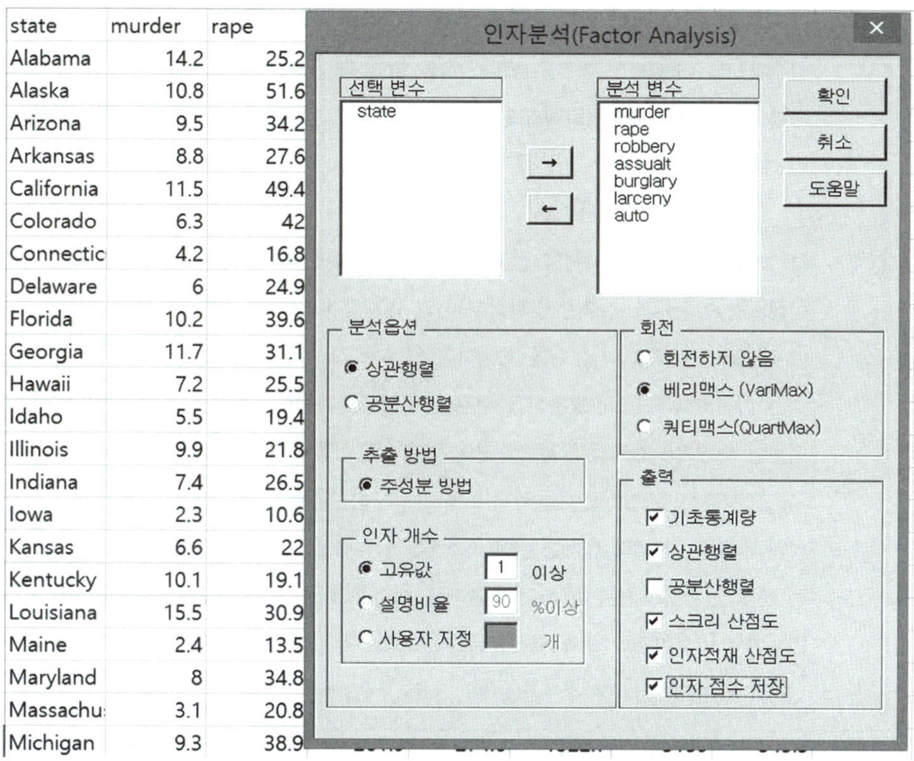

인자분석은 변수들 사이의 공분산행렬을 이용하거나 상관행렬을 이용하여 인자를 구하는데, 변수들의 측정 단위가 다른 경우에는 상관행렬을 이용하는 것이 좋다. [분석옵션] 프레임을 보면 디폴트로 상관행렬이 선택되어 있는 것을 볼 수 있는데 상관행렬과 공분산행렬 중 하나만을 선택할 수 있다. 여기서는 상관행렬을 이용하기로 한다.

인자 추출방법으로 주성분 방법 또는 최대가능도 방법을 이용하는 것이 일반적이다. KESS에서는 [추출방법] 프레임에서 주성분 방법만을 지정할 수 있다. [인자 개수] 프레임에서는 보유할 인자의 개수를 세 가지 방법에 의해 선택할 수 있다. 디폴트는 상관행렬을 이용하는 경우를 가정하고 고유값이 1보다 큰 경우에 대응되는 인자들을 보유하는 것이며,

경험적으로 고유값이 0.7보다 큰 인자를 보유하는 것이 좋다는 학자들도 있다.

[분석옵션] 프레임에서는 공분산행렬을 이용할지 상관행렬을 이용할지를 결정할 수 있다. 공분산행렬을 선택하면 '설명비율' 옵션단추가 활성화되며 디폴트로 분산의 90% 이상을 설명할 수 있도록 인자들의 개수를 선택한다. 자료의 특성을 보고 사용자가 [사용자 지정] 옵션단추를 이용하여 보유할 인자의 개수를 직접 입력할 수도 있다. 여기서는 고유값의 크기가 1 이상인 인자를 보유하기로 한다.

추출된 인자들이 어떤 의미를 갖는지 설명하기 어려운 경우가 있는데, 이럴 경우에는 인자회전을 이용하면 설명 가능한 인자를 찾는 데 도움이 된다. [회전] 프레임에서는 회전 방법으로 베리맥스와 쿼티맥스 방법을 선택할 수 있다. 디폴트는 회전을 하지 않음이다. 이번 예제에서는 베리맥스 방법을 선택하였다.

인자분석 결과 디폴트로 변수들의 기초통계량과 상관행렬 또는 공분산행렬이 출력된다. 스크리 산점도는 보유할 인자의 개수를 선택하는 데 도움이 되는 그림이며, 인자적재 산점도는 변수들과 추출된 인자들 사이의 관계를 나타내는 그림이다. 마지막으로 각 변수에 대응되는 인자들의 점수를 계산하여 원 자료가 저장된 시트에 출력할 수 있다. 인자점수는 회귀분석 또는 판별분석과 같은 이후의 분석에서 설명변수 또는 입력변수의 값으로 이용할 수 있다. 스크리 산점도와 인자적재 산점도를 출력하기로 한다.

인자분석 결과로 변수들의 기초통계량과 상관행렬이 출력된다. 고유값의 크기가 1 이상인 인자는 2개이며 전체변동의 76.5%를 설명하고 있음을 보여준다. 인자적재를 보면 회전 전의 인자들과 변수들 사이의 관계를 보여준다. 첫 번째 인자의 인자적재 값들은 모든 변수에서 비슷한 크기의 값을 가지고 있으므로 전반적인 범죄를 설명하는 인자라고 할 수 있다. 두 번째 인자에서는 murder, rape, assualt 변수는 음의 값을 갖고, bulgary, larceny, auto 변수의 경우는 양의 값을 갖는 것을 볼 수 있어 강력범죄에 비해 재산과 관련된 범죄가 우세한 정도를 보여주는 인자라고 할 수 있다. 회전 후의 인자적재를 보면 첫 번째 인자는 bulgary, larceny, auto 변수에서 양의 값이 크므로 재산과 관련된 범죄를 설명하는 인자이고, 두 번째 인자는 murder, rape, assualt 변수에서 음의 값이 큰 것을 볼 수 있어 강력범죄에 해당되는 인자라고 해석할 수 있다.

그림 10-6

인자분석 결과

인자분석 결과

기초 통계량

변수명	평균	표준편차	관측치개수
murder	7.4440	3.86677	50
rape	25.7340	10.75963	50
robbery	124.0920	88.34857	50
assualt	211.3000	100.25305	50
burglary	1291.9040	432.45571	50
larceny	2671.2880	725.90871	50
auto	377.5260	193.39442	50

상관행렬

변수명	murder	rape	robbery	assualt	burglary	larceny	auto
murder	1.0000	.	.	.	.	.	.
rape	0.6012	1.0000	.	.	.	.	.
robbery	0.4837	0.5919	1.0000	.	.	.	.
assualt	0.6486	0.7403	0.5571	1.0000	.	.	.
burglary	0.3858	0.7121	0.6372	0.6229	1.0000	.	.
larceny	0.1019	0.6140	0.4467	0.4044	0.7921	1.0000	.
auto	0.0688	0.3489	0.5907	0.2758	0.5580	0.4442	1.0000

고유값

인자	고유값	차이	비율(%)	누적비율(%)
1	4.1150	2.8762	58.785	58.785
2	1.2387	0.5129	17.696	76.481
3	0.7258	0.4094	10.369	86.850
4	0.3164	0.0585	4.520	91.370
5	0.2580	0.0359	3.685	95.056
6	0.2220	0.0980	3.172	98.228
7	0.1241		1.772	100.000

상관행렬의 고유값
인자추출 방법 : 주성분

인자 적재

변수명	인자1	인자2
murder	0.609	-0.700
rape	0.876	-0.189
robbery	0.805	0.047
assualt	0.805	-0.382
burglary	0.893	0.226
larceny	0.725	0.448
auto	0.599	0.559
인자로 설명되는 분산	4.115	1.239

인자추출 방법 : 주성분

회전 후 인자

변수명	인자1	인자2
murder	-0.045	-0.927
rape	0.501	-0.742
robbery	0.614	-0.523
assualt	0.316	-0.833
burglary	0.801	-0.455
larceny	0.833	-0.179
auto	0.819	-0.011
인자로 설명되는 분산	2.737	2.617

회전 방법 : Varimax

공통성

변수명	공통성
murder	0.861
rape	0.803
robbery	0.650
assualt	0.794
burglary	0.848
larceny	0.726
auto	0.671
총합	5.354

인자추출 방법 : 주성분

스크리 산점도를 보면 인자 개수가 4부터 기울기가 완만해지는 것을 볼 수 있다. 변수의 개수를 고려할 때, 보유할 인자의 개수는 3을 선택하는 것이 좋다. 즉 기울기가 완만해지기 전의 인자 개수를 보유할 인자의 개수라고 보면 된다.

그림 10-7 **스크리 산점도와 인자적재 산점도**

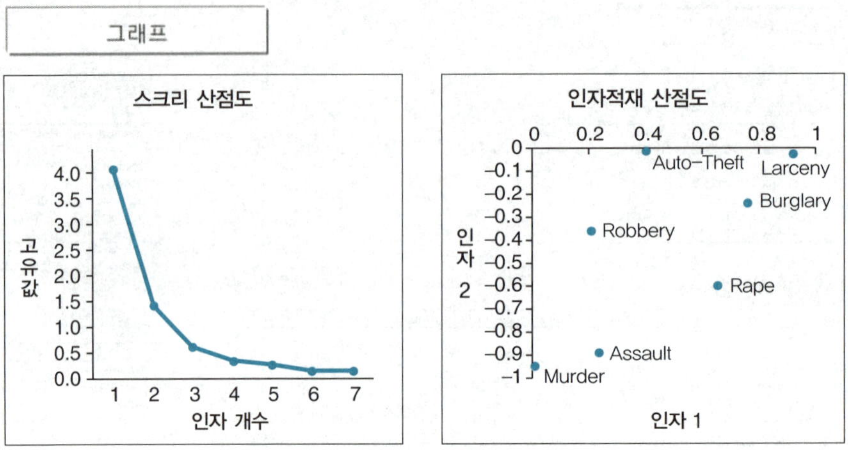

원 자료가 저장된 '범죄발생건수' 시트를 보면 원 자료 다음에 회전 전의 인자점수와 회전 후의 인자점수들이 저장되어 있음을 볼 수 있다.

그림 10-8 **인자점수가 저장된 워크시트**

state	murder	rape	robbery	assualt	burglary	larceny	auto	인자1	인자2	회전된 인	회전된 인자2
Alabama	14.2	25.2	96.8	278.3	1135.5	1881.9	280.7	−0.025	−1.883	−1.322	−1.342
Alaska	10.8	51.6	96.8	284	1331.7	3369.8	753.3	1.194	0.150	0.965	−0.718
Arizona	9.5	34.2	138.2	312.3	2346.1	4467.4	439.5	1.486	0.759	1.598	−0.481
Arkansas	8.8	27.6	83.2	203.4	972.6	1862.1	183.4	−0.520	−1.209	−1.212	−0.513
California	11.5	49.4	287	358	2139.4	3499.8	663.5	2.112	0.129	1.613	−1.369
Colorado	6.3	42	170.7	292.9	1935.2	3903.2	477.1	1.237	0.824	1.463	−0.262
Connectic	4.2	16.8	129.5	131.8	1346	2620.7	593.2	−0.267	1.349	0.741	1.158
Delaware	6	24.9	157	194.2	1682.6	3678.4	467	0.476	1.165	1.150	0.512
Florida	10.2	39.6	187.9	449.1	1859.9	3840.5	351.4	1.534	−0.543	0.731	−1.454
Georgia	11.7	31.1	140.5	256.5	1351.1	2170.2	297.9	0.242	−1.241	−0.684	−1.063
Hawaii	7.2	25.5	128	64.1	1911.5	3920.4	489.4	0.406	1.639	1.427	0.902
Idaho	5.5	19.4	39.6	172.5	1050.8	2599.6	237.6	−0.706	−0.007	−0.515	0.484
Illinois	9.9	21.8	211.3	209	1085	2828.5	528.6	0.253	0.085	0.241	−0.114
Indiana	7.4	26.5	123.2	153.5	1086.2	2498.7	377.4	−0.246	0.000	−0.178	0.171
Iowa	2.3	10.6	41.2	89.8	812.5	2685.1	219.9	−1.273	0.741	−0.405	1.416
Kansas	6.6	22	100.7	180.5	1270.4	2739.3	244.3	−0.313	−0.025	−0.243	0.198
Kentucky	10.1	19.1	81.1	123.3	872.2	1662.1	245.4	−0.851	−1.030	−1.328	−0.154
Louisiana	15.5	30.9	142.9	335.5	1165.5	2469.9	337.7	0.552	−1.872	−0.897	−1.733
Maine	2.4	13.5	38.7	170	1253.1	2350.7	246.9	−0.900	0.520	−0.290	0.999
Maryland	8	34.8	292.1	358.9	1400	3177.7	428.5	1.076	−0.175	0.655	−0.871
Massachu	3.1	20.8	169.1	231.6	1532.2	2311.3	1140.1	0.482	2.364	1.985	1.372
Michigan	9.3	38.9	261.9	274.6	1522.7	3159	545.5	1.121	0.139	0.905	−0.675

인자분석의 경우, 주성분분석 방법을 이용하여 직교인자 모형을 구현하였고, 회전방식으로는 직교회전인 Varimax와 Quartimax를 Kaiser의 방법을 이용하여 구현하였다. 출력 결과로는 인자의 로딩과 스크리 산점도, 그리고 회전 후의 인자적재 산점도를 제공한다. 인자의 개수가 3개 이상인 경우 사용자가 선택적으로 인자적재 산점도를 추가로 그릴 수 있도록 하였다.

10.2.2 이론적 배경

A. 직교인자모형

관측 가능한 p차원 랜덤벡터 $\boldsymbol{x} = (x_1, \cdots, x_p)'$의 평균을 $\boldsymbol{\mu}$, 분산을 Σ라고 하자. 이때, m개의 공통인자를 갖는 직교인자모형은 아래와 같이 표현된다. 이때, $\boldsymbol{F}$와 $\boldsymbol{\varepsilon}$은 관측되지 않는 변수이다.

$$X - \boldsymbol{\mu} = \boldsymbol{L}\boldsymbol{F} + \boldsymbol{\varepsilon}$$

$\boldsymbol{\mu} = (\mu_1, \cdots, \mu_p)'$: 모평균

$\boldsymbol{\varepsilon} = (\varepsilon_1, \cdots, \varepsilon_p)'$: 특정인자(specific factor)

$\boldsymbol{F} = (F_1, \cdots, F_m)'$: 공통인자(common factor)

$\boldsymbol{L} = \{l_{ij}\}, i = 1, \cdots, p, j = 1, \cdots, m$: 인자적재행렬(factor loading matrix)

단, $\boldsymbol{F}$와 $\boldsymbol{\varepsilon}$은 서로 독립

$$E(\boldsymbol{F}) = 0, \quad Cov(\boldsymbol{F}) = E(\boldsymbol{F}\boldsymbol{F}') = I$$

$$E(\boldsymbol{\varepsilon}) = 0, \quad Cov(\boldsymbol{\varepsilon}) = \boldsymbol{\Psi} = diag\{\psi_i\}, \quad i = 1, \cdots, p$$

B. 직교인자모형의 성질

직교인자모형은 다음과 같은 성질을 만족한다.

① $Cov(\boldsymbol{X}) = \boldsymbol{\Sigma} = \boldsymbol{LL'} + \boldsymbol{\Psi}$

② $Cov(\boldsymbol{X}, \boldsymbol{F}) = \boldsymbol{L}$

③ $Var(X_i) = \sigma_{ii} = L_{i1}^2 + \cdots + L_{im}^2 + \psi_i$

$L_{i1}^2 + \cdots + L_{im}^2$: 공통성(communality)

ψ_i : 특정분산(specific variance)

④ $\boldsymbol{F}$는 유일하지 않다. 즉 임의의 직교행렬(orthogonal matrix) $\boldsymbol{T}$에 대해 $\boldsymbol{L}^* = \boldsymbol{LT}$, $\boldsymbol{F}^* = \boldsymbol{T'F}$라고 하면, $\boldsymbol{X} - \boldsymbol{\mu} = \boldsymbol{L}^*\boldsymbol{F}^* + \boldsymbol{\varepsilon}$을 만족한다.

C. 직교인자모형의 추정

직교인자모형에서 인자를 추정하기 위한 주성분방법은 다음과 같다. $\boldsymbol{x} = (x_1, \cdots, x_p)'$의 공분산행렬을 $\boldsymbol{\Sigma}$, $\lambda_1 \geq \lambda_2 \geq \cdots \geq \lambda_p \geq 0$을 $\boldsymbol{\Sigma}$의 고유값, 이에 대응되는 고유벡터를 $\boldsymbol{e}_i = (e_{i1}, e_{i2}, \cdots, e_{ip})'$이라고 하자.

임의의 $m(\ll p)$에 대해서 $\hat{\boldsymbol{L}}_m = \left[\sqrt{\lambda_1}\,\boldsymbol{e}_1, \cdots, \sqrt{\lambda_m}\,\boldsymbol{e}_m\right]' \equiv [\hat{L}_{ij}]$라고 하면 $\boldsymbol{\Sigma} = \boldsymbol{L'L} + \boldsymbol{\Psi}$는

$$\boldsymbol{\Sigma} \approx \left[\sqrt{\lambda_1}\,\boldsymbol{e}_1, \cdots, \sqrt{\lambda_m}\,\boldsymbol{e}_m\right]\begin{bmatrix} \sqrt{\lambda_1}\,\boldsymbol{e}_1 \\ \vdots \\ \sqrt{\lambda_m}\,\boldsymbol{e}_m \end{bmatrix} + \begin{bmatrix} \psi_1 & \cdots & 0 \\ \vdots & \ddots & \vdots \\ 0 & \cdots & \psi_p \end{bmatrix}$$

와 같이 근사적으로 분해할 수 있다. 공통인자의 개수 m을 정하는 방법으로는 상관행렬 $\boldsymbol{R}$을 이용하는 경우 1 또는 0.7보다 큰 고유값을 갖는 고유벡터만 이용하거나, 즉

$$\frac{\lambda_i}{\lambda_1 + \cdots + \lambda_p} > \bar{\lambda} \ \ (\text{또는 } 0.7\bar{\lambda})$$

인 λ_i에 대응되는 고유벡터를 이용하거나, 스크리 산점도를 이용한다. 스크리

산점도에 대해서는 주성분분석에서 설명하였다.

이 외에도 분산의 일정 비율을 설명할 수 있도록 인자의 개수를 정하거나, 사용자가 지정할 수 있다. KESS에서는 주성분방법에 의한 방법만 제공한다.

D. 인자회전

변수와 인자들 간의 관계를 해석하기 어려운 경우 인자회전(factor rotation)을 이용하면 해석이 용이할 수 있다. 인자회전 방법으로는 직교회전(orthogonal rotation)과 사각회전(oblique rotation)이 있다.

E. 인자점수

F의 추정치 ***f***를 인자점수(factor score)라고 하며, 모형의 타당성을 검토하는 데 사용되거나, 인자를 이용한 회귀분석 또는 판별분석과 같은 분석에서 설명변수로 이용되기도 한다. ***F***에 대한 가정이 만족되면, 인자점수는 평균이 0이고 분산이 1이어야 한다.

인자점수를 계산하는 방법에는 weighted least square 방법과 regression 방법이 있는데, KESS에서는 regression 방법에 의해 인자점수를 계산한다.

10.3 판별분석

판별분석(discriminant analysis)이란 여러 개의 모집단에서 추출된 표본들의 정보를 이용하여, 어느 모집단에서 추출될 가능성이 높은지를 판단해 주는 기준을 찾는 다변량 분석기법이다. 이 기준은 잘못 분류될 확률 또는 잘못 분류되었을 경우 발생할 비용을 최소로 하는 확률변수들의 함수로 주어지며, 이런 함수를 판별함수(discriminant function)라고 한다. 어느 모집단에서 추출됐는지 모르는 새로운 자료가 관측되면 이 자료가 속할 가능성이 가장 높은 모집단으로 분류하는 데 기준이 되는 함수를 분류함수(classification function)라고 하며 일반적으로 판별분석에서 얻어진 판별함수를 이용한다.

10.3.1 판별분석 예

《예제 10-3》 Fisher's Iris Data

붓꽃자료(Iris data)는 Fisher(1936)가 판별분석을 설명하기 위해 사용한 다변량 자료이다. 캐나다 퀘벡주에서 수집한 3품종의 붓꽃(Iris setosa, Iris virginica and Iris versicolor) 자료로, 각 품종별로 50개씩 수집된 붓꽃의 꽃받침(sepal)과 꽃잎(petal)의 길이(length)와 폭(width)을 측정한 관측값들로 구성되어 있다. 이 관측값들을 이용하여 붓꽃 품종을 구분할 수 있는지에 관심이 있다. 측정단위는 밀리미터(mm)이다(〈표 10-2〉).

Data 디렉토리에 저장된 다변량분석 시트 중 '붓꽃자료'를 이용하여 붓꽃 품종들을 구분할 수 있는 판별함수를 구해 보자. 판별함수를 실행하기 위해

[통계분석] → [다변량분석] → [판별분석]

을 선택하면 판별분석 대화상자가 나타난다.

obs는 관측값 번호, species는 각 관측값이 속한 모집단을 나타내는 변수이다. 선택변수 창에서 species를 선택한 후 →를 눌러 그룹변수 창으로 보낸다. 마찬가지로 sepal length, sepal width, petal length와 petal width 변수를 선택한 후 →를 눌러 분석변수 창으로 보낸다.

:: 표 10-2 Iris Data

Iris Setosa				Iris Vericolor				Iris Virginica			
Sepal Length	Sepal Width	Petal Length	Petal Width	Sepal Length	Sepal Width	Petal Length	Petal Width	Sepal Length	Sepal Width	Petal Length	Petal Width
50	33	14	2	65	28	46	15	64	28	56	22
46	34	14	3	62	22	45	15	67	31	56	24
46	36	10	2	59	32	48	18	63	28	51	15
51	33	17	5	61	30	46	14	69	31	51	23
55	35	13	2	60	27	51	16	65	30	52	20
48	31	16	2	56	25	39	11	65	30	55	18
52	34	14	2	57	28	45	13	58	27	51	19
49	36	14	1	63	33	47	16	68	32	59	23
44	32	13	2	70	32	47	14	62	34	54	23
50	35	16	6	64	32	45	15	77	38	67	22
44	30	13	2	61	28	40	13	67	33	57	25
47	32	16	2	55	24	38	11	76	30	66	21
48	30	14	3	54	30	45	15	49	25	45	17
51	38	16	2	58	26	40	12	67	30	52	23
48	34	19	2	55	26	44	12	59	30	51	18
50	30	16	2	50	23	33	10	63	25	50	19
50	32	12	2	67	31	44	14	64	32	53	23
43	30	11	1	56	30	45	15	79	38	64	20
58	40	12	2	58	27	41	10	67	33	57	21
51	38	19	4	60	29	45	15	77	28	67	20
49	30	14	2	57	26	35	10	63	27	49	18
51	35	14	2	57	29	42	13	72	32	60	18
50	34	16	4	49	24	33	10	61	30	49	18
46	32	14	2	56	27	42	13	61	26	56	14
57	44	15	4	57	30	42	12	64	28	56	21
50	36	14	2	66	29	46	13	62	28	48	18
54	34	15	4	52	27	39	14	77	30	61	23
52	41	15	1	60	34	45	16	63	34	56	24
55	42	14	2	50	20	35	10	58	27	51	19
49	31	15	2	55	24	37	10	72	30	58	16
54	39	17	4	58	27	39	12	71	30	59	21
50	34	15	2	62	29	43	13	64	31	55	18
44	29	14	2	59	30	42	15	60	30	48	18
47	32	13	2	60	22	40	10	63	29	56	18
46	31	15	2	67	31	47	15	77	26	69	23
51	34	15	2	63	23	44	13	60	22	50	15
50	35	13	3	56	30	41	13	69	32	57	23
49	31	15	1	63	25	49	15	74	28	61	19
54	37	15	2	61	28	47	12	56	28	49	20
54	39	13	4	64	29	43	13	73	29	63	18
51	35	14	3	51	25	30	11	67	25	58	18
48	34	16	2	57	28	41	13	65	30	58	22
48	30	14	1	61	29	47	14	69	31	54	21
45	23	13	3	56	29	36	13	72	36	61	25
57	38	17	3	69	31	49	15	65	32	51	20
51	38	15	3	55	25	40	13	64	27	53	19
54	34	17	2	55	23	40	13	68	30	55	21
51	37	15	4	66	30	44	14	57	25	50	20
52	35	15	2	68	28	48	14	58	28	51	24
53	37	15	2	67	30	50	17	63	33	60	25

그림 10-9 판별분석 대화상자

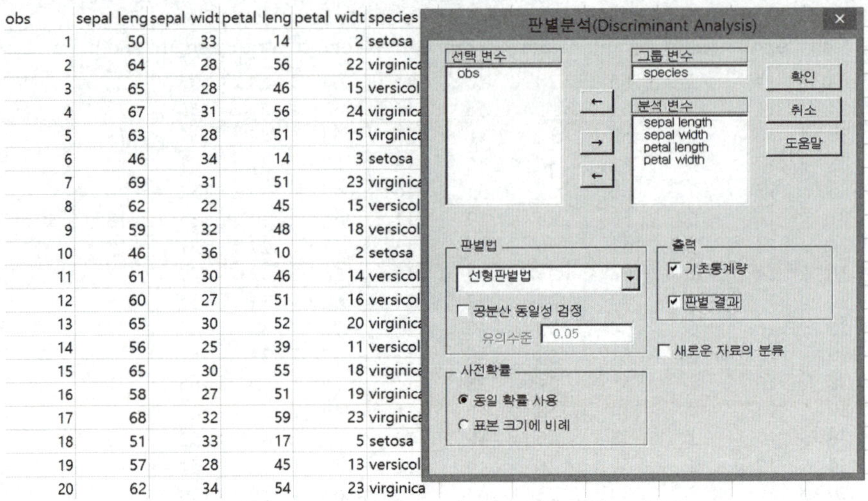

[판별법] 프레임에서는 판별법을 선택하고 공분산의 동일성을 검정할 수 있다. 디폴트 판별법은 선형판별법이며, 이차판별법과 정준판별법을 옵션으로 선택할 수 있다. 판별법을 선택하기 전에 먼저 각 모집단의 공분산행렬들이 동일한지 여부를 검정하고, 그 결과에 따라 선형판별법, 이차판별법 및 정준판별법 중에서 하나를 선택한다. 여기서는 공분산의 동일성검정은 시행하지 않고 선형판별법을 사용한다. [사전확률] 프레임에서는 디폴트로 [동일 확률 사용]이 선택되어 있다. 각 모집단의 크기가 다른 경우는 표본 크기에 비례한 사전확률을 사용하는 것이 좋다. 이 예제의 경우 표본의 크기가 동일하므로 어떤 방법을 사용해도 무방하다.

[출력] 프레임에서는 출력할 통계량을 선택할 수 있다. 디폴트로 기초통계량이 출력되고 '판별 결과' 옵션버튼을 선택하면 관측값들의 판별결과가 출력된다. 어느 모집단에 속하는지 모르는 새로운 표본이 관측된 경우 [새로운 자료의 분류] 확인란을 선택하면, 얻어진 판별함수를 이용하여 이 관측값들이 속할 가능성이 가장 높은 모집단으로 분류한 결과를 보여준다.

분석에 사용된 변수별로 평균, 표준편차, 관측치 개수와 상관행렬 및 공분산행렬이 출력된다.

그림 10-10

기초통계량

판별분석 결과

기초 통계량

Total	평균	표준편차	관측치개수
sepal length	58.4333	8.28066	150
sepal width	30.5733	4.35866	150
petal length	37.5800	17.65298	150
petal width	11.9933	7.62238	150
group=setosa	평균	표준편차	관측치개수
sepal length	50.0600	3.52490	50
sepal width	34.2800	3.79064	50
petal length	14.6200	1.73664	50
petal width	2.4600	1.05386	50
group=versicolor	평균	표준편차	관측치개수
sepal length	59.3600	5.16171	50
sepal width	27.7000	3.13798	50
petal length	42.6000	4.69911	50
petal width	13.2600	1.97753	50
group=virginica	평균	표준편차	관측치개수
sepal length	65.8800	6.35880	50
sepal width	29.7400	3.22497	50
petal length	55.5200	5.51895	50
petal width	20.2600	2.74650	50

그림 10-11

상관행렬과 공분산행렬

상관행렬

Total	sepal length	sepal width	petal length	petal width
sepal length	1.0000	.	.	.
sepal width	-0.1176	1.0000	.	.
petal length	0.8718	-0.4284	1.0000	.
petal width	0.8179	-0.3661	0.9629	1.0000
group=setosa	sepal length	sepal width	petal length	petal width
sepal length	1.0000	.	.	.
sepal width	0.7425	1.0000	.	.
petal length	0.2672	0.1777	1.0000	.
petal width	0.2781	0.2328	0.3316	1.0000
group=versicolor	sepal length	sepal width	petal length	petal width
sepal length	1.0000	.	.	.
sepal width	0.5259	1.0000	.	.
petal length	0.7540	0.5605	1.0000	.
petal width	0.5465	0.6640	0.7867	1.0000
group=virginica	sepal length	sepal width	petal length	petal width
sepal length	1.0000	.	.	.
sepal width	0.4572	1.0000	.	.
petal length	0.8642	0.4010	1.0000	.
petal width	0.2811	0.5377	0.3221	1.0000

공분산행렬

Total	sepal length	sepal width	petal length	petal width
sepal length	26.5008	.	.	.
sepal width	9.2721	11.5388	.	.
petal length	16.7514	5.5244	18.5188	.
petal width	3.8401	3.2710	4.2665	4.1882
group=setosa	sepal length	sepal width	petal length	petal width
sepal length	12.4249	.	.	.
sepal width	9.9216	14.3690	.	.
petal length	1.6355	1.1698	3.0159	.
petal width	1.0331	0.9298	0.6069	1.1106
group=versicolor	sepal length	sepal width	petal length	petal width
sepal length	26.6433	.	.	.
sepal width	8.5184	9.8469	.	.
petal length	18.2898	8.2653	22.0816	.
petal width	5.5780	4.1204	7.3102	3.9106
group=virginica	sepal length	sepal width	petal length	petal width
sepal length	40.4343	.	.	.
sepal width	9.3763	10.4004	.	.
petal length	30.3290	7.1380	30.4588	.
petal width	4.9094	4.7629	4.8824	7.5433

Fisher의 선형 판별식(linear discriminants)은 다음과 같이 각 품종의 선형판별점수(discriminant score)를 구한 것이다.

$$\text{Setosa} \quad d_1(\boldsymbol{x}) = -86.31 + 2.35x_1 + 2.36x_2 - 1.64x_3 - 1.74x_4$$

$$\text{Versicolor} \quad d_2(\boldsymbol{x}) = -72.85 + 1.57x_1 + 0.71x_2 + 0.52x_3 + 0.64x_4$$

$$\text{Virginica} \quad d_3(\boldsymbol{x}) = -104.37 + 1.24x_1 + 0.37x_2 + 1.28x_3 + 2.11x_4$$

여기서 x_1 : sepal length (꽃받침 길이)

x_2 : sepal width (꽃받침 폭)

x_3 : petal length (꽃잎 길이)

x_4 : petal width (꽃잎 폭)

품종의 선형판별점수는 관측값이 각 품종에서 추출될 확률에 비례하는 값으로 이 점수가 가장 큰 품종에서 추출된 것으로 판별한다.

그림 10-12 Fisher의 선형판별식

Fisher의 선형 함수

변수명	setosa	versicolor	virginica
상수항	-86.3085	-72.8526	-104.3683
sepal length	2.3544	1.5698	1.2446
sepal width	2.3588	0.7073	0.3685
petal length	-1.6431	0.5211	1.2767
petal width	-1.7398	0.6434	2.1079

판별결과의 일부가 다음과 같다. 판별결과에서 사후확률은 선형판별점수를 바탕으로 계산된다.

그림 10-13

판별결과의 일부

관측치의 판별

obs	sepal length	sepal width	petal length	petal width	그룹	사후확률 :	setosa	versicolor	virginica	판별결과
1	50	33	14	2	setosa		1.0000	0.0000	0.0000	setosa
2	64	28	56	22	virginica		0.0000	0.0000	1.0000	virginica
3	65	28	46	15	versicolor		0.0000	0.9956	0.0044	versicolor
4	67	31	56	24	virginica		0.0000	0.0000	1.0000	virginica
5	63	28	51	15	virginica		0.0000	0.7294	0.2706	versicolor
6	46	34	14	3	setosa		1.0000	0.0000	0.0000	setosa
7	69	31	51	23	virginica		0.0000	0.0004	0.9996	virginica
8	62	22	45	15	versicolor		0.0000	0.9596	0.0404	versicolor
9	59	32	48	18	versicolor		0.0000	0.2532	0.7468	virginica
10	46	36	10	2	setosa		1.0000	0.0000	0.0000	setosa
11	61	30	46	14	versicolor		0.0000	0.9981	0.0019	versicolor
12	60	27	51	16	versicolor		0.0000	0.1434	0.8566	virginica
13	65	30	52	20	virginica		0.0000	0.0031	0.9969	virginica
14	56	25	39	11	versicolor		0.0000	1.0000	0.0000	versicolor
15	65	30	55	18	virginica		0.0000	0.0061	0.9939	virginica
16	58	27	51	19	virginica		0.0000	0.0011	0.9989	virginica
17	68	32	59	23	virginica		0.0000	0.0000	1.0000	virginica

Fisher의 판별함수에 의해 각 관측값을 판별한 결과인 분류표가 출력되는데 원래 속한 모집단으로 제대로 분류된 결과와 다른 모집단으로 오분류된 결과가 출력된다. Setosa 품종은 모든 관측값이 제대로 분류되었고, versicolor 품종은 2개가 virginica 품종으로 잘못 분류되었다. Virginica 품종의 경우도 1개가 versicolor 품종으로 잘못 분류되었다. 전체적으로 150개의 관측값 중 3개가 잘못 분류되어 총오분류율은 0.02(= 3/150)이다.

그림 10-14

분류표와 오분류율

분류표와 오분류율

		setosa	versicolor	virginica
실제그룹	setosa	50	0	0
	versicolor	0	48	2
	virginica	0	1	49
	Total	50	49	51

group	setosa	versicolor	virginica	Total
rate	0.0000	0.0400	0.0200	0.0200
priors	0.3333	0.3333	0.3333	.

새로운 표본이 관측되고 이들 표본이 어느 품종인지를 알고 싶다면 미리 원 자료가 저장된 시트에 [그림 10-15]와 같이 입력한 후 '새로운 표본의 분류' 체크단추를 선택하고 [확인]을 누른다.

그림 10-15 입력된 새로운 자료

	A	B	C	D	E	F	G	H	I	J	K
1	obs	sepal leng	sepal widt	petal leng	petal widt	species					
2	1	50	33	14	2	setosa		30	34	25	15
3	2	64	28	56	22	virginica		58	56	38	42
4	3	65	28	46	15	versicolor		15	36	26	43

#Temp# 시트가 생성되고 [그림 10-16]과 같이 '입력' 상자가 나타난다. 새로운 자료가 저장되어 있는 시트를 선택한 후 자료가 들어 있는 범위를 마우스를 이용하여 선택한 후 [확인]을 누르면 된다.

그림 10-16 새로운 자료 입력 상자

새로운 관측값들을 분류한 결과가 다음과 같이 출력된다. 첫 번째 관측값은 versicolor 품종으로, 두 번째와 세 번째 관측값은 virginica 품종으로 분류된 것을 확인할 수 있다.

그림 10-17 새로운 관측값을 분류한 결과

새로운 관측값에 대한 분류

obs_num	sepal length	sepal width	petal length	petal width	estimate
1	30	34	25	15	versicolor
2	58	56	38	42	virginica
3	15	36	26	43	virginica

공분산행렬의 동일성검정을 시행한 결과를 보면 유의확률이 0.0001보다 작으므로 공분산행렬이 동일하다는 귀무가설이 기각된다. 공분산행렬이 동일하지 않으면 선형판별법 대신 이차판별법을 이용해야 한다.

그림 10-18 공분산 동일성검정

공분산행렬의 동일성 검정

변수명	자유도	유의확률
140.94305	20.0000	< 0.0001

모집단 공분산 행렬이 동일하다는 귀무가설의 검정결과
(유의확률이 작으면 모집단 공분산 행렬은 동일하지 않다)

정준판별함수를 이용한 방법

[그림 10-9]에서 판별법으로 정준판별법을 선택한 후 [확인]을 누르면 정준함수를 이용한 판별분석이 실행된다. 주어진 자료를 이용하여 정준상관계수와 $W^{-1}B$ 행렬의 고유값을 구한 결과는 다음과 같다.

그림 10-19 정준상관계수

정준상관계수

	정준상관계수	정준상관계수제곱
1	0.9848	0.9699
2	0.4712	0.2220

그림 10-20 고유값

고유값

	고유값	차이	비율(%)	누적비율(%)
1	32.1919	31.9065	99.1213	99.1213
2	0.2854		0.8787	100.0000

추정된 정준상관계수의 유의성 검정결과를 보면 카이제곱통계량이 모두 유의하다. 따라서 귀무가설을 기각하므로 상관계수가 모두 유의함을 알 수 있다. 이는 집단 간에 분명한 차이가 존재하기 때문이다.

그림 10-21 정준상관계수의 유의성검정

판별함수의 유의성 검정

판별함수 번호	가능도비	카이제곱	자유도	유의확률
1	0.0234	546.1153	8	< 0.0001
2	0.7780	36.5297	3	< 0.0001

유도된 판별함수를 제외한 나머지 부분에 존재하는 잔차판별력이 유의한지의 검정결과
(유의확률이 작으면 잔차판별력이 유의하지 않다)

[그림 10-22]는 주어진 자료에 대한 비표준정준계수이다. 각 개체에 대한 정준판별점수는 위의 비표준정준계수와 대응하는 판별변수와의 선형결합을 통하여 얻는다. 즉 각 개체에 대한 판별함수는

$$\text{판별점수1} = 2.1051 + 0.0829 \cdot X1 + 0.1534 \cdot X2 - 0.2201 \cdot X3 - 0.2810 \cdot X4$$

$$\text{판별점수2} = -6.6615 + 0.0024 \cdot X1 + 0.2165 \cdot X2 - 0.0932 \cdot X3 + 0.2839 \cdot X4$$

가 된다. 이를 이용하여 각 개체의 판별점수를 계산하면 [그림 10-23]과 같다.

그림 10-22 비표준정준계수

비표준정준계수

변수명	함수1	함수2
sepal length	0.0829	0.0024
sepal width	0.1534	0.2165
petal length	-0.2201	-0.0932
petal width	-0.2810	0.2839
상수항	2.1051	-6.6615

그림 10-23

정준점수

정준점수

	sepal length	sepal width	petal length	petal width	group	함수1	함수2
1	50	33	14	2	setosa	7.6720	-0.1349
2	64	28	56	22	virginica	-6.8002	0.5809
3	65	28	46	15	versicolor	-2.5487	-0.4722
4	67	31	56	24	virginica	-6.6531	1.8053
5	63	28	51	15	virginica	-3.8152	-0.9430
6	46	34	14	3	setosa	7.2126	0.3558
7	69	31	51	23	virginica	-5.1056	1.9922
8	62	22	45	15	versicolor	-3.4981	-1.6850
9	59	32	48	18	versicolor	-3.7159	1.0445
10	46	36	10	2	setosa	8.6810	0.8776
11	61	30	46	14	versicolor	-2.2925	-0.3329
12	60	27	51	16	versicolor	-4.4985	-0.8827
13	65	30	52	20	virginica	-4.9677	0.8211
14	56	25	39	11	versicolor	-1.0904	-1.6266
15	65	30	55	18	virginica	-5.0660	-0.0263
16	58	27	51	19	virginica	-5.5075	-0.0358

10.3.2 이론적 배경

판별분석과 군집분석은 개체(또는 관측값)를 유사한 성질을 가진 개체들로 구성된 몇 개의 그룹으로 나누어 각 그룹의 특성을 이해하기 위한 다변량 분석법이라고 할 수 있다. 다른 점이 있다면 판별분석은 개체가 속해 있는 모집단에 대한 정보를 알고 이들을 효율적으로 분류할 수 있는 기준을 구하는 반면, 군집분석은 소속된 모집단에 대한 정보가 없는 상태에서 개체들 사이의 유사성을 이용하여 몇 개의 집단으로 나눈다는 점이다.

판별분석은 개체가 추출된 모집단들을 구별할 수 있는 판별함수라는 기준을 만드는 **판별과정**과 추출된 모집단에 대한 정보가 없는 새로운 개체가 관측되면 판별함수를 이용하여 추출될 확률이 가장 높은 모집단으로 분류하는 **분류과정**으로 구성되어 있다.

판별과정에서는 전체 집단을 어떤 특성에 따라 상호 배반적인 g개의 모집단으로 구분하기 위해 필요한 변수들의 함수, 즉 판별함수를 도출한다. 분류과정에서는 유도된 판별함수를 이용하여 새로운 개체가 속할 집단을 예측한다.

A. 거리를 이용한 판별법

p차원 개체 $\boldsymbol{x} = (x_1, \cdots, x_p)'$이 어느 모집단에 속하는지 판별하기 위해서는 각 모집단의 평균 $\overline{\boldsymbol{x}}_i$와 개체 $\boldsymbol{x}$와의 거리를 구한 후 가장 가까운 모집단으로 $\boldsymbol{x}$를 분류하면 될 것이다. 판별분석에서는 일반적으로 사용되는 유크리디안 거리(Euclidean distance) 대신에 분산을 고려한 통계적 거리(statistical distance)를 이용한다. 통계적 거리를 구하는 방법은 모집단의 공분산행렬들이 동일한지 여부에 따라 다르며, 거리와 함께 모집단의 크기 등에 따라 개체가 모집단에 속할 확률이 다를 수 있으므로 모집단에 대한 사전확률도 동시에 고려한 판별함수를 구한다. 이 외에도 분류가 잘못될 경우 발생할 수 있는 비용 등이 고려되기도 한다.

g개의 모집단에서 표본들이 관측되고 i번째 모집단의 표본평균과 표본공분산행렬을 각각 $\overline{\boldsymbol{x}}_i$와 $\boldsymbol{S}_i$, 전체 표본을 이용한 합동공분산행렬을 $\boldsymbol{S}_p$라고 할 때, 개체 $\boldsymbol{x}$와 각 모집단의 중심까지의 거리를 나타내는 $d_i^2(\boldsymbol{x})$는 다음과 같이 정의된다.

① 모집단의 공분산행렬이 다른 경우

$$d_i^2(\boldsymbol{x}) = (\boldsymbol{x} - \overline{\boldsymbol{x}}_i)'\boldsymbol{S}_i^{-1}(\boldsymbol{x} - \overline{\boldsymbol{x}}_i) + \ln|\boldsymbol{S}_i| - 2\ln p_i$$

단, $p_i = \Pr(\boldsymbol{x}_i)$는 i번째 모집단의 사전확률(prior probability)이다.

② 모집단의 공분산행렬이 동일한 경우

$$d_i^2(\boldsymbol{x}) = (\boldsymbol{x} - \overline{\boldsymbol{x}}_i)'\boldsymbol{S}_p^{-1}(\boldsymbol{x} - \overline{\boldsymbol{x}}_i) - 2\ln p_i$$

이나 모집단의 공분산행렬이 동일한 경우는 $\boldsymbol{x}'S_p^{-1}\boldsymbol{x}$가 공통적으로 포함되므로 다음과 같이 거리를 정의해도 무방하다.

$$d_i^2(\boldsymbol{x}) = \overline{\boldsymbol{x}}_i' S_p^{-1} \overline{\boldsymbol{x}}_i - 2\overline{\boldsymbol{x}}_i' S_p^{-1} \boldsymbol{x} - 2\ln p_i$$

공분산이 다른 경우 $d_i^2(\boldsymbol{x})$는 $\boldsymbol{x}$의 이차식이므로 **이차판별점수**(quadratic discriminant score)라고 하며, 공분산이 동일한 경우 $d_i^2(\boldsymbol{x})$는 $\boldsymbol{x}$의 일차식이므로 **선형판별점수**(linear discriminant score)라고 한다.

통계적 거리를 이용한 판별법의 이론적 배경은 다음과 같다. $f_i(\boldsymbol{x})$를 모집단 π_i, $i = 1, 2, \cdots, g$의 확률밀도함수라고 하고 p_i를 모집단 π_i의 사전확률이라고 할 때

$$\sum_{i=1, i \neq k}^{g} p_i f_i(\boldsymbol{x})$$

를 최소로 하는 모집단 π_k, $k = 1, 2, \cdots, g$로 개체 $\boldsymbol{x}$를 판별하면 될 것이며, 이 방법을 **잘못 분류될 경우 기대되는 비용**(expected cost of misclassification ; ECM)을 최소로 하는 판별법이라고 한다(Anderson, 2003). 여기서는 모집단에 상관없이 오분류에 의한 비용은 동일하다고 가정하였다. ECM을 최소로 하는 판별법은 $p_k f_k(\boldsymbol{x})$가 최대인 모집단 π_k로 $\boldsymbol{x}$를 판별하는 방법과 같으며, 사후확률

$$\Pr(\pi_k | \boldsymbol{x}) = \frac{p_k f_k(\boldsymbol{x})}{\sum_{i=1}^{g} p_k f_k(\boldsymbol{x})}$$

가 $p_k f_k(\boldsymbol{x})$에 비례하므로 사후확률을 최대로 하는 판별법과 같다. 대부분의 패키지는 개체 $\boldsymbol{x}$가 모집단 π_i에 속할 사후확률 $\Pr(\pi_i | \boldsymbol{x})$를 구한 후 사후확률이 최대인 모집단으로 판별하는 방법을 사용하고 있다.

모집단의 분포가 p차원 다변량 정규분포 $N_p(\boldsymbol{\mu}_i, \boldsymbol{\Sigma}_i)$라면, 확률밀도함수

$$f_i(\boldsymbol{x}) = \frac{1}{(2\pi)^{\frac{p}{2}}|\Sigma_i|^{\frac{1}{2}}}\exp\left[-\frac{1}{2}(\boldsymbol{x}-\boldsymbol{\mu}_i)'\Sigma_i^{-1}(\boldsymbol{x}-\boldsymbol{\mu}_i)\right],$$

$$i = 1, 2, \cdots, g$$

이므로

$$\ln p_i f_i(\boldsymbol{x}) = -\frac{p}{2}\ln(2\pi) - \frac{1}{2}\ln|\Sigma_i| - \frac{1}{2}(\boldsymbol{x}-\boldsymbol{\mu}_i)'\Sigma_i^{-1}(\boldsymbol{x}-\boldsymbol{\mu}_i) + \ln p_i,$$

$$i = 1, 2, \cdots, g$$

가 된다. $\frac{p}{2}\ln(2\pi)$는 모든 모집단에서 동일하므로 $d_i^Q(\boldsymbol{x})$를 다음과 같이 정의하면

$$d_i^Q = -\frac{1}{2}\ln|\Sigma_i| - \frac{1}{2}(\boldsymbol{x}-\boldsymbol{\mu}_i)'\Sigma_i^{-1}(\boldsymbol{x}-\boldsymbol{\mu}_i) + \ln p_i,\ \ i = 1, 2, \cdots, g$$

$d_i^Q(\boldsymbol{x})$를 최대로 하는 모집단 $\boldsymbol{\pi}_k$로 개체 $\boldsymbol{x}$를 판별하는 방법은 $p_i f_i(\boldsymbol{x})$를 최대로 하는 판별법, 즉 사후확률이 최대인 모집단으로 판별하는 방법과 동일하다. 각 집단의 공분산행렬이 동일한 경우 $d_i^Q(\boldsymbol{x})$는 다음과 같다.

$$d_i^Q = -\frac{1}{2}(\boldsymbol{x}-\boldsymbol{\mu}_i)'\Sigma_p^{-1}(\boldsymbol{x}-\boldsymbol{\mu}_i) + \ln p_i,\ \ i = 1, 2, \cdots, g$$

모평균 $\boldsymbol{\mu}_i$와 모공분산행렬 Σ_i를 표본평균 $\overline{\boldsymbol{x}}_i$와 표본공분산행렬 $\boldsymbol{S}_i$로 바꾸어 주면

$$d_i^Q(\boldsymbol{x}) = -2d_i^2(\boldsymbol{x})$$

와 같으므로 사후확률을 최대로 하는 판별법은 앞에서 설명한 통계적 거리를 최소로 하는 판별법과 동일하다.

[참고] Fisher의 선형판별법

모집단이 두 개인 경우, Fisher는 p차원 랜덤벡터 $\boldsymbol{x} = (x_1, \cdots, x_p)'$의 관측값을 변수들의 선형결합 $\boldsymbol{a}'\boldsymbol{x}$를 이용하여 일변량 관측값 y로 변환한 후 각 모집단을 가장 잘 분리해 주는 함수를 찾는 방법을 제안하였다. 일변량 관측값 y로의 변환을 위한 선형결합 $\boldsymbol{a}'\boldsymbol{x}$는 일변량 평균값 $\bar{y}$들의 차이를 가장 크게 하는 변수들의 함수이다. 이 방법은 p차원 관측값을 일차원상에 나타내므로 시각적인 해석이 가능하다는 장점이 있으며, Fisher의 선형판별법(linear discriminants)이라고 한다. 모집단의 개수가 3개 이상인 경우도 p차원의 관측값들을 낮은 차원(보통 2～3 차원)의 관측값으로 표현할 수 있다면 시각적으로 모집단 그룹 간의 관계를 파악하기 쉬울 것이다. Fisher의 판별법은 모집단들을 최대한 분리하는 데 목적이 있다고 할 수 있다.

Fisher의 판별법은 g개의 모집단들이 다변량 정규분포를 따른다는 가정을 필요로 하지 않으나 공분산행렬들은 모두 완전계수(full rank)이고 동일한

$$\Sigma_1 = \Sigma_2 = \cdots = \Sigma_g = \Sigma$$

라는 가정을 필요로 한다. 따라서 모집단이 정규분포를 따르는 경우 위에서 구한 선형판별함수는 Fisher의 방법과 동일하다.

공분산행렬의 동일성검정

모집단의 공분산행렬이 동일한 경우에는 선형판별점수를 사용하고, 다른 경우에는 이차판별점수를 사용하므로 판별법을 결정하기 전에 공분산행렬이 동일한지를 검정을 통해 판단한다. 각 모집단의 공분산행렬이 $\boldsymbol{\Sigma}_i$이고 표본크기 n_i에서 추정된 표본공분산행렬을 S_i라고 할 때, g개의 모집단에 대한 합동표본공분산행렬 S_p는 다음과 같다.

$$\boldsymbol{S}_p = \frac{(n_1 - 1)\boldsymbol{S}_1 + (n_2 - 1)\boldsymbol{S}_2 + \cdots + (n_g - 1)\boldsymbol{S}_g}{N - g}$$

이때, 전체 표본크기는 $N = \sum_{i=1}^{g} n_i$이다. g개의 공분산행렬의 동일성검정은 가능도비를 이용한다. 검정하고자 하는 가설은

$$H_0 : \Sigma_1 = \Sigma_2 = \cdots = \Sigma_g$$

vs

H_1 : 적어도 두 개 이상의 공분산행렬이 같지 않다.

이고 가능도비 검정통계량은

$$M = \sum_{i=1}^{g} n_i \ln |\boldsymbol{S}_p| - \sum_{i=1}^{g} n_i \ln (\boldsymbol{S}_i)$$

이며, 척도인자(scale factor)가 다음과 같을 때,

$$C^{-1} = 1 - \frac{2p^2 + 3p - 1}{6(p+1)(g-1)}\left(\sum_{i=1}^{g}\frac{1}{n_i} - \frac{1}{N}\right)$$

통계량 $M^* = MC^{-1}$가 n_i가 커짐에 따라 자유도가 $v = \frac{1}{2}(g-1)p(p+1)$인 카이제곱분포로 근사된다.

B. 정준판별분석

두 확률변수들 간의 관계를 알아보기 위해서는 상관분석이 이용되나, 여러 개의 변수들로 구성된 서로 다른 변수집단 사이의 관계를 설명하기는 어렵다. 한 변수와 여러 개의 변수로 구성된 변수집단 사이의 관계를 이해하기 위해서 다중상관계수(multiple correlation coefficient)가 이용되나, 두 개의 변수 그룹 간의 관계를 설명하기에는 적합하지 않다. $\boldsymbol{x}^{(1)}$이 p차원 랜덤벡터이고 $\boldsymbol{x}^{(2)}$가 q차원 랜덤벡터일 때 두 변수집단 $\boldsymbol{x}^{(1)}$과 $\boldsymbol{x}^{(2)}$ 사이의 관계를 알아보려면 **정준상관(canonical correlation)분석**을 이용한다. 두 변수집단 $\boldsymbol{x}^{(1)}$과 $\boldsymbol{x}^{(2)}$ 간의 관계를 알아보기 위해 다음과 같이 각 변수집단을 구성하는 변수들로 이루어진 선형결합을 생각해 보자.

$$U_1 = \boldsymbol{a}_1' \boldsymbol{x}^{(1)} = a_{11} x_{11} + a_{12} x_{12} + \cdots + a_{1p} x_{1p}$$

$$V_1 = \boldsymbol{b}_1' \boldsymbol{x}^{(2)} = b_{11} x_{21} + b_{12} x_{22} + \cdots + b_{1q} x_{2q}$$

U_1과 V_1 간의 상관계수가 최대가 되는 계수벡터 $\boldsymbol{a}_1$과 $\boldsymbol{b}_1$을 찾을 수 있다면, U_1과 V_1 사이의 상관계수를 제 1 정준상관계수(first canonical correlation coefficient), (U_1, V_1)을 정준변수(canonical variable)라고 한다. 다시 첫 번째 정준변수들 (U_1, V_1)과는 상관이 없으면서 $\boldsymbol{x}^{(1)}$과 $\boldsymbol{x}^{(2)}$의 선형결합 중에서 상관계수를 최대로 하는 (U_2, V_2)를 제 2 정준변수라고 한다. 마찬가지 방법으로 제 3, 제 4, ⋯ 정준변수를 구할 수 있다. $p \leq q$라면 최대 p개의 정준변수를 구할 수 있다.

정준판별법은 정준변수의 개념을 판별분석에 적용한 것이다. g개의 모집단을 판별하기 위해 p차원 벡터 $\boldsymbol{x}_1$을 관측값 변수집단으로 하고, $g-1$ 벡터인 $\boldsymbol{x}_2$는 모집단을 나타내는 가상의 변수집단이라고 하자. $\boldsymbol{x}_2$의 관측값은 i번째 모집단에서 관측된 자료는 i번째 원소만 1이고 나머지는 모두 0인 단위벡터로 간주한다.

$\boldsymbol{x}_1$과 $\boldsymbol{x}_2$의 관측값을 이용하여 $\boldsymbol{x}_1$만의 정준변수만을 고려한다. $\boldsymbol{x}_1$의 제 1 정준변수는 $\boldsymbol{x}_2$의 선형결합과 제일 강한 상관관계를 가지므로, 제 1 정준변수는 모집단의 차이를 가장 잘 설명하는 변수가 된다. 마찬가지로 제 2, 제 3, ⋯ 제 $g-1$ 정준변수를 구한다. 이들 중에서 처음 2 ~ 3개의 정준변수를 이용하여 모집단을 판별한다. 정준변수의 개수는 인자분석에서와 같이 고유값의 크기를 이용하여 결정한다.

10.4 군집분석

군집분석(cluster analysis)이란 개체들의 유사성을 이용하여 유사성이 높은 개체들은 동일 집단에 속한 것으로 분류하고, 상이한 개체들은 다른 집단에 속하도록 분류하는 다변량 분석법을 뜻한다. 군집분석이 개체들을 분류하기 위한 명확한 기준이 존재하지 않거나 기준이 밝혀지지 않은 상태에서 다양한 특성을 지닌 개체들을 집단으로 분류하는 데 사용되는 기법인 반면, 판별분석은 개체들이 소속된 집단은 미리 정해져 있고, 개체들을 원 소속 집단으로 가장 잘 판별해 주는 판별함수를 추정한 후, 이 함수를 이용하여 소속집단을 모르는 새로운 개체를 어느 한 집단으로 분류한다는 점에서 차이가 있다.

군집분석은 마케팅 조사 등에서 소비자들의 상품구매 행동이나 라이프스타일에 따른 소비자군을 분류하여 시장전략을 수립하는 데 사용할 수 있다.

10.4.1 군집분석 예

《예제 10-4》 계층적 군집법

우리나라의 25개 주요 도시에서 2007년 1월부터 12월까지 월 평균기온을 관측한 자료가 〈표 10-3〉에 저장되어 있다. 도시들의 기후적 특징을 알아보기 위해 군집분석을 시행해 보기로 한다. 이 자료는 Data 디렉토리에 저장된 다변량분석 시트 중 '평균기온'에 저장되어 있다. 첫 번째 열에는 관측값들의 라벨에 해당되는 값들이 입력되어 있고 두 번째 열부터 분석에 사용될 변수값들이 입력되어 있다. 변수명은 첫 번째 행에 입력한다. 계층적 군집법을 실행하기 위해

[통계분석] → [다변량분석] → [군집분석] → [계층적 군집분석]

을 선택하면 계층적 군집분석 대화상자가 나타난다. 선택변수 창에는 변수명들이 나열되어 있는데, 이 변수 중에서 라벨변수로 사용할 관측지점 변수를 선택한 후 →를 눌러 오른쪽의 라벨변수 창으로 보내고, 1월부터 12월까지 12개의 월변수를 선택한 후 →를 눌러 분

석변수 창으로 보낸다. 라벨변수는 관측값들을 구분하기 위해 사용되는 변수이다.

:: 표 10-3 우리나라 25개 도시의 월 평균기온

관측지점	1월	2월	3월	4월	5월	6월	7월	8월	9월	10월	11월	12월
서울	−2.1	−1.7	6.3	11.9	17.5	23.7	26.8	26.2	20.7	14.9	7	0.9
부산	4.2	3.2	9.1	13.2	17.3	20.4	25.3	26.7	21.9	18.2	12.1	7.3
인천	−1.5	−1.2	6	11.5	16.5	22.3	26.1	26.5	21.3	15.6	7.4	1.5
수원	−2	−2.1	5.6	11.6	17.5	23.3	26.9	25.9	20.1	14.1	6.1	0.3
속초	−0.4	−4.4	6.9	11.2	14.3	19.2	24.8	24	18.6	14.5	7.8	3.2
춘천	−3	−3.2	4.9	10.8	16.7	22.7	26	24.6	18.5	12.1	4.1	−1.5
강릉	0.8	0.9	8.1	12.6	17	21.7	27.2	25.4	19.7	15.5	8.6	4.1
청주	−1.2	−1.6	5.7	11.5	17.2	22.7	26.2	26.1	19.7	14.4	6.4	0.9
추풍령	−2.8	−1.6	5.5	11.3	17	21.5	24.8	24.2	18.2	13	5.4	0
대전	−1.2	−1.1	6.1	11.9	17.2	22.2	25.6	25.8	19.9	14.5	6.6	1.4
서산	−1	−2.4	3.9	9.7	15.1	20.8	25	25.2	19.2	13.7	5.8	0.6
전주	0.8	0.2	6.9	12.8	18.2	22.9	26.9	26.9	20.8	15.6	8	2.7
군산	0.3	0	5.9	11.2	16.3	21.5	25.3	25.7	20.2	15.3	8.1	2.8
광주	1	0.6	6.9	12.6	17.8	22.5	26.5	26.3	20.4	15.9	8.4	3.2
목포	1.9	1.1	6.7	11.9	16.8	21.7	25.8	26.6	20.7	16.4	9	4.3
여수	3.1	2.5	8.3	12.8	17.5	20.9	24.9	26.2	21.3	17.3	10.8	6
대구	1.1	1.3	7.9	13	19.5	23.3	26.9	26.5	21.2	16.7	9.4	3.9
포항	2.7	2.3	8.9	13.9	18.7	21.9	26.5	26.1	20.9	16.8	10.1	5
울릉도	1.9	0.8	6.6	11.9	17.2	19.6	23.9	23.5	18.7	15.1	9.2	4.7
울산	3.1	2.7	8.7	13.6	18.1	21.4	26	26	20.6	16.5	10	4.9
통영	3.9	3	8.6	13.1	17.2	20.9	25.2	26.6	21.5	17.2	10.6	5.9
진주	1.1	1.2	7	12.7	18.4	22.3	26.5	26.4	20.5	15.2	7.5	1.6
제주	6	4.6	9.4	13.5	17.2	21.6	26.4	28	22.2	18.2	12.4	8.4
서귀포	8.1	6.4	11	14.8	18.6	22.4	27.2	28.3	23.8	20.3	14.7	10.6
울진	1.9	1.4	7.7	12.2	16	19	23.9	23.4	18.4	14.6	8.6	4.2

그림 10-24 계층적 군집분석 대화상자

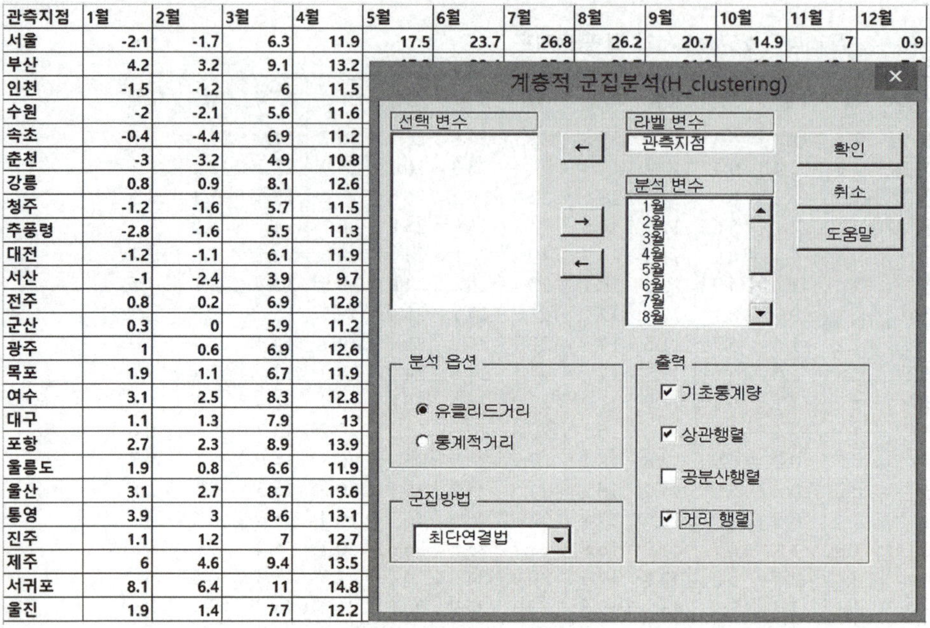

분석에 사용할 거리는 [분석옵션] 프레임에서 선택할 수 있다. 디폴트는 유클리드거리이고 통계적거리를 선택할 수도 있다. [군집방법] 프레임에서는 군집방법으로 6가지 방법을 선택할 수 있으며 디폴트 방법은 최단연결법이다. 여기서는 최단연결법을 사용하기로 한다. 출력은 디폴트로 기초통계량과 상관행렬이 출력되며 공분산행렬과 거리 행렬을 추가로 선택할 수 있다.

계층적 군집분석 시행 결과로 기초통계량과 상관행렬, 거리행렬이 출력된다. 거리행렬은 유클리드거리를 이용한 도시 간의 거리를 행렬 형태로 나타낸 것이다.

25개 도시의 월 평균기온 기초통계량과 상관행렬

그림 10-25

계층적 군집분석 결과

기초 통계량

변수명	평균	표준편차	관측치개수
1월	1,0680	2,73568	25
2월	0,5160	2,51755	25
3월	7,1440	1,61531	25
4월	12,2880	1,10992	25
5월	17,2320	1,10707	25
6월	21,6960	1,23507	25
7월	25,8640	0,96128	25
8월	25,8840	1,21061	25
9월	20,3600	1,33073	25
10월	15,6640	1,77808	25
11월	8,5640	2,39789	25
12월	3,4760	2,82035	25

상관행렬

변수명	1월	2월	3월	4월	5월	6월	7월	8월	9월	10월	11월	12월
1월	1,0000	.	.	.	.	.	.	.	.	.	.	.
2월	0,9358	1,0000	.	.	.	.	.	.	.	.	.	.
3월	0,9038	0,8845	1,0000	.	.	.	.	.	.	.	.	.
4월	0,8220	0,8760	0,9429	1,0000	.	.	.	.	.	.	.	.
5월	0,3521	0,5622	0,4810	0,7165	1,0000	.	.	.	.	.	.	.
6월	-0,2702	-0,0821	-0,1451	0,0994	0,5937	1,0000	.	.	.	.	.	.
7월	0,0670	0,1700	0,2257	0,3983	0,5974	0,8422	1,0000	.	.	.	.	.
8월	0,5382	0,5956	0,5149	0,6039	0,5532	0,5512	0,6909	1,0000	.	.	.	.
9월	0,7191	0,7523	0,7097	0,7402	0,5544	0,3383	0,5294	0,9286	1,0000	.	.	.
10월	0,9195	0,8947	0,8948	0,8479	0,4678	-0,0287	0,2725	0,7318	0,8983	1,0000	.	.
11월	0,9680	0,9125	0,9334	0,8422	0,3748	-0,2254	0,1057	0,5659	0,7784	0,9686	1,0000	.
12월	0,9728	0,8936	0,9197	0,8015	0,2860	-0,3180	0,0313	0,4897	0,7034	0,9328	0,9895	1,0000

개체별 거리행렬 일부 출력결과

그림 10-26

거리행렬

Data명	서울	부산	인천	수원	속초	춘천	강릉	청주	추풍령	대전
서울	0.0000	.	.	.	.	.	.	.	.	.
부산	12.8825	0.0000	.	.	.	.	.	.	.	.
인천	2.4021	11.4948	0.0000	.	.	.	.	.	.	.
수원	1.7833	14.0727	3.3242	0.0000	.	.	.	.	.	.
속초	7.8013	12.8693	6.8037	7.6472	0.0000	.	.	.	.	.
춘천	6.1579	17.8034	7.1937	4.5431	8.5860	0.0000	.	.	.	.
강릉	6.1733	7.7402	5.3963	7.0746	7.6059	10.6071	0.0000	.	.	.
청주	2.1000	12.8783	2.5534	1.6093	6.7461	5.2202	6.0033	0.0000	.	.
추풍령	5.2745	15.3401	5.7123	4.1449	6.8264	3.3437	8.3934	3.9636	0.0000	.
대전	2.5219	12.0516	2.3087	2.5768	6.3498	5.8975	5.2754	1.2689	3.9749	0.0000
서산	5.9942	14.7360	5.2764	4.9850	5.6613	4.9729	8.5475	4.3151	4.0187	4.5727
전주	4.4227	9.0089	3.9812	5.4791	8.5569	9.6322	3.2757	4.5815	7.9423	4.1473
군산	4.8280	9.5105	3.1969	5.3787	6.0605	8.5563	3.7842	3.9648	6.3048	3.2140
광주	5.0715	8.1548	4.2697	6.0877	8.1117	10.0349	2.3770	4.9890	8.0225	4.3658
목포	6.8891	6.5299	5.4268	7.8460	8.1854	11.5317	3.0249	6.5536	9.3424	5.8583
여수	10.3687	2.7839	9.0011	11.4896	10.6925	15.1304	5.3852	10.2528	12.6329	9.3878
대구	6.7469	7.2208	6.3632	8.0374	10.3990	12.2156	3.8639	7.2547	10.2645	6.6933
포항	9.2005	4.6744	8.3976	10.3562	10.9018	14.1982	4.2426	9.3327	11.9227	8.5645
울릉도	8.8465	8.1768	7.6282	9.2293	6.8644	11.5360	4.9790	7.8594	8.6925	6.9181
울산	9.4313	4.3761	8.4451	10.4800	10.5882	14.1227	4.1713	9.3338	11.7435	8.5165
통영	10.9252	2.4576	9.5703	12.0200	11.3490	15.6582	5.8318	10.7866	13.2514	9.9549
진주	4.8528	9.4462	4.4227	5.5597	8.8142	9.2472	3.6606	4.5848	7.3953	4.0435
제주	14.9640	3.3347	13.7459	16.1586	15.5268	20.0090	9.8565	15.0256	17.7646	14.3262
서귀포	19.9942	8.3156	18.9505	21.3005	20.8492	25.3280	15.0851	20.2968	23.1247	19.6232
울진	9.3317	8.6637	8.0889	9.6343	6.8088	11.5758	5.2412	8.2626	8.7132	7.2760

최단연결법은 거리행렬을 이용하여 가장 가까운 도시를 하나의 군집으로 병합하는 방법이다. 군집과정과 이 과정을 그림으로 나타낸 덴드로그램을 보면 병합되는 과정을 이해할 수 있다.

그림 10-27 군집과정 출력결과

군집과정

시행횟수	거리	Pair	
1	1.2288	16	21
2	1.2329	18	20
3	1.2689	8	10
4	1.3191	12	14
5	1.6093	4	8
6	1.7833	1	4
7	1.9053	12	22
8	2.1024	19	25
9	2.3087	1	3
10	2.3770	7	12
11	2.3833	16	18
12	2.3917	7	15
13	2.4576	2	16
14	2.8566	7	17
15	3.0838	7	13
16	3.1765	2	7
17	3.1969	1	2
18	3.3347	1	23
19	3.3437	6	9
20	3.9636	1	6
21	4.0187	1	11
22	4.7445	1	19
23	5.6613	1	5
24	5.6859	1	24

군집과정의 정보를 이용하여 Tree 형태로 나타낸 덴드로그램을 보면 청주, 대전, 수원, 서울, 인천 등의 중부 이북 지역이 대륙성 기후를 의미하는 군집을 형성하고, 여수, 통영, 포항, 울산, 부산 등 남해안에 위치한 도시들이 해양성 기후에 해당되는 군집을 형성하며, 전주, 광주, 진주, 강릉, 목포, 대구, 군산 등의 중부 이남 지역이 새로운 군집을 형성하고 있음을 볼 수 있다. 서귀포, 속초, 울릉도와 울진은 다른 지역과는 다른 형태의 기후성향을 가짐을 볼 수 있다.

라벨변수를 '관측지점'으로 지정한 경우, 각 관측값에 해당하는 도시 이름이 라벨로 출력된다. 단, 라벨 변수를 선택하지 않은 경우에는 각 관측값이 입력된 순서대로 1부터 n(자료의 개수)까지의 관측값 번호가 라벨로 출력된다.

그림 10-28 덴드로그램 출력결과

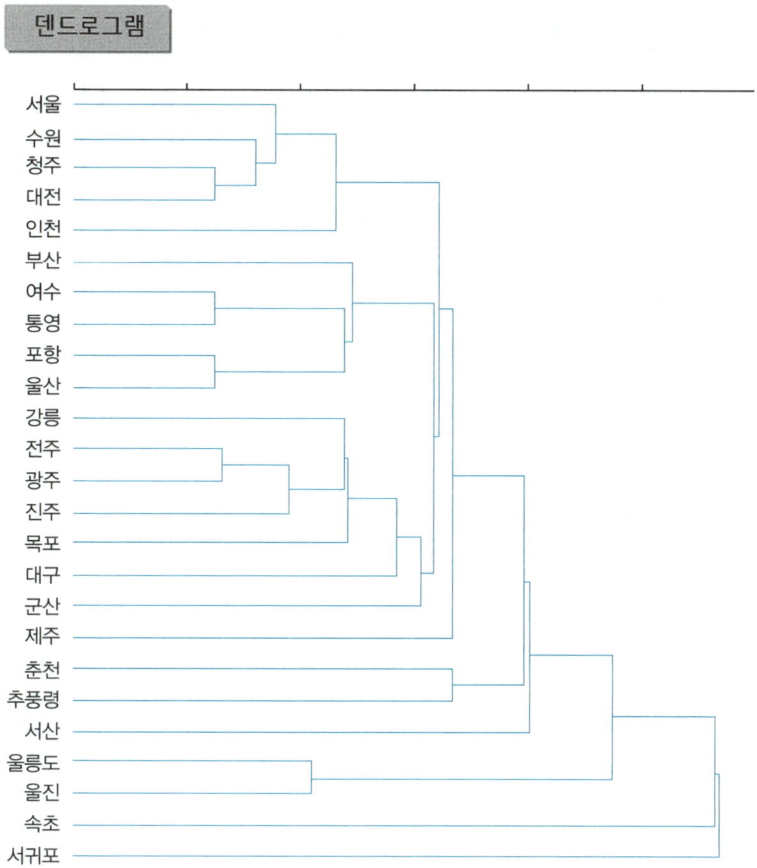

《예 10-5》 K-means 군집분석 예

위에서 분석했던 자료를 K-means 군집분석으로 분석해 보기로 한다.

[통계분석] → [다변량분석] → [군집분석] → [K-means 군집분석]

을 선택하면 K-means 군집분석 대화상자가 나타난다. 선택변수 창에는 변수명들이 나열되어 있는데, 이 변수 중에서 라벨변수로 사용할 '관측지점' 변수를 선택한 후 →를 눌러 오른쪽의 라벨변수 창으로 보내고, 1월부터 12월까지의 12개의 월변수를 선택한 후 →를 눌러 분석변수 창으로 보낸다.

그림 10-29 **K-means 군집분석 대화상자**

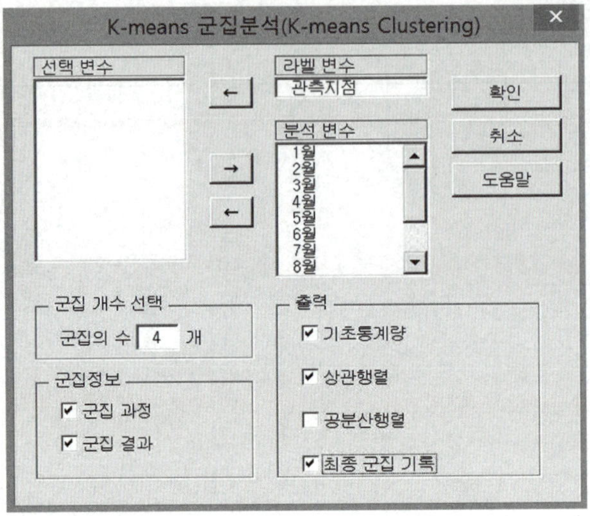

K-means 군집분석은 대용량 자료의 경우에 이용되며, 사전에 보유할 군집의 개수를 선택해야 한다. 여기서는 계층적 군집분석 결과를 참고하여 [군집 개수 선택] 프레임에서 4개를 선택하기로 한다. [군집정보] 프레임에서는 군집이 이루어지는 과정을 보여주는 군집 과정과 군집결과를 출력할지를 선택할 수 있다. 출력통계량은 디폴트로 기초통계량과 상관행렬이 출력되며, 공분산행렬과 최종군집기록을 추가로 선택할 수 있다.

그림 10-30 **기초통계량**

K-means 군집분석

기초 통계량

변수명	평균	표준편차	관측치개수
1월	1.0680	2.73568	25
2월	0.5160	2.51755	25
3월	7.1440	1.61531	25
4월	12.2880	1.10992	25
5월	17.2320	1.10707	25
6월	21.6960	1.23507	25
7월	25.8640	0.96128	25
8월	25.8840	1.21061	25
9월	20.3600	1.33073	25
10월	15.6640	1.77808	25
11월	8.5640	2.39789	25
12월	3.4760	2.82035	25

상관행렬

그림 10-31

상관행렬

변수명	1월	2월	3월	4월	5월	6월	7월	8월	9월	10월	11월	12월
1월	1.0000	.	.	.	.	.	.	.	.	.	.	.
2월	0.9358	1.0000	.	.	.	.	.	.	.	.	.	.
3월	0.9038	0.8845	1.0000	.	.	.	.	.	.	.	.	.
4월	0.8220	0.8760	0.9429	1.0000	.	.	.	.	.	.	.	.
5월	0.3521	0.5622	0.4810	0.7165	1.0000	.	.	.	.	.	.	.
6월	-0.2702	-0.0821	-0.1451	0.0994	0.5937	1.0000	.	.	.	.	.	.
7월	0.0670	0.1700	0.2257	0.3983	0.5974	0.8422	1.0000	.	.	.	.	.
8월	0.5382	0.5956	0.5149	0.6039	0.5532	0.5512	0.6909	1.0000	.	.	.	.
9월	0.7191	0.7523	0.7097	0.7402	0.5544	0.3383	0.5294	0.9286	1.0000	.	.	.
10월	0.9195	0.8947	0.8948	0.8479	0.4678	-0.0287	0.2725	0.7318	0.8983	1.0000	.	.
11월	0.9680	0.9125	0.9334	0.8422	0.3748	-0.2254	0.1057	0.5659	0.7784	0.9686	1.0000	.
12월	0.9728	0.8936	0.9197	0.8015	0.2860	-0.3180	0.0313	0.4897	0.7034	0.9328	0.9895	1.0000

군집이 형성되는 과정은 4단계로 이루어졌으며, 마지막 단계인 Step 4 결과만을 보여주기로 한다.

군집과정의 마지막 단계 출력

그림 10-32

Step_4

	1	2	3	4	Pre_Clust	Now_Clust
서울	7.1840	2.6692	7.1266	15.8337	2	2
부산	6.0173	13.7489	9.3759	3.7743	4	4
인천	6.1876	3.0923	5.7830	14.6363	2	2
수원	8.2673	1.6483	7.4002	17.0813	2	2
속초	9.1624	6.5138	4.5786	16.3692	3	3
춘천	12.1019	4.2405	9.5871	20.9865	2	2
강릉	2.6074	6.8262	4.4179	10.7562	1	1
청주	7.1409	1.2408	6.0190	15.9796	2	2
추풍령	9.8802	3.0016	6.9187	18.6915	2	2
대전	6.3905	1.8384	5.1257	15.2536	2	2
서산	9.7861	3.6166	6.3434	18.0801	2	2
전주	3.1620	5.6969	5.9180	11.7598	1	1
군산	4.5025	4.5653	3.2083	12.8230	3	3
광주	2.2522	6.0154	4.9953	11.0887	1	1
목포	2.0328	7.4558	4.6597	9.6502	1	1
여수	3.5503	11.1019	6.9125	6.2457	1	1
대구	2.4605	8.2989	7.2079	9.6729	1	1
포항	2.3905	10.2969	7.2511	7.2417	1	1
울릉도	5.3299	8.2675	2.6312	11.6430	3	3
울산	2.3551	10.2513	6.7002	7.1941	1	1
통영	3.9381	11.6682	7.5795	5.5945	1	1
진주	3.5858	5.5659	5.7787	12.2562	1	1
제주	8.0999	15.9989	12.0432	1.4044	4	4
서귀포	13.3018	21.3054	17.4748	4.6169	4	4
울진	5.9761	8.5612	2.8597	12.0882	3	3

최종 군집 결과로 4개의 군집을 설명하는 변수들에 대한 결과가 요약되어 있다.

그림 10-33 최종 군집 결과

군집결과 요약

최종 군집

	1월	2월	3월	4월	5월	6월	7월	8월	9월	10월	11월	12월
군집 1	-1.85	-1.86	5.50	11.28	16.84	22.40	25.93	25.56	19.70	14.04	6.10	0.51
군집 2	1.95	1.58	7.80	12.90	17.92	21.95	26.24	26.30	20.76	16.31	9.24	4.16
군집 3	0.93	-0.55	6.78	11.63	15.95	19.83	24.48	24.15	18.98	14.88	8.43	3.73
군집 4	6.10	4.73	9.83	13.83	17.70	21.47	26.30	27.67	22.63	18.90	13.07	8.77

각 개체별로 할당된 군집과 군집중심과의 거리가 출력된다.

그림 10-34 개체가 속한 군집 및 군집의 중심과의 거리

군집과의 거리

개체	군집	거리
서울	1	2.6692
부산	4	3.7743
인천	1	3.0923
수원	1	1.6483
속초	3	4.5786
춘천	1	4.2405
강릉	2	2.6074
청주	1	1.2408
추풍령	1	3.0016
대전	1	1.8384
서산	1	3.6166
전주	2	3.1620
군산	3	3.2083
광주	2	2.2522
목포	2	2.0328
여수	2	3.5503
대구	2	2.4605
포항	2	2.3905
울릉도	3	2.6312
울산	2	2.3551
통영	2	3.9381
진주	2	3.5858
제주	4	1.4044
서귀포	4	4.6169
울진	3	2.8597

각 군집별로 군집에 할당된 개체수인 군집크기, 가까운 군집 및 군집과의 거리가 출력된다.

그림 10-35

최종 군집 정보

군집의 정보

군집	가까운 군집	군집간의 거리	군집 크기	군집내분산
1	3	6.2960	8	21.3476
2	3	5.5224	10	28.3346
3	2	5.5224	4	13.2778
4	2	8.9670	3	9.7956

최종군집기록을 선택하면 원 자료가 저장된 시트에 군집정보 변수가 생성되어 각 개체가 어느 군집에 속하는지를 보여준다.

군집 1 : 서울, 인천, 수원, 춘천, 청주, 추풍령, 대전, 서산

군집 2 : 강릉, 전주, 군산, 광주, 목포, 여수, 대구, 포항, 울산, 통영, 진주

군집 3 : 속초, 울릉도, 울진

군집 4 : 부산, 제주, 서귀포

군집 1에는 서울을 포함한 중부 내륙 지점이 포함되어 있어 대륙성 기후에 해당되는

그림 10-36

할당된 군집 표시 결과

관측지점	1월	2월	3월	4월	5월	6월	7월	8월	9월	10월	11월	12월	군집
서울	-2.1	-1.7	6.3	11.9	17.5	23.7	26.8	26.2	20.7	14.9	7	0.9	1
부산	4.2	3.2	9.1	13.2	17.3	20.4	25.3	26.7	21.9	18.2	12.1	7.3	4
인천	-1.5	-1.2	6	11.5	16.5	22.3	26.1	26.5	21.3	15.6	7.4	1.5	1
수원	-2	-2.1	5.6	11.6	17.5	23.3	26.9	25.9	20.1	14.1	6.1	0.3	1
속초	-0.4	-4.4	6.9	11.2	14.3	19.2	24.8	24	18.6	14.5	7.8	3.2	3
춘천	-3	-3.2	4.9	10.8	16.7	22.7	26	24.6	18.5	12.1	4.1	-1.5	1
강릉	0.8	0.9	8.1	12.6	17	21.7	27.2	25.4	19.7	15.5	8.6	4.1	2
청주	-1.2	-1.6	5.7	11.5	17.2	22.7	26.2	26.1	19.7	14.4	6.4	0.9	1
추풍령	-2.8	-1.6	5.5	11.3	17	21.5	24.8	24.2	18.2	13	5.4	0	1
대전	-1.2	-1.1	6.1	11.9	17.2	22.2	25.6	25.8	19.9	14.5	6.6	1.4	1
서산	-1	-2.4	3.9	9.7	15.1	20.8	25	25.2	19.2	13.7	5.8	0.6	1
전주	0.8	0.2	6.9	12.8	18.2	22.9	26.9	26.9	20.8	15.6	8	2.7	2
군산	0.3	0	5.9	11.2	16.3	21.5	25.3	25.7	20.2	15.3	8.1	2.8	2
광주	1	0.6	6.9	12.6	17.8	22.5	26.5	26.3	20.4	15.9	8.4	3.2	2
목포	1.9	1.1	6.7	11.9	16.8	21.7	25.8	26.6	20.7	16.4	9	4.3	2
여수	3.1	2.5	8.3	12.8	17.5	20.9	24.9	26.2	21.3	17.3	10.8	6	2
대구	1.1	1.3	7.9	13	19.5	23.3	26.9	26.5	21.2	16.7	9.4	3.9	2
포항	2.7	2.3	8.9	13.9	18.7	21.9	26.5	26.1	20.9	16.8	10.1	5	2
울릉도	1.9	0.8	6.6	11.9	17.2	19.6	23.9	23.5	18.7	15.1	9.2	4.7	3
울산	3.1	2.7	8.7	13.6	18.1	21.4	26	26	20.6	16.5	10	4.9	2
통영	3.9	3	8.6	13.1	17.2	20.9	25.2	26.6	21.5	17.2	10.6	5.9	2
진주	1.1	1.2	7	12.7	18.4	22.3	26.5	26.4	20.5	15.2	7.5	1.6	2
제주	6	4.6	9.4	13.5	17.2	21.6	26.4	28	22.2	18.2	12.4	8.4	4
서귀포	8.1	6.4	11	14.8	18.6	22.4	27.2	28.3	23.8	20.3	14.7	10.6	4
울진	1.9	1.4	7.7	12.2	16	19	23.9	23.4	18.4	14.6	8.6	4.2	3

군집이라고 해석할 수 있다. 군집 2에는 중부 이남의 내륙 및 서남해 지역과 강릉을 포함한 동해안에 위치한 지점과 울릉도가 포함되어 있음을 볼 수 있다. 군집 3에는 속초, 울릉도, 울진이 포함되어 영동 지방이라고 할 수 있다. 군집 4는 부산, 제주, 서귀포와 같이 해양성 기후에 해당되는 군집이라고 해석할 수 있다.

계층적 군집분석 결과와 유사하나 몇 개 지역은 다르게 군집을 구성하고 있음을 볼 수 있다.

10.4.2 이론적 배경

군집분석에서 유의해야 할 점은 사전에 군집의 개수나 특성이 알려져 있지 않으므로 분석의 대상이 되는 자료로부터 이에 대한 정보를 얻어야 한다는 점이다. 따라서 분석에 사용되는 거리, 군집법과 군집의 개수에 따라 결과가 달라질 수 있다는 점에 유의해야 한다.

거리의 척도

군집분석에서는 유사성이 높은 개체들은 같은 군집에 포함시키고, 상대적으로 유사성이 낮은 개체들은 서로 다른 군집에 포함되도록 하는 유사성(similarity)이나 비유사성(dissimilarity)을 측정하는 척도가 필요하다. 이를 위해 두 개의 다변량 관측값 사이의 비유사성을 나타내는 거리(distance)를 측정하는 방법에 대한 정의가 필요하다. p개의 군집변수로 구성된 두 개의 관측값 $\boldsymbol{x}_i' = (x_{1i}, x_{2i}, \cdots, x_{pi})$와 $\boldsymbol{x}_j' = (x_{1j}, x_{2j}, \cdots, x_{pj})$사이의 거리를 나타내는 방법으로는 유클리드(Euclid)거리와 마하라노비스(Mahalnobis)거리 등이 있다.

가장 많이 사용되는 유클리드거리는 다음과 같이 정의된다.

$$d_{ij} = d(\boldsymbol{x}_i, \boldsymbol{x}_j) = \sqrt{(x_{i1} - x_{j1})^2 + \cdots + (x_{ip} - x_{jp})^2}$$

유클리드거리는 사용된 척도에 따라서 거리순위에 영향을 미치므로, 각 변수를 표준편차로 나눈 표준화변수를 사용하기도 한다.

변수들 사이에 상관관계가 존재할 때는 척도의 불변성과 상관관계를 고려한 통계적 거리를 사용하는 것이 바람직하다. 이러한 거리를 마하라노비스거리라고 하며 다음과 같이 정의된다.

$$d_{ij} = \sqrt{(\boldsymbol{x}_i - \boldsymbol{x}_j)' \boldsymbol{S}^{-1} (\boldsymbol{x}_i - \boldsymbol{x}_j)}$$

여기서 $\boldsymbol{S}$는 표본공분산행렬이다.

두 다변량 관측벡터 사이의 거리 행렬 D는 다음과 같이 정의되고

$$D = [d_{ij}] = \begin{pmatrix} d_{11} & d_{12} & \cdots & d_{1n} \\ d_{21} & d_{22} & \cdots & d_{2n} \\ \vdots & \vdots & \ddots & \vdots \\ d_{n1} & d_{n2} & \cdots & d_{nn} \end{pmatrix}$$

거리 d_{ij}는 다음과 같은 성질을 갖는다.

① $d_{ij} \geq 0$

② $d_{ij} = d_{ji}$

③ $d_{ij} < d_{ik} + d_{jk}$

A. 계층적 군집법

계층적 군집법은 유사성이 큰 개체들을 묶어서 단계적으로 군집을 형성해 나가는 **병합적 방법**(agglomerative method)과 반대로 비유사성이 큰 개체들을 하나씩 분리해 나가는 **분할적 방법**(divisive method)으로 구분될 수 있다. 병합적 방법은 각 개체가 별개의 군집을 형성하기 때문에 n개의 군집에서부터 출발한다. 각 단계마다 가까운 두 개의 군집을 병합하면, 군집의 수가 하나씩 줄어든다. 따라서 마지막 단계에서는 모든 개체들이 하나의 군집을 형성하게 된다. 분할적 방법은 모든 개체들이 포함된 하나의 군집에서 출발한다. 각 단계에서

가장 거리가 먼 개체를 분할하면, 군집의 수가 하나씩 늘어난다. 따라서 마지막 단계에서는 모든 개체들이 별개의 군집을 형성하게 된다. 이러한 계층적 방법에 의한 군집형성 결과는 이차원상의 도면에 나타내는 덴드로그램(dendrogram) 형식으로 나타낼 수 있다.

계층적 방법에서 가장 널리 사용되는 방법은 병합적 방법이다. 병합적 방법은 두 군집 사이의 거리에 대한 정의에 따라 군집방법이 달라지며, 최단연결법, 최장연결법, 평균연결법, 중심연결법, Ward 연결법 등이 있다.

① **최단연결법**(Single Linkage Method)

거리가 가장 가까운 개체가 U와 V라고 하면 두 개체를 묶어서 군집 (UV)를 형성한다. 다음 단계는 군집 (UV)와 나머지 $(n-2)$개의 다른 개체 중 임의의 개체 W와의 최소거리를 다음과 같이 계산한 후

$$d_{(UV)W} = \min(d_{UW}, d_{VW})$$

새로운 거리행렬을 생성한다. 이 거리행렬에서 거리가 가장 가까운 개체와 다시 군집을 형성한다. 즉 C_1과 C_2를 두 개의 군집이라면 두 군집 사이의 거리는 다음과 같이 정의한다.

$$d(C_1, C_2) = \min\{d(\boldsymbol{x}, \boldsymbol{y}) : \boldsymbol{x} \in C_1, \boldsymbol{y} \in C_2\}$$

이러한 과정을 반복하면 모든 개체를 포함하는 하나의 군집을 형성하게 된다.

② **최장연결법**(Complete Linkage Method)

두 군집 사이의 거리를 최장거리로 정의한다. 즉 군집 C_1과 C_2 사이의 거리를 다음과 같이 정의한다.

$$d(C_1, C_2) = \max\{d(\boldsymbol{x}, \boldsymbol{y}) : \boldsymbol{x} \in C_1, \boldsymbol{y} \in C_2\}$$

가장 멀리 떨어진 개체 사이의 거리를 최소화하도록 군집을 병합하는 방법이다.

③ **평균연결법**(Average Linkage Method)

두 군집 C_1과 C_2에 속한 모든 개체들 사이의 거리의 평균을 두 군집 사이의 거리로 정의한다.

$$d(C_1, C_2) = \frac{1}{n_1 n_2} \sum_{x_i \in C_1} \sum_{x_j \in C_2} d(x_i, x_j)$$

이들 평균거리가 작은 군집부터 차례로 병합하는 방법이다.

④ **중심연결법**(Centroid Linkage Method)

두 군집 사이의 거리는 두 군집의 중심 간의 거리로 계산된다. 즉 군집 C_1에 속한 개체들의 평균을 $\bar{x}_1$, 군집 C_2에 속한 개체들의 평균을 $\bar{x}_2$ 라고 하면 두 군집 사이의 거리는 다음과 같이 정의된다.

$$d(C_1, C_2) = \| \bar{x}_1 - \bar{x}_2 \|^2$$

새로운 군집의 평균은

$$(n_1\bar{x} + n_2\bar{x}_2)/(n_1 + n_2)$$

⑤ **중위수연결법**(Median Linkage Method)

중심연결법에서는 새로운 군집의 평균을 계산할 때 작은 군집이 경시되는 단점이 있어 이를 보완하여 새로운 군집의 평균을 다음과 같이 정의한다.

$$(\bar{x}_1 + \bar{x}_2)/2$$

⑥ Ward 연결법

개체들을 병합하여 묶어 나가면 새로운 군집이 생길 때마다 정보의 손실이 발생된다. 이에 대해 Ward는 잔차제곱합(residual sum of square ; RSS)에 의해 이러한 정보의 손실을 측정하였다. 즉 잔차제곱합의 증분을 최소가 되도록 군집을 병합한다.

i번째 군집 내의 잔차제곱합을

$$\mathrm{RSS}_i = \sum_{j=1}^{n_i}\sum_{k=1}^{p}(x_{ijk} - \overline{x}_{ik})^2,\ \overline{x}_{ik} = \frac{1}{n_i}\sum_{j=1}^{n_i}x_{ijk},\ j\text{는 개체번호, } k\text{는 변수번호}$$

라고 정의하면 전체 g개의 군집에 대한 잔차제곱합은

$$\mathrm{RSS} = \sum_{i=1}^{g}\mathrm{RSS}_i$$

가 된다. 군집이 병합될 때마다 RSS가 증가하고, 두 군집 C_1과 C_2가 병합될 때 RSS의 증분은

$$E(C_1, C_2) = \left\|\overline{x}_1 - \overline{x}_2\right\| \Big/ \left(\frac{1}{n_1} + \frac{1}{n_2}\right)$$

로 주어진다. Ward 방법에서는 모든 가능한 군집 쌍에 대해 두 군집의 병합으로 인한 RSS의 증가가 최소가 되도록 군집을 병합해 나가는 방법으로 두 군집 사이의 거리를

$$d(C_1, C_2) = E(C_1, C_2)$$

로 정의한다.

위에서 설명한 계층적 방법은 어떤 개체가 일단 특정 군집에 할당되면 다시는 다른 군집으로 포함되지 못하는 성질을 가지고 있기 때문에 때때로 잘못된 군집결과를 초래할 수 있게 된다. 특히 자료에 이상값이 존재할 경우 초기

단계에서 잘못 분류된 군집은 분석이 끝날 때까지 소속 군집이 변하지 않게 되므로 군집결과 해석에 어려운 경우가 발생하게 된다. 따라서 군집분석 시 이상값에 대한 사전검토가 필요하다. 계층적 방법 중에서 중심연결법이 이상값에 영향을 크게 받지 않는 것으로 알려져 있다.

이러한 과정의 결과는 덴드로그램을 통해서 표시할 수 있는데, 이 그림은 전체 군집들 사이의 구조적인 관계를 파악하는 데 매우 유용하게 사용된다.

B. 비계층적 군집법

계층적 군집법에서는 일단 어떤 개체가 특정한 군집에 할당되면 다른 군집에 다시 할당될 수 없는 단점을 가지고 있다. 비계층적 군집법은 어떤 개체가 초기 할당에서 잘못 되었다 하더라도 다시 할당할 수 있는 방법이다. 이 비계층적 군집법은 미리 설정된 기준의 최적화에 근거해서 자료를 분리하게 된다. 그리고 변수들보다는 개체를 K개의 군집으로 집단화하는 데 이용된다. 군집 단계마다 거리행렬을 다시 구하거나 또는 컴퓨터 작업 수행 중에 기본 자료를 저장할 필요가 없기 때문에 비계층적 군집법은 대용량 자료의 군집에 적합하다. 비계층적 군집법은 다음 세 가지의 기준에 따라 달라질 수 있다.

- 초기군집을 어떻게 나눌 것인가?
- 개체를 어떤 기준에 의하여 군집에 할당할 것인가?
- 각 군집에 속한 개체 일부 혹은 전체를 어떤 기준으로 다른 군집에 재할당할 것인가?

MacQueen (1967)은 다음과 같이 K-평균 군집법을 제안하였다.

① 초기군집을 만들 때는 p차원 다변량 개체 n개가 관측되고 각 개체는 초기에 설정된 K개 군집 중 어느 한 군집에 할당된다고 가정하자. 선택된 군집의 중심을 계산하고 i번째 개체 $\bar{\mathbf{x}}_i$를 중심이 가장 가까운 군집으로

할당한다.

② 초기군집을 재할당하기 위해서는 각 군집의 중심을 다시 계산하고 군집 내 제곱합(within sum of squares)에 해당되는 판정기준이 최소가 되도록 각 개체를 재할당한다.

③ 재할당에 의한 변화가 적어서 안정된 군집을 형성할 때까지 이런 과정을 반복한다.

제곱합에 해당되는 측도인 군집 내 산포행렬은 다음과 같이 정의한다.

$$W = \sum_i \sum_j (\boldsymbol{x}_{ij} - \overline{\boldsymbol{x}}_i)(\boldsymbol{x}_{ij} - \overline{\boldsymbol{x}}_i)'$$

행렬 W의 크기를 최소로 하는 방법으로는 $tr(W)$를 최소화하는 방법과 $|W|$를 최소화하는 방법이 있다.

군집 내 산포행렬의 대각원소는 각 군집의 제곱합에 해당되므로 $tr(W)$는 제곱합의 총계에 해당되고, 구형 종류의 군집분석에 유용하고 계산이 간편하다. $|W|$는 행렬의 크기를 나타내는 측도로 이용되며, 군집의 모양이 비슷한 경우에 유용하다.

10.5 의사결정나무

데이터 마이닝(data mining)이란 대량의 데이터베이스에서 알려지지 않은 유용한 정보를 추출하는 기법 또는 과정을 뜻한다. 따라서 데이터 마이닝에는 많은 통계적 기법들이 적용될 수 있으며, 데이터 마이닝에서 사용하는 주요 기법으로는 선형판별분석(linear discriminant analysis), 로지스틱 회귀분석(logistic regression), 의사결정나무(decision tree) 및 신경망 분석(neural network) 등이 있다. 선형판별분석과 로지스틱 회귀분석에 대해서는 앞에서 설명한 바 있으며 여기서는 의사결정나무에 대해 알아본다.

의사결정나무는 훈련용 자료(training set, 또는 learning set)를 이용해 의사결정 규칙을 나무(tree) 구조로 나타내고, 이 규칙에 따라 새로운 자료의 목표변수값을 예측하는 분석방법이다. 분석결과를 나무형태의 그래프로 표현할 수 있고 해석이 쉽다는 장점이 있어, 데이터 마이닝에 많이 사용되는 분류기법 중의 하나이다. 의사결정나무는 지도학습 기법으로서 각 입력변수의 영역을 반복적으로 분할하여 전체 입력변수의 영역에서 규칙을 생성한다. 의사결정나무의 예측력은 다른 지도학습 기법에 비해 떨어지지만 해석이 쉬운 장점을 지닌다.

의사결정나무는 목표변수가 범주형이냐 연속형이냐에 따라 분류나무(classification tree)와 회귀나무(regression tree)로 나뉜다. 분류나무는 해석이 용이하며, 비모수적 방법으로서 데이터들이 연속형과 범주형이 섞여 있고 정규성의 조건을 만족시키지 못하는 경우에도 효과적으로 사용될 수 있는 로버스트한 기법이다. 그러나 훈련용 자료의 일부만 변하여도 나무구조가 많이 변하는 불안정한 방법이라는 단점도 있다. 먼저 한 예제를 통하여 분류나무의 원리를 살펴보도록 한다.

의사결정나무의 맨 위쪽에 위치하는 마디를 뿌리마디(root node)라고 부르는데 분류대상이 되는 모든 개체집단을 의미하게 된다. 하나의 마디가 하부마디로 분화가 될 때 특정 마디 위쪽에 존재하는 마디를 부모마디(parent node)라고 부르고 특정 마디 아래쪽에 존재하는 마디를 자식마디(child node)라 부르며 더 이상 마디가 분화되지 않는 최종마디를 끝마디(terminal node)라고 부른다. 이처럼 각 마디들이 분화되어 있는 모습이 나무의 모양을 닮았다고 하여 이를 의사결정나무라 부른다.

분류나무의 경우, 끝마디의 최빈 범주를 예측값으로 제시하고, 회귀나무의 경우에는 끝마디의 평균을 예측값으로 제시한다. 여기서는 가지치기 없이, 정지규칙을 조절함으로써 회귀나무의 기준을 사용하였다.

10.5.1 의사결정나무 예

《예 10-6》 붓꽃 자료

《예제 10-3》에서 분석하였던 '붓꽃자료'를 의사결정나무를 이용하여 분석해 보기로 한다. 붓꽃 품종들이 어떻게 분류되는지를 알아보기 위해

[통계분석] → [다변량분석] → [의사결정나무]

을 선택하면 의사결정나무 대화상자가 나타난다. 선택변수 창에서 species를 선택한 후 →를 눌러 반응변수 창으로 보낸다. 명목형과 연속형 반응변수 중 하나를 선택하면 명목형의 경우(분류나무)는 지니지수, 연속형의 경우(회귀나무)는 분산을 최소화하는 이진분리를 실행한다. sepal length, sepal width, petal length와 petal width 변수를 선택한 후 →를 눌러 설명변수 창으로 보낸다. 설명변수는 연속형 변수만 지원한다.

반응변수에는 하나의 변수만 들어가야 한다. 그리고 반응변수의 종류를 골라주면, 지니지수 또는 분산을 최소화하는 이진분리를 시행한다. 설명변수의 경우에는 연속형 설명변수만 지원하므로, 연속형 설명변수만 선택하여 [확인]을 누르면 나무그림이 그려진 화면이 나온다. 분류결과 표시를 선택하면 분류결과가 자료시트에 출력된다.

그림 10-37 의사결정나무 대화상자

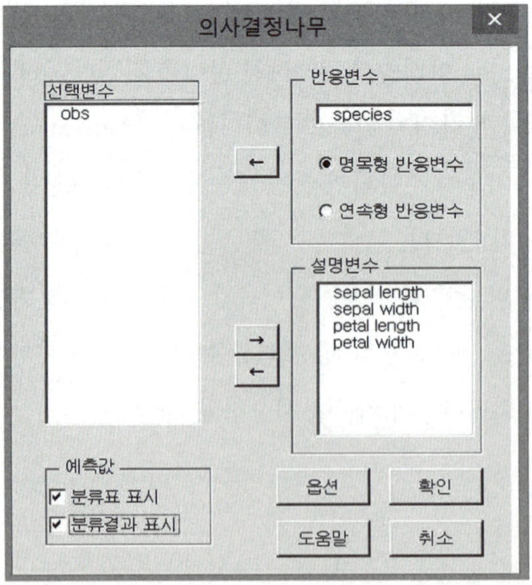

[예측값] 프레임에서 분류표 표시와 분류결과 표시를 선택할 수 있다. [옵션]을 누르면 옵션 선택창이 나타난다. 명목형 반응변수를 선택하면 [그림 10-38]의 왼쪽의 선택창이 나타나고 연속형 반응변수를 선택한 경우는 오른쪽과 같이 지니지수는 활성화되지 않은 선택창이 나타난다. [정지기준] 프레임에서 지니지수(디폴트는 0.08), 노드당 최소 데이터 개수(디폴트는 10개), 나무의 최대 깊이를 선택할 수 있다. 지니지수의 값은 반응변수가 명목형 변수일 때 분리가 일어나는 최소의 지니지수로, 0.08이 초기 값이다. 분산은 반응변수가 연속형 변수일 때 사용되며, 분리가 일어나는 최소의 분산은 8이 초기 값이다. 분리가 일어날 수 있는 최소데이터 숫자의 초기 값이 10이다. 위의 세 가지 값을 크게 하면 좀 더 간단한 나무가 만들어진다. 사전 가지치기를 설정하는 화면이라고 보면 된다.

그림 10-38 옵션 선택창

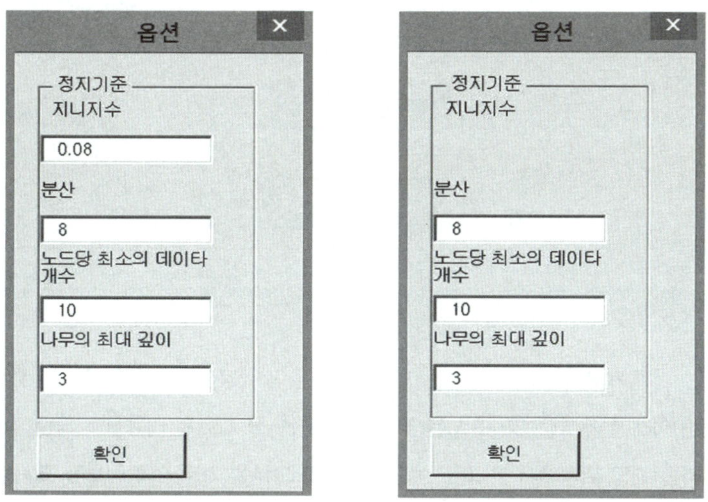

(a) 명목형 반응변수의 경우 (b) 연속형 반응변수의 경우

다른 분석결과와는 달리 의사결정나무의 분석결과는 _의사결정나무_ 시트에, 분석의 세부정보는 _통계분석결과_ 시트에 출력된다. 의사결정나무의 맨위 상자에는 반응변수의 이름이 표시되고, 아래에는 분류의 기준이 되는 설명변수와 변수의 값이 표시된다. 변수값보다 작으면 왼쪽, 크면 오른쪽으로 분리되며 각 노드에는 반응변수가 연속형 변수인 경우에는 평균, 명목형 변수인 경우에는 최빈값을 예측값으로 출력한다. 의사결정나무 그림의 박스를 클릭할 경우, 하이퍼링크를 통해 세부 결과를 볼 수 있다.

그림 10-39 _의사결정나무_ 시트에 출력된 의사결정나무

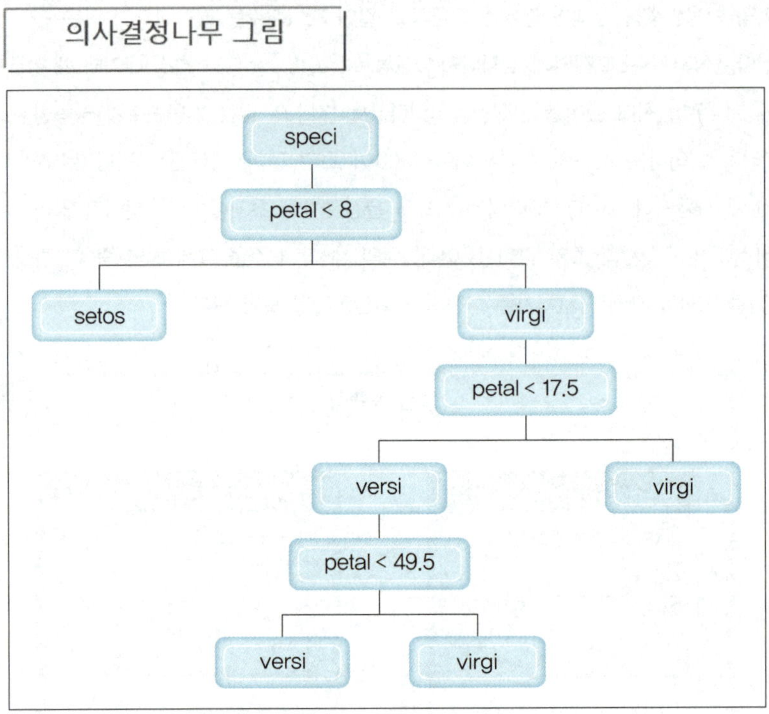

통계분석결과 시트에는 의사결정나무의 세부정보가 출력된다. 분류나무의 경우는 그림 아래에 세부정보가 표시된다. 처음 상자는 원 자료의 비율을 나타낸 것이고, 그 아래 상자는 해당 위치에서 분리된 왼쪽 가지(l)와 오른쪽 가지(r)의 정보를 표시한 것이다. 회귀나무의 경우, 해당 위치에서 분리된 왼쪽 가지와 오른쪽 가지에 속한 자료들의 요약 정보가 출력된다.

그림 10-40

가지의 세부정보

의사결정나무 세부정보

*위치는 Root를 기준으로 오른쪽은 r, 왼쪽은 l로 표시합니다.
*의사결정나무그림은 _의사결정나무_ 시트에 있습니다.

위치	Root

species의 범주	비율	개수
setosa	0.3333	50
versicolor	0.3333	50
virginica	0.3333	50

위치	Root	
분류기준1	petal width	8

방향	최빈값	species의 범주	비율	개수
Left	setosa	setosa	1	50
Right	virginica	versicolor	0.5	50
		virginica	0.5	50

위치	r	
분류기준2	petal width	17.5

방향	최빈값	species의 범주	비율	개수
Left	versicolor	versicolor	0.9074	49
		virginica	0.0926	5
Right	virginica	versicolor	0.0217	1
		virginica	0.9783	45

위치	rl	
분류기준3	petal length	49.5

방향	최빈값	species의 범주	비율	개수
Left	versicolor	versicolor	0.9792	47
		virginica	0.0208	1
Right	virginica	versicolor	0.3333	2
		virginica	0.6667	4

최종 분류결과는 분류표의 형태로 출력된다. 분류표를 보면 setosa의 경우는 50개가 모두 정확하게 분류되었고, versicolor의 경우는 50개 중 47개는 올바르게 분류되었으나 3개는 virginica로 오분류되었다. Virginica의 경우 49개가 올바르게 분류되었고 1개만이 versicolor로 오분류되었다. Fisher의 판별함수을 이용한 판별결과와 비교해 볼 때 1개가 더 오분류된 것을 알 수 있어 비교적 잘 분류되었다고 할 수 있다. 전체적인 정확도는 97.33%이다.

그림 10-41 최종 분류결과

분류표

		예측값 setosa	versicolor	virginica	정확도(%)
실제값	setosa	50	0	0	100
	versicolor	0	47	3	94
	virginica	0	1	49	98
	전체(%)	33.33	32	34.67	97.33

회귀나무의 추가 정보

회귀나무의 경우에는 적합도가 아래와 같은 형식으로 출력된다. [그림 10-42]는 회귀나무의 세부정보의 일부를 표시한 것이다. 회귀나무의 경우 대표값인 평균이 분류결과로 제시된다. 그리고 추가정보로 최소값, 중앙값, 최대값을 제시한다. 일반적인 회귀분석과 비슷한 적합도를 제시하여 사용자의 이해를 돕는다. (R^2의 개념)

그림 10-42 회귀나무 세부정보

의사결정나무 세부정보

*위치는 Root를 기준으로 오른쪽은 r, 왼쪽은 l로 표시합니다.

위치	Root	
분류기준1	Petal.Widt	1.35

방향	평균	최소값	중앙값	최대값
Left	2.367949	0.1	2.9	78
Right	5.263889	1.4	5.263889	150

위치	l	
분류기준2	Petal.Widt	0.35

방향	평균	최소값	중앙값	최대값
Left	1.434146	0.1	1.8	41
Right	3.402703	0.4	3.402703	78

적합도

SST	464.3254
SSE	31.64395577
분산 설명비율(%)	93.18496129
종속변수	Petal.Length

분리결과는 원 자료가 저장된 시트에 다음과 같이 저장되어 어떤 개체가 오분류된 것인지를 확인할 수 있다.

원 자료와 의사결정나무 분류결과

그림 10-43

obs	sepal leng	sepal wid	petal leng	petal wid	species	분류결과
1	50	33	14	2	setosa	setosa
2	64	28	56	22	virginica	virginica
3	65	28	46	15	versicolor	versicolor
4	67	31	56	24	virginica	virginica
5	63	28	51	15	virginica	virginica
6	46	34	14	3	setosa	setosa
7	69	31	51	23	virginica	virginica
8	62	22	45	15	versicolor	versicolor
9	59	32	48	18	versicolor	virginica
10	46	36	10	2	setosa	setosa
11	61	30	46	14	versicolor	versicolor
12	60	27	51	16	versicolor	virginica
13	65	30	52	20	virginica	virginica
14	56	25	39	11	versicolor	versicolor
15	65	30	55	18	virginica	virginica
16	58	27	51	19	virginica	virginica
17	68	32	59	23	virginica	virginica
18	51	33	17	5	setosa	setosa
19	57	28	45	13	versicolor	versicolor

10.5.2 이론적 배경

의사결정나무를 구하기 위한 알고리즘으로는 CART, C4.5와 C5.0 및 CHAID가 많이 사용된다. CART(classification and regression trees)는 1984년에 개발된 방법으로 불순도의 측도로 지니지수와 분산을 이용하여 이진분리를 한다. C4.5와 C5.0은 1993년에 개발된 방법으로 다지분리가 가능하고 불순도의 측도로는 엔트로피지수를 사용한다. CHAID는 1975년 AID의 후신으로 개발된 방법으로 가지치기를 하지 않고, 적당한 크기에서 나무 모형의 성장을 중지한다. 입력변수가 반드시 범주형 변수이어야 하며, 불순도로는 카이제곱 통계량을 사용하여 카이제곱이 큰 것을 선택한다.

Breiman 등(1984)에 의해 개발된 CART는 지니지수(범주형 목표변수인 경우 적용) 또는 분산의 감소량(연속형 목표변수인 경우 적용)을 이용하여 이진분리(binary split)를 수행하는 알고리즘이다. 개별 입력변수뿐만 아니라 입력변수들의 선형 결합들 중에서 최적의 분리를 찾을 수도 있다. 지니지수는 불순도(impurity)를 측정하는 하나의 지수이다. 지니지수는 *n*개의 원소 중에서 임의로 2개의 원소를 복원 추출하였을 때 추출된 2개가 서로 다른 그룹에 속해 있을 확률을 의미한다.

KESS의 의사결정나무는 CART 방식을 기본 토대로 하였고, 정지기준은 사전에 사용자가 지정할 수 있도록 하였다. 사전가지치기를 하는 CHAID의 방식과 비슷하다고 할 수 있다. 재귀함수를 통해 불순도를 최소화하는 분리를 정지기준에 미칠 때까지 반복하는 방식으로 의사결정나무 모형을 구현하였고, 불순도가 동일할 경우, 왼쪽의 분리개수가 적도록 분리하는 방식이다. 분류나무의 경우에는 분류표를, 회귀나무의 경우에는 SS_{res}와 SST를 이용한 적합도를 제공함으로써 사용자가 모형의 적합도를 파악할 수 있도록 하였다.

의사결정나무의 장단점은 다음과 같다.

장점

① 결과가 나오게 된 과정에 대한 이유를 명확하게 알려주기 때문에 현업 실무자가 이해하기 쉽고 적용하기가 용이하여 설명력이 높다.

② 신경망모형에 비해 매우 빠르기 때문에 많은 변수들을 대상으로도 분석이 가능하다.

③ 어떠한 변수들이 분류에 중요한 영향을 미치는지 알 수 있어 일반적인 데이터 마이닝 모형화 단계에서 변수선택 전략에도 사용될 수 있다.

④ 일반적으로 통계적 모형들이 중요하게 고려하는 정규성이나 등분산성 등의 가정을 필요로 하지 않는 비모수적 모형이다. 실제 대부분의 데이터 마이닝 데이터는 이러한 통계적 가정을 만족하지 못하기 때문에 의사결정나무 모형은 이러한 경우에 유용하게 사용될 수 있다.

단점

① 출력변수가 연속형인 회귀모형에서는 그 예측력이 떨어진다.

② 표본의 크기에 민감하게 반응한다.

③ 나무의 노드에 해당하는 자료들은 모두 일률적으로 같은 사후 확률을 가지기 때문에 같은 노드에 있는 자료 간의 정밀한 이득 구분이 없어서 개개의 점수화 산출이 어렵다.

시계열분석

CHAPTER 11

시간에 따라 관측된 자료를 분석하기 위해서는 시간에 따른 상관관계를 고려한 시계열분석 방법이 필요하다. 시계열분석에서는 시간에 따라 관측된 자료들을 분석하므로 관측값과 함께 관측된 시점을 말해 주는 시간변수가 필요하다. 따라서 시간변수를 같이 입력하거나 시간변수를 생성하여 사용하게 된다. KESS에서는 '시간변수 생성' 메뉴를 이용하여 생성된 시간변수만을 사용할 수 있다. "시간변수 생성"을 이용하여 만든 시간변수라 할지라도 자료의 개수가 7개 이하면 출력 시 시간변수를 이용하지 않는다. 시간변수가 지정되지 않으면 시간변수를 사용하지 않고 분석한다.

시계열분석에서 사용되는 방법으로는 시간을 독립변수로 사용하는 추세분석, 이동평균법, 지수평활법 및 자기회귀이동평균모형 등이 있으며, KESS에서는 이동평균법과 지수평활법만을 제공하고 있다.

시계열분석에서는 시계열그림을 보는 것이 반드시 필요하다. 다른 통계분석에서도 그림은 중요한 역할을 하지만 시계열분석에서는 시간에 따른 추세 및 계절성 등에 따라 분석법이 달라지기 때문에 시계열그림을 그려본 후에 분석방법을 결정하는 것이 좋다.

이동평균법

시계열자료는 시간에 따른 상관관계가 있으므로 표본평균처럼 관측값 전부에 동일한 가중값을 주는 대신 최근 몇 개의 관측값들만을 이용하여 예측을 하는 방법을 사용하므로 이를 이동평균(moving average)법이라고 한다. 이동평균을 이용하면 지엽적인 변동을 제거하여 장기적인 추세를 파악하기 쉽다. 이동평균법은 예측의 목적보다는 계절조정에서 계절성 등을 분리하기 위한 방법으로 많이 활용된다. 많이 이용되는 이동평균법으로는 단순이동평균법, 가중이동평균법 등이 있다.

지수평활법

이동평균법에서는 최근 몇 개의 자료만을 이용하여 예측값을 구하고 있으나 전체 자료를 이용하지 않으므로 정보의 손실이 있을 수 있다. 모든 자료에 동일한 가중값을 주는 대신 최근의 자료에 더 큰 가중값을 주고 과거로 갈수록 가중값을 지수적으로 줄여 나가는 방법을 지수평활(exponential smoothing)법이라고 한다. 최근의 자료를 주로 이용하므로 시스템에 변화가 있는 경우 변화에 빠르게 대처할 수 있으며, 계산법이 쉬워 많이 활용되어 왔다. 많이 사용되는 지수평활법으로는 단순지수평활법, 이중지수평활법, 삼중지수평활법 및 Winters의 계절지수평활법이 있다.

11.1 시계열그림

《예제 11-1》 시간변수의 생성 및 시계열그림 그리기

Data 디렉토리에 저장된 시계열분석 시트 중 '중간재출하지수'에는 통계청에서 제공한 1986년 1월부터 1994년 4월까지의 중간재 출하지수 자료이다. 첫 번째 행에는 변수명 mindex가 저장되어 있고 두 번째 행부터는 관측값들이 입력되어 있다. KESS의 시계열분석은 KEES에서 생성된 시간변수만을 이용할 수 있다. 시간변수를 생성하기 위해

[통계분석] → [시계열분석] → [시간변수 생성]

을 선택하면 시간변수 생성 대화상자가 나타난다. 선택변수 창에서 mindex를 선택한 후 →를 눌러 오른쪽의 분석변수 창으로 보낸다. 월별 자료이므로 주기로 월을 선택하고 시작일로는 1986년 1월 1일을 선택한다. [확인]을 누르면 원 자료의 왼쪽에 Date-mindex라는 시간변수가 생성된 것을 볼 수 있다.

그림 11-1 시간변수 생성 대화상자

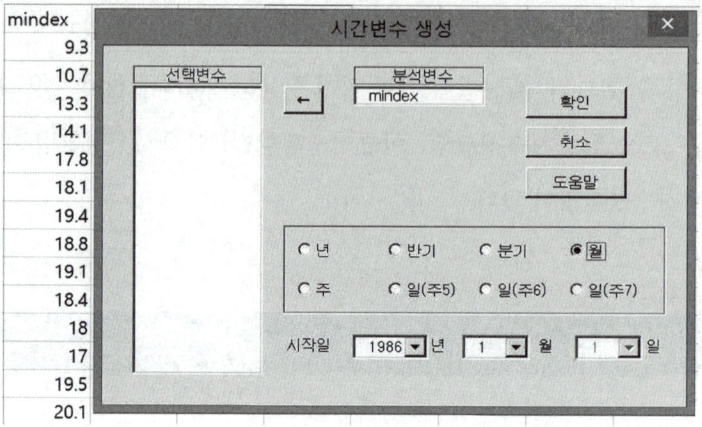

시간변수의 변수명은 항상 "Date-분석변수명"으로 생성된다. 월별 자료이므로 '1986-01'과 같은 포맷으로 시간변수의 값이 생성된다.

그림 11-2 시간변수가 생성된 중간재 출하지수 시트

	A	B
1	Date-minc	mindex
2	1986-01	9.3
3	1986-02	10.7
4	1986-03	13.3
5	1986-04	14.1
6	1986-05	17.8
7	1986-06	18.1
8	1986-07	19.4
9	1986-08	18.8
10	1986-09	19.1
11	1986-10	18.4
12	1986-11	18
13	1986-12	17
14	1987-01	19.5
15	1987-02	20.1
16	1987-03	19.4
17	1987-04	15.7
18	1987-05	15.6
19	1987-06	16.1
20	1987-07	14.9

시간변수가 이미 생성되어 있는 경우 '시간변수 생성'을 실행하면 다음과 같은 메시지가 출력된다. 시간변수의 이름을 바꾸면 이 메시지는 출력되지 않고 시간변수가 다시 생성된다.

그림 11-3 동일한 시간변수가 있는 경우의 메세지

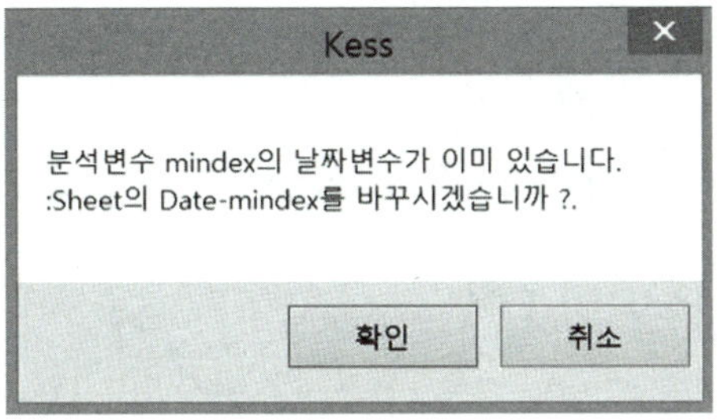

이 자료를 이용하여 시계열그림을 그리기 위해

[통계분석] → [시계열분석] → [시계열그림]

을 선택하면 시계열그림 대화상자가 나타난다.

그림 11-4 시계열그림 대화상자

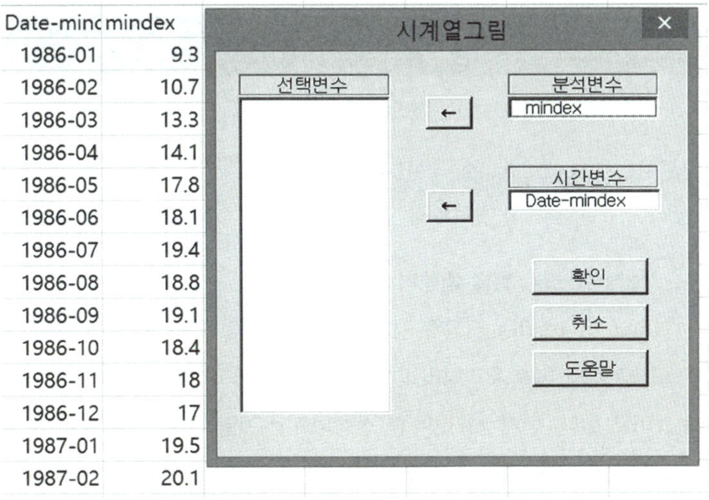

선택변수 창에서 mindex를 선택한 후 →를 눌러 오른쪽의 분석변수 창으로 보내고, Date-mindex를 선택한 후 →를 눌러 시간변수 창으로 보낸다. [확인]을 누르면 시계열그림이 출력된다.

그림 11-5 mindex 자료의 시계열그림

11.2 이동평균법

11.2.1 이동평균법 예

《예제 11-2》 월별 비행기 승객수

Data 디렉토리에 저장된 시계열분석 시트 중 'koreapass'는 1981년 1월부터 1989년 12월까지의 월별 우리나라 비행기 승객 자료이다. 이동평균법을 이용하여 예측값을 구해 보기로 한다. 먼저 시간변수를 생성하고 시계열그림을 그려보자. 시간변수생성 대화상자에서 월을 선택하고 시작일로 1981년 1월 1일을 선택하여 시간변수를 생성하고 시계열그림 대화상자를 이용하여 시계열그림을 그려보자.

비행기 승객자료를 이용한 시계열그림 그리기 대화상자

그림 11-6

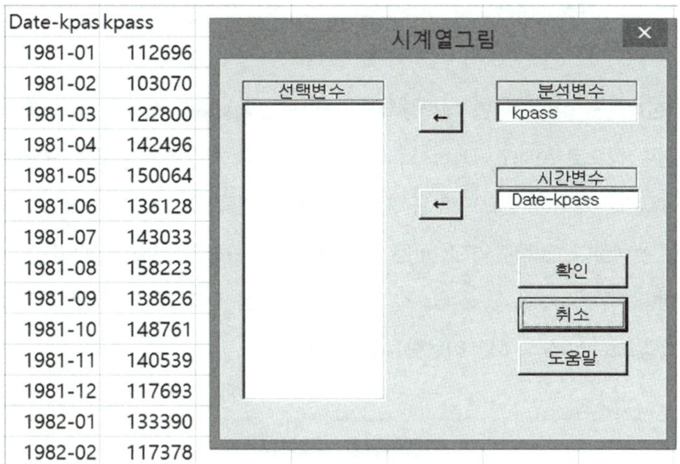

시계열그림을 보면 증가하는 추세와 1년을 주기로 비슷한 패턴이 반복되는 것을 볼 수 있다. 즉 kpass 자료는 월별 자료이므로 불규칙성분에 1년을 주기로 하는 계절성분과 추세성분이 합쳐져서 시계열자료를 구성하고 있다.

비행기 승객자료의 시계열그림

그림 11-7

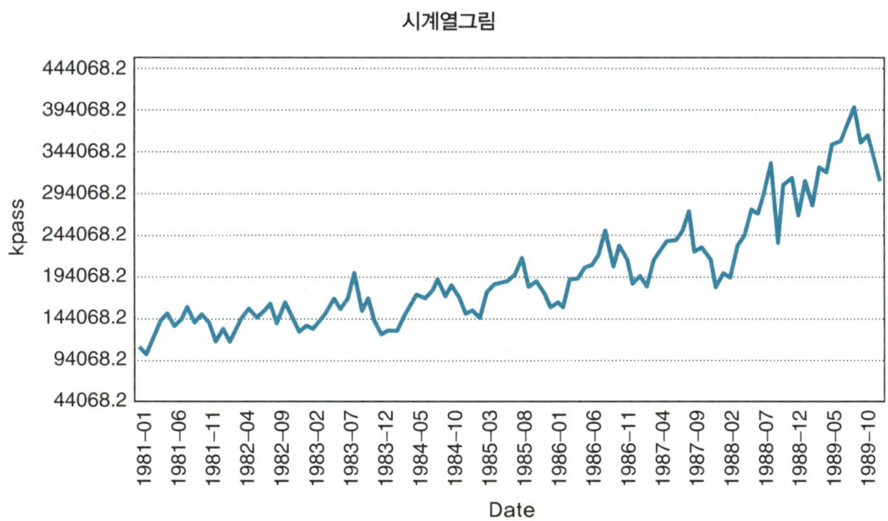

이동평균법을 적용하기 위해

[통계분석] → [시계열분석] → [이동평균법]

을 선택하면 이동평균법 대화상자가 나타난다. kpass를 선택한 후 →를 눌러 오른쪽의 분석변수 창으로 보내고, Date-kpass를 선택한 후 시간변수 창으로 보낸다. 이 예제의 경우는 예측에 목적이 있으므로 [단순이동평균]을 선택하고 입력란에서 스크롤 바를 이용하여 5를 선택한다. 입력란의 값 m은 이동평균값을 구하기 위해 이용되는 관측값의 개수를 의미한다. 즉 Z_{t-5}, Z_{t-4}, Z_{t-3}, Z_{t-2}, Z_{t-1}을 t시점 전의 최근 5개의 관측값이라고 하면 Z_t의 예측값으로 $\sum_{i=1}^{5} Z_{t-i}/5$를 이용함을 의미한다.

그림 11-8 이동평균법 대화상자

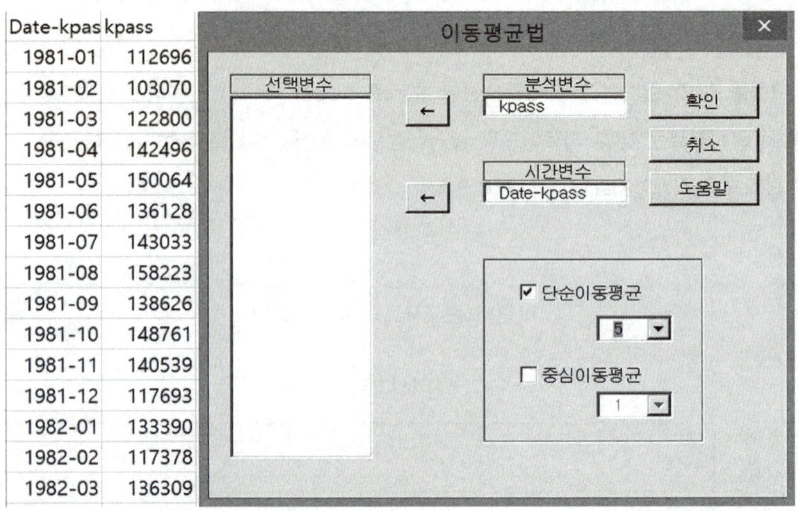

[확인]을 누르면 원 자료가 있는 시트의 원 자료 오른쪽에 예측값이 저장되고 _통계분석결과_ 시트에 원 자료와 예측값의 시계열그림이 출력된다. kpass와 같이 시계열자료가 추세성분, 계절성분 및 불규칙성분으로 구성되어 있는 경우 계절주기 12에 해당되지 않는 입력값을 이용하면 불규칙성분만이 평활되어 예측값이 실제값과 거의 일치하는 것을 볼 수 있다.

그림 11-9

이동평균법에 의한 예측값과 시계열그림

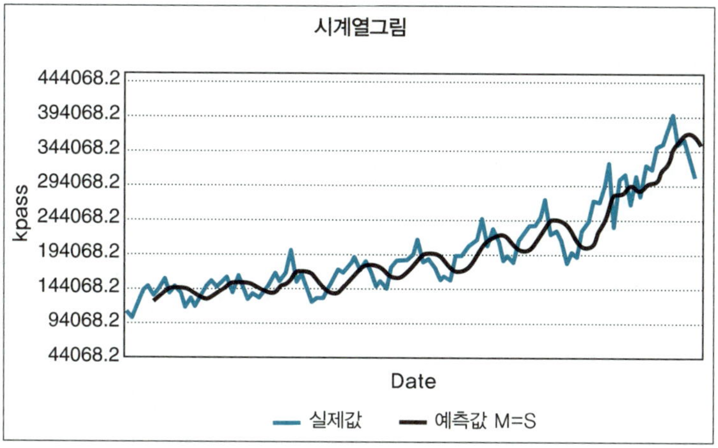

Date-kpas	kpass	예측값
1981-01	112696	
1981-02	103070	
1981-03	122800	
1981-04	142496	
1981-05	150064	
1981-06	136128	126225.2
1981-07	143033	130911.6
1981-08	158223	138904.2
1981-09	138626	145988.8
1981-10	148761	145214.8
1981-11	140539	144954.2
1981-12	117693	145836.4
1982-01	133390	140768.4
1982-02	117378	135801.8

[입력란]에서 계절주기에 해당되는 $m = 12$를 선택하고 이동평균법을 실행하면 계절성분과 불규칙성분이 평활되어 계절성이 없어지고 추세성분만 남아 있는 것을 볼 수 있다. 이동평균법의 목적 중 하나는 시계열자료가 추세성분, 계절성분, 불규칙성분으로 구성되어 있는 경우 계절주기에 해당되는 값을 입력하면 계절성분과 불규칙성분이 평활되어 추세성

그림 11-10

계절주기를 이용한 중심이동평균 대화상자

Date-kpas	kpass
1981-01	112696
1981-02	103070
1981-03	122800
1981-04	142496
1981-05	150064
1981-06	136128
1981-07	143033
1981-08	158223
1981-09	138626
1981-10	148761
1981-11	140539
1981-12	117693
1982-01	133390
1982-02	117378
1982-03	136309

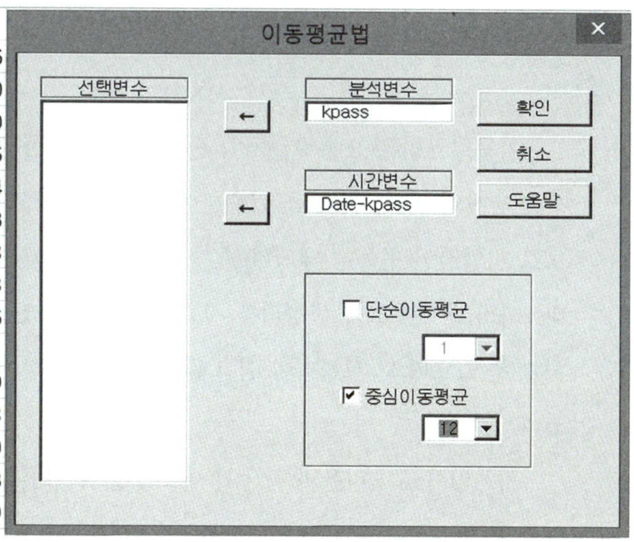

분만 남는다. 평활목적으로 이동평균법을 사용하는 경우는 중심이동평균법을 이용한다. 중심이동평균을 이용하면 m의 값이 홀수인 경우는 앞뒤로 $(m-1)/2$개의 이동평균값을 구할 수 없으며, m의 값이 짝수인 경우는 앞에서는 $m/2$개, 뒤에서는 $m/2-1$개의 이동평균값을 구할 수 없다.

그림 11-11 중심이동평균을 이용한 예측값의 시계열그림

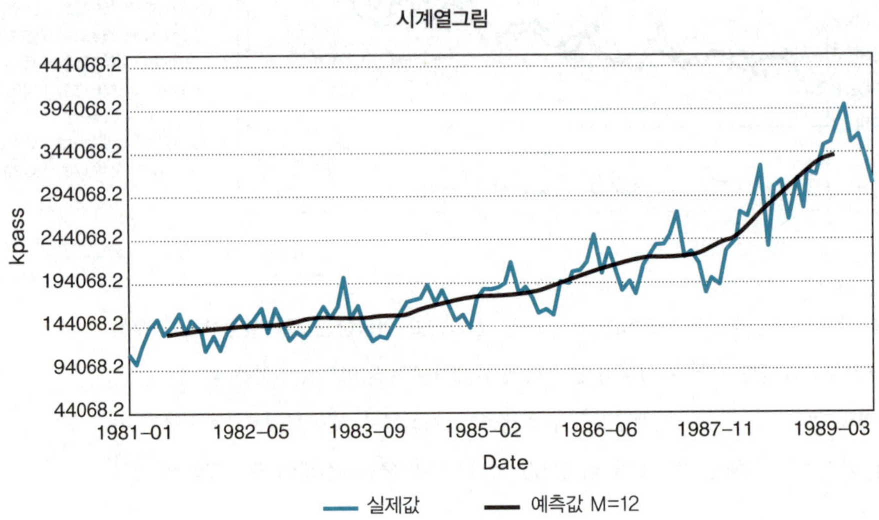

11.2.2 이론적 배경

이동평균법은 표본평균처럼 관측값 전부에 동일한 가중값을 주는 대신에 최근 m개의 관측값들만을 이용하여 평균을 구하고 이를 이용하여 예측을 하므로 지엽적인 변동을 제거하여 장기적인 추세를 쉽게 파악할 수 있도록 해준다. 따라서 시계열이 생성되는 시스템에 변화가 있을 경우 이 변화에 쉽게 대처할 수 있으며 그 계산법이 쉽고 많은 자료의 저장이 필요 없다는 등의 장점이 있다.

시계열자료가 다음과 같은 추세모형을 따른다고 하자.

$$Z_t = \beta_0 + \varepsilon_t,\ \ \varepsilon_t \sim i.i.d.(0, \sigma^2)$$

$Z_1, Z_2, \cdots, Z_n$이 관측된 경우 β_0의 최소제곱추정량은

$$\hat{\beta}_0 = \sum_{t=1}^{n} Z_t / n$$

가 된다. 만약 β_0가 시간에 따라 변할 수 있는 미지의 모수라면 n개의 관측값을 모두 이용하는 것보다는 최근 m개의 관측값만을 이용하여 구한

$$M_n^{(1)} = \sum_{t=n-m+1}^{n} Z_t / m = (Z_{n-m+1} + Z_{n-m+2} + \cdots + Z_n) / m$$

이 평균수준의 추정량으로 바람직할 것이다. $M_n^{(1)}$을 **단순이동평균**이라고 하며, k시차 후의 예측값으로 다음과 같이 이용된다.

$$E(Z_{n+k} | Z_1, \cdots, Z_n) = Z_n(k) = M_n^{(k)}$$

이동평균법은 그 적용목적에 따라 다른 m의 값을 사용한다. m의 값이 크면 평활의 효과가 커서 $M_n^{(1)}$은 지엽적인 변화에 둔감하게 서서히 변하며, m의 값이 작으면 지엽적인 변화를 빨리 반영한다. 처음 m개의 관측값을 이용하여 $m+1$번째 값을 예측하므로 처음 m개의 예측값은 구할 수 없으며, 관측된 시점에 관계없이 모든 관측값에 동일한 가중값을 준다는 단점이 있다.

이동평균법을 계절조정 등에서 평활의 목적으로 사용할 때는 다음과 같이 **중심이동평균**(Centered Moving Average)을 이용한다. 최근 m개의 관측값만을 이용하여 구한 중심이동평균값은 다음과 같다.

$$M_n^{(k)} = (Z_{n-k} + \cdots + Z_{n+k}) / (2k+1)$$

계산 편의상 $m = 2k+1$이라고 가정하는 경우는 대칭이동평균이라고 하며, 그

렇지 않은 경우는 비대칭이동평균이라고 한다.

만일 시계열자료가 시간에 따라 증가하는 추세모형을 따르는 경우에는 이중이동평균법을 이용하나 KESS에서는 제공하지 않는다.

11.3 지수평활법

11.3.1 지수평활법 사용 예

《예제 11-3》 계절형 지수평활법 사용 예

《예제 11-2》에서 사용한 'kpass' 자료를 지수평활법에 의해 분석하여 보기로 한다. 월별자료로 계절성을 가지고 산포가 시간이 감에 따라 증가하므로 Winters의 승법계절지수평활법을 이용한다. 선택변수 창에서 kpass를 선택한 후 →를 눌러 오른쪽의 분석변수 창으로 보내고, Date-kpass 변수를 선택하여 시간변수 창으로 보낸다. Winters의 승법지수평활법을 선택하고 평활상수로는 각각 0.1을 입력한다. 예측시차는 디폴트인 1을 선택하고, 계절주기는 12를 선택한다.

지수평활법에서는 평활상수를 직접 입력하여 분석할 수도 있고, [최적값 찾기]를 이용하여 분석할 수도 있다. 지수평활법의 종류에 따라 평활상수의 개수가 다르다. [평활상수이용] 옵션단추를 이용하면 평활상수의 초기값을 직접 입력해야 한다. 일반적으로 0.1이 많이 이용된다. [최적값 찾기] 확인란을 선택하는 경우 Grid Search를 이용하여 최적값을 선택하므로, Grid 값을 입력한다.

계절형 지수평활법 대화상자 그림 11-12

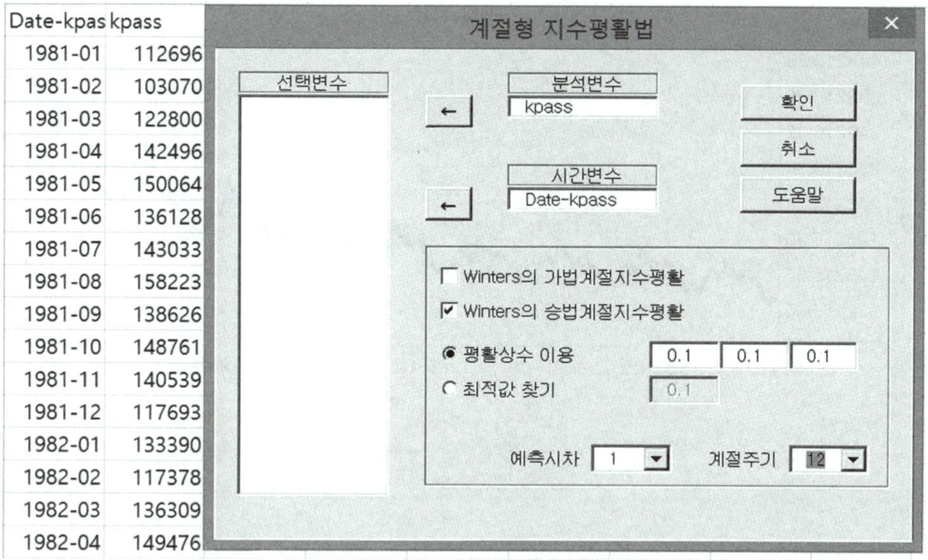

시계열그림을 보면 예측이 잘 이루어진 것처럼 보인다. 그러나 잔차의 시계열그림을 보면 1988년 이후에 산포가 커지는 것을 볼 수 있는데, 아마도 88올림픽 이후 해외 여행이 자유화되면서 비행기로 출국하는 여행객이 증가했기 때문이라고 생각된다.

Winters의 승법계절지수평활법 출력결과 그림 11-13

Winters 계절지수평활법

승법계절지수평활법 : kpass

변수	kpass													
N	108													
초기값	121642.26	2144.7483	0.911298	0.843382	0.9724566	1.0220207	1.0816941	1.0410577	1.0828312	1.1882478	0.9743066	1.0622143	0.9785895	0.8419013
Weight	0.1	0.1	0.1											
계절주기	12													
SSE	2.223E+10													
DF	93													
MSE	15462.334													

그림 11-14 Winters의 승법계절지수평활법에 의한 예측값의 시계열그림

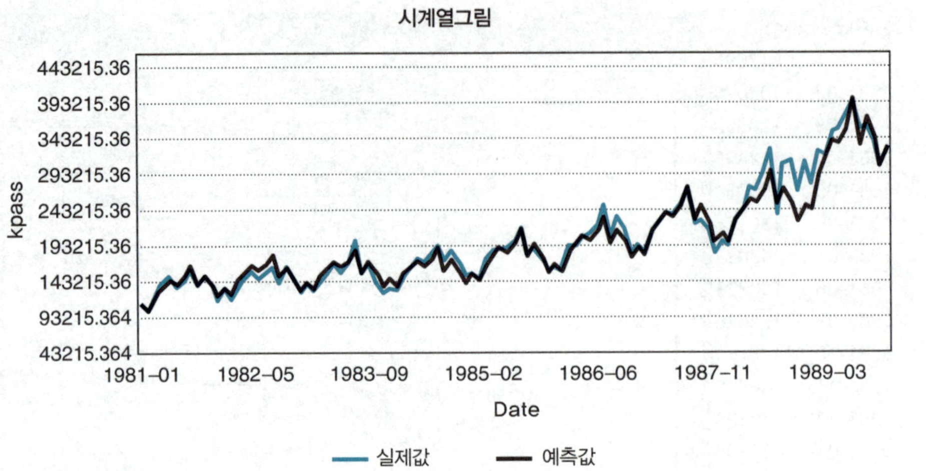

그림 11-15 잔차의 시계열그림

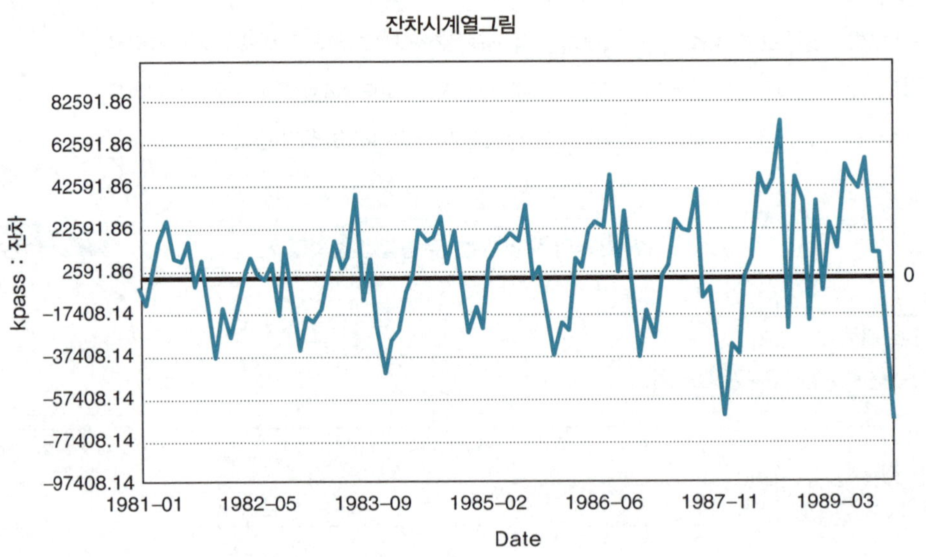

그림 11-16 승법계절지수평활법에 의한 예측값과 예측오차

Date-kpas	kpass	예측값	잔차
1981-01	112696	112806.9	-110.858
1981-02	103070	106197.3	-3127.29
1981-03	122800	124138	-1338
1981-04	142496	132463.2	10032.79
1981-05	150064	143629.1	6434.869
1981-06	136128	141195.4	-5067.42
1981-07	143033	148718	-5684.98
1981-08	158223	165126	-6903
1981-09	138626	136866.8	1759.207
1981-10	148761	151647.9	-2886.87
1981-11	140539	141480.5	-941.526
1981-12	117693	123382.4	-5689.4

《예제 11－4》 비계절형 지수평활법 사용 예

《예제 11－1》에서 사용한 '중간재출하지수' 자료는 분기별 자료이지만 계절성을 보이지 않으므로 비계절형 지수평활법에 의해 분석해 보기로 한다.

[통계분석] → [시계열분석] → [지수평활법] → [비계절형 지수평활법]

을 선택하면 비계절형 지수평활법 대화상자가 나타난다. 증가하는 추세가 있는 시계열자료이므로 [이중지수평활법(Brown)]을 선택하고 [최적값 찾기]를 선택한다. Grid 값으로는 디폴트인 0.01을 이용한다.

그림 **11-17** 비계절형 지수평활법 대화상자

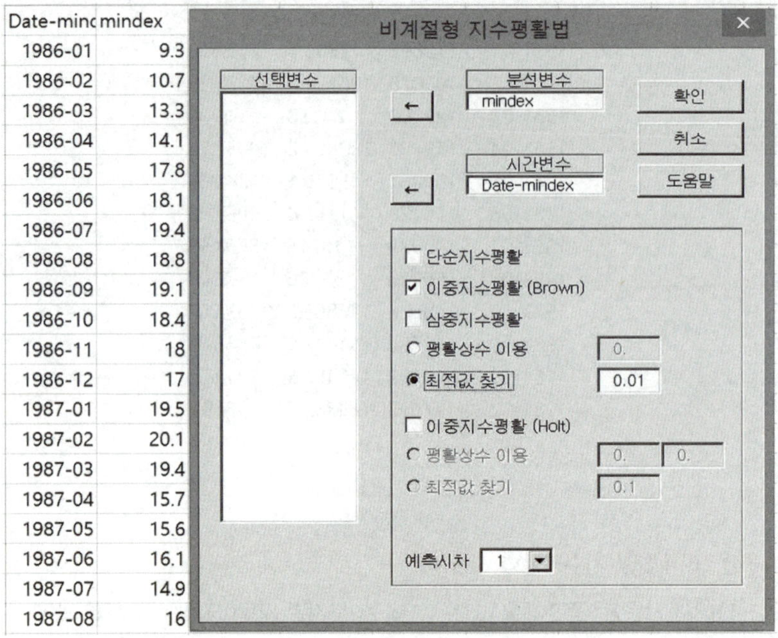

[확인]을 누르면 이중지수평활법에 의한 분석결과가 출력된다. 최적 평활상수는 0.62가 선택되었다.

그림 **11-18** 이중지수평활법 분석결과

지수평활법

이중지수평활법 : mindex

변수	mindex	
N	100	
초기값	16.403863	16.457725
Weight	0.62	
SSE	609.56152	
DF	98	
MSE	2.4939959	

잔차의 시계열그림을 보면 0을 중심으로 랜덤하게 나타나 예측이 잘 된 것으로 생각된다.

그림 11-19 이중지수평활법에 의한 예측값의 시계열그림

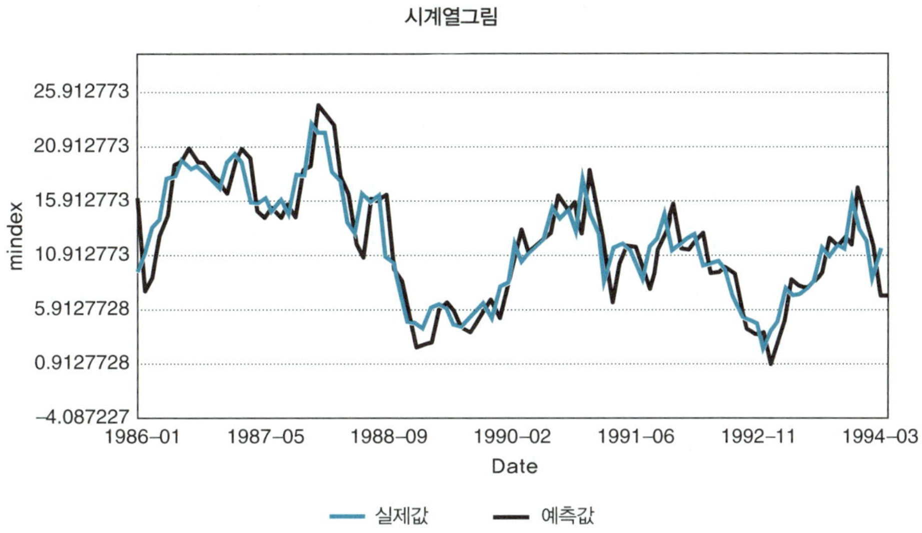

그림 11-20 잔차의 시계열그림

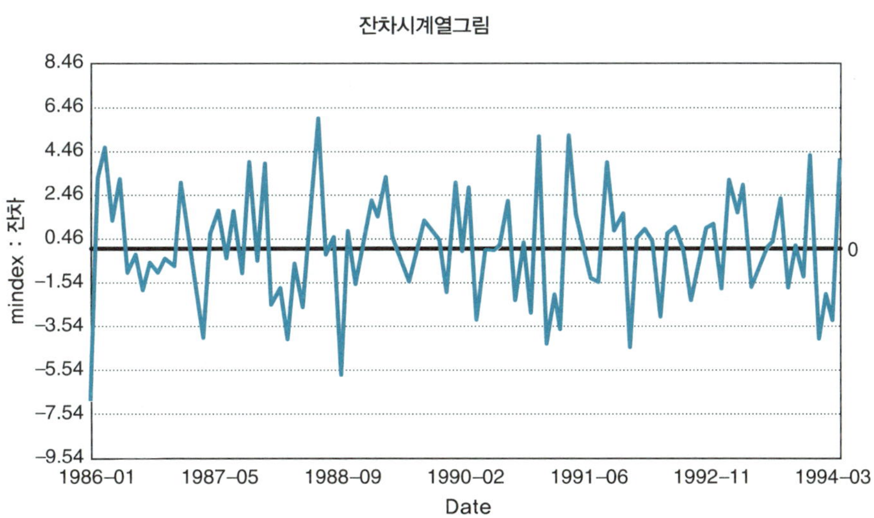

11.3.2 이론적 배경

관측값 전체에 동일한 가중값을 주는 표본평균 대신, 가장 최근의 자료에 큰 가중값을 주고 관측된 시간이 멀어질수록 가중값의 크기를 지수적으로 줄여 나가는 가중평균방법을 지수평활(exponential smoothing)법이라고 한다. 이동평균법이 최근의 m개의 관측값만을 이용하기 때문에 정보의 손실이 있다는 단점을 가지고 있는 데 반해 전체 자료를 이용하면서도 지엽적인 변동을 제거하여 장기적인 추세를 쉽게 파악할 수 있도록 해주며 계산이 간단하다는 장점이 있다. 계절성을 가진 자료의 경우는 Winters의 계절지수평활법을 이용할 수 있다.

① 비계절형 지수평활

시계열자료가 계절성을 가지지 않는 경우에 사용되는 지수평활법이다. 시계열자료가 다음과 같은 추세모형을 따른다고 하자.

$$Z_t = \beta_0 + \varepsilon_t,\ \ \varepsilon_t \sim i.i.d.(0, \sigma^2)$$

만약 β_0가 시간의 흐름에 따라 변하는 미지의 모수라면 최근의 관측값에 큰 가중값을 주고 과거로 갈수록 가중값의 크기를 지수적으로 줄여 나가 다음과 같이 예측값을 얻을 수 있다.

$$Z_n(l) = wZ_n + w(1-w)Z_{n-1} + w(1-w)^2 Z_{n-2} + \cdots = \sum_{j=0} w(1-w)^j Z_{n-j}$$

여기서 w는 평활상수(smoothing constant)라고 부르며, $Z_n(l)$을 단순지수평활값(simple exponential smoothing)이라고 한다. 시점 n에서의 단순지수평활값을 $S_n^{(1)}$이라고 하면

$$S_n^{(1)} = S_{n-1}^{(1)} + w(Z_n - S_{n-1}^{(1)}) = wZ_n + (1-w)S_{n-1}^{(1)}$$

과 같이 표현할 수 있다. 즉 가장 최근의 관측값 Z_n과 최근의 예측값 $S_{n-1}^{(1)}$이 $S_n^{(1)}$에 대한 정보를 가지고 있으므로 이들의 선형결합으로 $S_n^{(1)}$을 구할 수 있다. 초기값 $S_0^{(1)}$으로는

$$S_0^{(1)} = \overline{Z}(= \sum_{t=1}^{n} Z_t / n)$$

또는 최초의 관측값 Z_1이 일반적으로 많이 이용된다. k시차 후의 예측값으로는

$$Z_n(k) = S_n^{(1)}$$

등이 이용된다. 평활상수 w의 값은 0.05와 0.3 사이의 값이 적당하다고 알려져 있으나

$$e_{t-1}(1) = Z_t - Z_{t-1}(1) = Z_t - S_{t-1}^{(1)}$$

을 $t-1$ 시점에서의 1 시차 후의 예측오차라고 하면 이들의 제곱합

$$\text{SSE}(w) = \sum_{t=2}^{n} e_{t-1}^2(1)$$

을 최소로 하는 w 값을 이용하는 것이 예측의 관점에서 바람직하다.

지수평활법의 단점은 평활상수 w의 선택이 임의이고, 특정 모형에서만 최적이며 예측구간을 구할 수 없다는 것이다. 만약 시계열이 다음과 같이 선형추세에 따라 증가하는 경우

$$Z_t = \beta_0 + \beta_1 t + \varepsilon_t, \quad \varepsilon_t \sim i.i.d.(0, \sigma^2)$$

여기서, β_0와 β_1이 시간에 따라 변화하는 미지의 모수라면, 단순지수평활법 대신 다음과 같은 이중지수평활(double exponential smoothing)법을 사용해야

한다.

이중지수평활법은 다음과 같이 단순지수평활된 값을 다시 단순지수평활 한다.

$$S_n^{(1)} = wZ_n + (1-w)S_{n-1}^{(1)}$$
$$S_n^{(2)} = wS_n^{(1)} + (1-w)S_{n-1}^{(2)}$$

$S_n^{(1)}$과 $S_n^{(2)}$를 이용하여

$$Z_n(k) = \left[2 + \frac{w}{1-w}k\right]S_n^{(1)} - \left[1 + \frac{w}{1-w}k\right]S_n^{(2)}$$

와 같이 예측값을 구한다. 평활상수를 하나만을 사용하므로 Brown의 일모수 이중지수평활법이라고 부른다. 초기값으로는 다음과 같은 값을 사용한다.

$$S_0^{(1)} = \hat{\beta}_{0,0} - \frac{1-w}{w}\hat{\beta}_{1,0}$$

$$S_0^{(2)} = \hat{\beta}_{0,0} - 2 \cdot \frac{1-w}{w}\hat{\beta}_{1,0}$$

여기서, $\hat{\beta}_{0,0}$와 $\hat{\beta}_{1,0}$는 선형회귀식 $Z_t = \beta_0 + \beta_1 t + \varepsilon_t$의 최소제곱추정값이다. 만약 $S_n^{(1)}$과 $S_n^{(2)}$를 구할 때 다른 평활상수 w_1과 w_2를 사용하는 경우 Holt의 이모수 이중지수평활법이라고 한다.

시계열자료가 이차식의 형태를 가지는 경우에는 삼중지수평활(triple exponential smoothing)법을 사용하는데, 1개의 평활상수와 3개의 평활식을 이용하여 예측값을 구한다.

② 계절형 지수평활

시계열자료가 계절성을 가지고 있는 경우에 적용하는 지수평활법이다. 시계열자료가 추세성분, 계절성분 및 불규칙성분으로 구성되어 있다고 가정하고

3개의 평활식을 이용하여 각 성분을 추정한다. Winters의 가법계절지수평활법은 시계열의 각 성분들의 합으로 자료가 구성되어 있어 시계열의 산포가 변하지 않는 경우에 사용되며, 시계열의 각 성분의 곱으로 자료가 구성된 경우는 시계열의 산포가 시간이 흐름에 따라 증가하므로 Winters의 승법계절지수평활법을 이용한다. 계절지수평활법에서는 3개의 평활상수를 사용한다.

설문분석

CHAPTER 12

사회적으로 중요한 사안에 대해 국민들이 어떤 생각을 하는지를 알아보려면 국민 전체를 조사하는 대신 일부만을 조사하여 전체의 의사를 추측하게 된다. 이처럼 모집단 전체를 조사하는 대신 일부만을 조사하는 것을 표본조사라고 하며, 표본조사의 한 방법으로 설문조사가 시행된다. 설문조사는 흔히 면접조사, 전화조사, 우편조사 등의 방법으로 시행되며, 설문분석에서는 이렇게 얻어진 설문조사 결과를 분석하여 원하는 정보를 얻는다. 특히 추상적인 개념에 대한 점수화가 필요할 때는 리커트(Likert) 척도를 사용한 설문조사를 통하여 수량적인 데이터를 얻을 수 있다. 이와 같이 얻어지는 데이터의 신뢰도를 높이기 위하여 문항분석이 필요하며, 이를 신뢰도 분석에서 다룬다.

설문조사를 위해서는 모집단을 대표하는 표본을 추출해야 하는데 자주 사용되는 표본추출법으로는 단순임의추출법, 계통추출법, 층화추출법 및 군집추출법을 들 수 있다. 설문조사를 위한 설문지는 응답자의 성실한 답변을 얻기 위해 많은 수의 문항은 피하는 것이 좋다. 또한 추상적 개념을 점수화하기 위해서는 여러 개의 연관성이 있는 문항을 만들고 이를 종합화하여 점수화하는 경우가 많다. 한 문항에 대한 응답은 흔히 3점 또는 5점 척도를 많이 사용한다. 문항분석으로 추출된 표본의 정보를 요약하는 방법으로는 빈도분석과 기술통계가 주로 사용된다.

12.1 빈도분석

빈도분석은 선택된 변수(문항)의 각각에 대한 관측값(응답)의 빈도(도수)를 정리하여 표로 나타내는 절차이다.

《예제 12-1》 빈도분석 예

Data 디렉토리에 저장된 설문조사 시트 중 '아동' 자료는 유치원 아동을 대상으로 '사회 적응성'을 측정하기 위해 6개 문항을 만들고, 20명의 아동의 어머니를 대상으로 사전 조사한 자료로 다음과 같이 5점 측도를 사용하였으며

(1) 전혀 아니다 (2) 아닌 편이다 (3) 보통이다 (4) 그런 편이다 (5) 항상 그렇다

6개 문항은 다음과 같다.

1. 새로 만난 또래들과 쉽게 어울린다.
2. 낯선 곳에 가서도 잘 적응한다.
3. 친구가 아플 때 잘 보살펴준다.
4. 유치원에 가기를 즐겨한다.
5. 다른 친구들에게 인기가 있다.
6. 친구들과 같이 놀기를 즐겨한다.

:: 표 12-1 사회적응성 조사 결과

번호	문항1	문항2	문항3	문항4	문항5	문항6
1	2	3	4	1	4	3
2	4	5	2	5	5	4
3	3	4	3	5	3	4
4	2	1	3	2	2	1
5	3	4	2	5	4	3
6	4	4	1	3	4	5
7	5	3	4	5	4	4
8	5	5	2	4	4	5
9	2	1	2	3	2	2
10	2	3	5	1	3	2
11	4	5	4	5	4	5
12	3	5	5	3	3	4
13	4	4	4	4	5	5
14	2	3	3	1	3	2
15	3	2	5	3	2	2
16	2	3	3	2	3	3
17	4	2	1	3	1	2
18	3	5	2	4	5	4
19	4	4	5	4	3	4
20	3	5	3	4	3	4

먼저 빈도분석을 시행해 보자.

[통계분석] → [설문분석] → [빈도분석]

을 선택하면 빈도분석 대화상자가 나타난다.

그림 12-1 빈도분석 대화상자

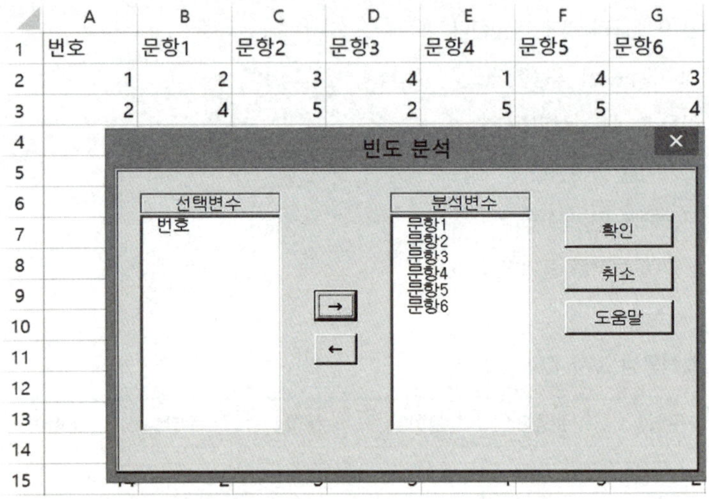

선택변수 창에서 분석변수로 문항1–문항6를 선택하여 →를 눌러 오른쪽 분석변수 창으로 보낸다. [확인]을 누르면 각 문항별로 분할표가 출력된다.

그림 12-2 빈도분석 결과 중 일부 출력

빈도분석결과

문항1

데이터 범주	빈도수	비율
2	6	30%
3	6	30%
4	6	30%
5	2	10%
총합계	20	100%

문항2

데이터 범주	빈도수	비율
1	2	10%
2	2	10%
3	5	25%
4	5	25%
5	6	30%
총합계	20	100%

12.2 기술통계 분석

설문조사 결과를 분석하는 한 방법으로 각 변수(문항)별 평균, 표준편차 등의 기술통계 분석을 시행한다. 분석 내용은 1장의 기술통계에서 설명하였다. 그러나 설문조사 결과의 분석에서는 '기술통계'에 나오는 옵션을 모두 사용하는 경우는 거의 없을 것이며, 대부분의 경우에 평균, 표준편차 정도가 될 것이다.

12.3 신뢰도 분석

추상적 개념을 점수화하기 위하여 **리커트**(Likert) **척도**를 사용할 때는 흔히 여러 개의 문항을 만들고, 이들 문항별 점수의 합을 한 응답자에 대한 점수로 활용한다. 따라서 각 문항들은 동일한 개념을 다른 측면에서 묻는 문항들이 되어야 한다. 이들 문항들이 동일한 개념을 묻는 문항이면 **신뢰도**(reliability)가 높다고 하며, 각 문항이 묻는 개념이 불분명할 때 신뢰도가 떨어진다고 한다.

12.3.1 신뢰도 분석 예

《예제 12-2》

빈도분석에서 사용한 자료를 이용한 신뢰도 분석을 위해

[통계분석] → [설문분석] → [신뢰도 분석]

을 선택하면 신뢰도 분석 대화상자가 나타난다.

그림 12-3 신뢰도 분석 대화상자

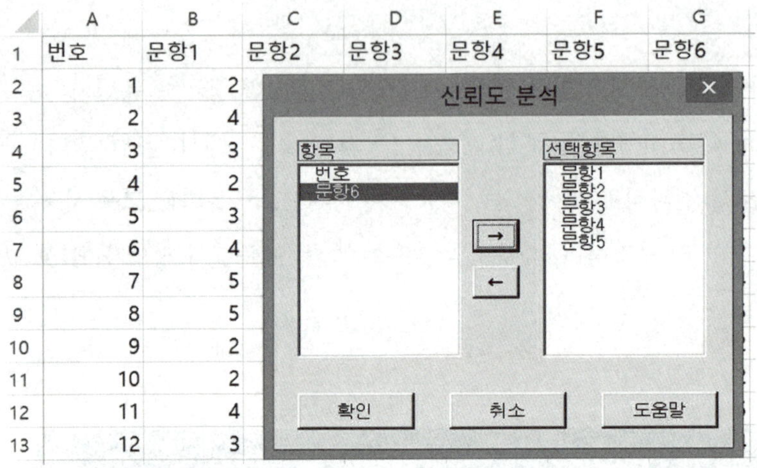

선택변수 창에서 분석변수로 문항1–문항6를 선택하여 →를 눌러 오른쪽 분석변수 창으로 보낸다. [확인]을 누르면 상관행렬과 크론바흐 알파계수가 출력된다. 문항을 삭제한 후의 알파계수가 전체문항의 알파계수보다 크면 해당되는 문항을 삭제하거나 변환이 필요함을 뜻한다. 출력에서 표준화 데이터는 각 항목별로 응답 점수들을 표준화시킨 후에 문항분석을 실시한 것이다. 이는 문항에 따라 낮은 점수 또는 높은 점수로 치우친 경우에는 표준화에 의해 비슷한 분포를 갖도록 조정한 후에 문항분석을 실시하는 것이 도움이 된다.

상관행렬을 보면 문항 3이 다른 문항과 상관관계가 약하거나 음의 상관관계를 갖는 것으로 나타났다. 크론바흐 알파 값이 0.722이지만 문항 3을 삭제하면 0.881로 증가하는 것을 볼 수 있다. 즉 문항 3은 제외하고 분석하는 것이 좋을 것 같다.

신뢰도 분석 결과 출력 그림 12-4

신뢰도 분석결과

문항별 상관계수 행렬

	문항1	문항2	문항3	문항4	문항5	문항6
문항1	1.000	0.469	-0.144	0.702	0.365	0.697
문항2	0.469	1.000	0.011	0.523	0.703	0.831
문항3	-0.144	0.011	1.000	-0.175	-0.039	-0.039
문항4	0.702	0.523	-0.175	1.000	0.402	0.623
문항5	0.365	0.703	-0.039	0.402	1.000	0.714
문항6	0.697	0.831	-0.039	0.623	0.714	1.000

Cronbach 알파계수

변수	알파계수
원 데이터	0.772
표준화 데이터	0.783

문항을 삭제한 후의 Cronbach 알파계수

	원 데이터		표준화 데이터	
삭제한 변수	부분합과 상관계수	알파계수	부분합과 상관계수	알파계수
문항1	0.608	0.722	0.601	0.734
문항2	0.754	0.670	0.757	0.693
문항3	-0.093	0.881	-0.094	0.884
문항4	0.575	0.723	0.596	0.735
문항5	0.624	0.715	0.619	0.729
문항6	0.857	0.644	0.867	0.662

12.3.2 이론적 배경

신뢰도를 나타내는 측도로는 **크론바흐 알파**(Cronbach alpha) 또는 크론바흐 알파계수를 이용한다. 동일한 개념을 묻는 k개의 문항에 대한 점수를 각각 $X_1, \cdots, X_k$로 나타내고 이들의 합을 $T = X_1 + \cdots + X_k$라고 하자. k개의 문항이 모두 다른 개념을 나타내어 독립이라면 T의 분산은 다음과 같다.

$$Var(T) = Var(kX) = k^2 Var(X)$$

이를 기초로 크론바흐 알파는 다음과 같이 정의되며,

$$\alpha = \frac{k}{k-1}\left[1 - \frac{\Sigma Var(X_i)}{Var(T)}\right]$$

그 성질은 다음과 같다.

① k개의 문항이 서로 독립이라면 $Var(T) = \Sigma Var(X_i)$이므로 $\alpha = 0$이 된다.

② k개의 문항이 동일한 문항이라면 $Var(T) = k^2 Var(X)$,
$\Sigma Var(X_i) = kVar(X)$이므로 $\alpha = 1$이 된다.

일반적으로 $Var(T) = \Sigma Var(X_i) + 2\Sigma Cov(X_i, X_j)$이므로 문항별 연관성이 양수로 크다면 $Cov(X_i, X_j)$의 값이 커지므로 $Var(T)$의 값도 커지고 따라서 α 값도 증가한다. 따라서 $\alpha \le 1$이 성립하며, 1에 가까울수록 문항들이 비슷한 개념을 묻는 것임을 알 수 있다. 다른 문항들과의 연관성이 없어서 $Cov(X_i, X_j)$가 0에 가까운 문항은 설문에서 제외하는 것이 좋다.

$Var(X_i)$는 각 문항의 표본분산인 S_i^2으로 추정하며, S_T^2은 문항합 T의 표본분산이다. 이를 이용하여 크론바흐 알파는 다음과 같이 추정된다.

$$\hat{\alpha} = \frac{k}{k-1}\left[1 - \frac{\Sigma S_i^2}{S_T^2}\right]$$

품질관리

CHAPTER 13

품질관리(quality control ; QC)란 고객이 원하는 수준의 제품이나 서비스를 가장 경제적인 수준에서 생산하기 위해 계획을 작성하는 것과 그 계획을 달성하기 위해 수행하는 모든 활동을 말한다. 품질관리의 개념은 20세기 초에 처음 도입된 이후, 표본추출(samplig), 통계적 품질관리(statistical QC), 종합 품질관리(Total QC)의 단계를 거쳐 품질경영(quality management ; QM)으로 발전되어 왔다. 최근에는 6-시그마(6σ) 경영시스템이 제조업뿐만 아니라 사무실 업무에도 도입되어 경영과 제품품질에 많은 혁신을 가져 왔다. 이 장에서는 품질관리와 6-시그마를 수행하기 위해 필수적으로 많이 활용되는 QC의 7가지 도구, 관리도와 공정능력분석에 대해 설명하기로 한다.

QC 7가지 도구

QC의 7가지 도구(seven tools)는 품질관리 활동을 전개하는 데 필요한 기본적인 품질관리 방법으로 어떤 공정에서도 적용할 수 있으며 자료의 기초적 정리 방법으로 널리 사용되고 있다. QC의 7가지 도구로는 특성요인도, 파레토 그림 , 체크시트, 산점도, 히스토그램, 층별, 각종 그래프가 있다.

관리도

공정이 일정한 조건 또는 설계된 수준으로 유지되어도 공정에서 생산되는 제품의 품질특성치는 변하게 된다. 관리도(control chart)란 품질의 관리 상태를 파악하기 위해 품질특성치의 평균을 나타내는 중심선(central line ; CL)과 중심선 위아래의 한 쌍의 관리한계선(control limit), 공정의 상태를 나타내는 품질특성치로 구성된 그래프이다. 자료의 성질에 따라 계수형 관리도와 계량형 관리도로 나눌 수 있다.

공정능력분석

공정능력(process capacity)이란 공정특성의 변동을 줄이면서 관리할 수 있는 능력을 의미하는데, 특히 공정이 관리 상태에 있을 때 각각의 제품의 변동이 어느 정도인가를 나타내는 양이다.

13.1 QC 7가지 도구

품질관리 활동을 수행하기 위해서는 필수적으로 통계기법을 활용하게 된다. 통계기법 중 자료를 수집, 정리하는 과정에서 자료에 내재되어 있는 정보를 파악하는 데 유용한 방법으로 히스토그램, 체크시트, 파레토그림, 특성요인도, 산점도, 층별 및 각종 그래프 등이 있으며, 이들을 QC 7가지 도구라고 한다.

KESS의 QC 도구 메뉴에서는 히스토그램, 파레토그림, 산점도를 제공한다. 히스토그램과 산점도에 대한 설명은 1장의 그래프 메뉴를 참고하고 여기서는 파레토그림에 대해서만 설명하기로 한다.

파레토그림

불량, 결점, 고장 등의 발생 건수(또는 손실금액) 등과 같이 품질관리에 영향을 미치는 현상이나 원인들을 항목별로 나누어 빈도순으로 막대그래프로 나타낸 후, 항목별 누적 도수를 꺾은선 그래프로 겹쳐 그린 그림이다. 어떤 원인들이 문제 해결에 중요한지를 알아보고자 하는 경우에 유용하게 사용된다.

《예제 13-1》 파레토그림

Data 디렉토리에 저장된 품질관리 시트 중 제품의 항목별 불량내용을 정리한 '파레토' 자료를 이용하여 주요 불량요인을 알아보기로 한다. 파레토그림을 그리기 위해서는 먼저 워크시트에 자료를 입력한다. [그림 13-1]과 같이 첫 번째 열에는 불량내용, 두 번째 열에는 불량개수를 입력한다. 파레토그림을 그리기 위해

[통계분석] → [품질관리] → [QC도구] → [파레토그림]

을 선택하면 파레토그림 대화상자가 나타난다.

선택변수 창에서 불량요인을 나타내는 변수 불량내용을 선택한 후 →를 눌러 오른쪽의 항목변수 창으로 보내고 빈도를 나타내는 변수 불량개수는 분석변수 창으로 보낸다.

그림 13-1 파레토그림 대화상자

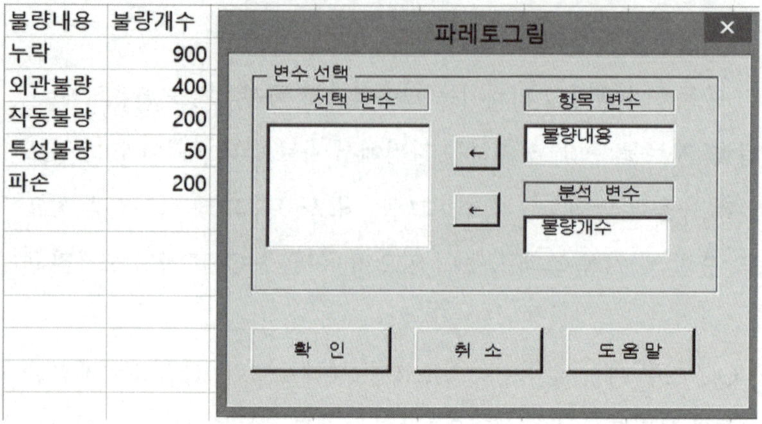

[확인]을 누르면 품질관리 분석결과와 파레토그림이 출력된다. 불량의 가장 큰 원인은 누락으로 51.4%를 차지하는 것을 알 수 있다. 다음 원인으로는 외관불량이 22.9%를 차지하여 두 개 항목이 불량률의 주요 원인임을 알 수 있다.

그림 13-2

파레토그림

품질관리 분석결과

불량내용	불량개수	누적비율	상대비율
누락	900	0.5143	0.5143
외관불량	400	0.7429	0.2286
작동불량	200	0.8571	0.1143
파손	200	0.9714	0.1143
특성불량	50	1.0000	0.0286
합	1750		

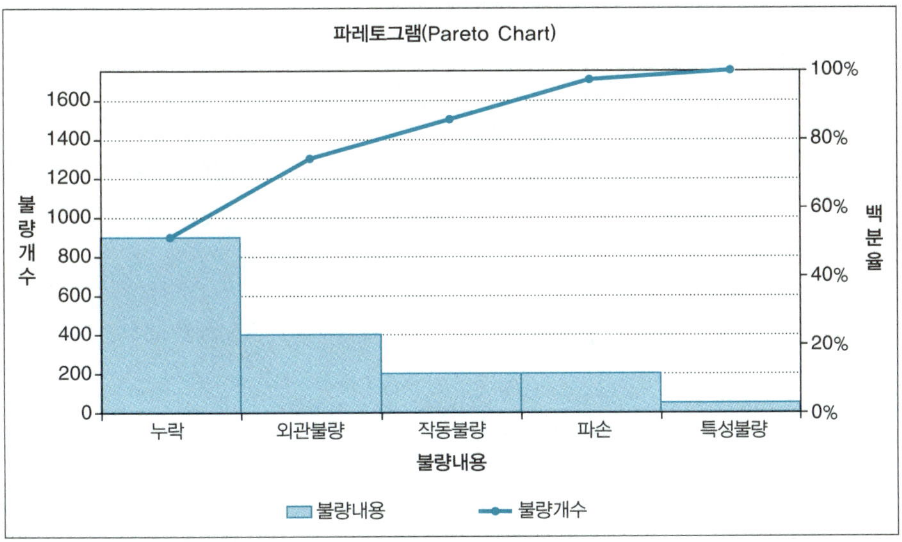

13.2 관리도

공정의 상태를 나타내는 품질특성치를 이용하여 품질변동에 영향을 끼치는 원인을 신속히 판별하고, 발견된 이상 원인에 대해서는 조처를 취함으로써 공정을 관리 상태로 유지하고자 하는 것이 품질관리의 목적이며, 공정을 관리하기 위해 가장 기본적으로 사용되는 통계기법이 관리도이다. 관리도란 우연원인으로 인한 산포와 이상원인으로 인한 산포를 구분할 수 있는 중심선 상·하에 관리한계선(관리상한선, 관리하한선)을 결정한 다음 공정의 상태를 나타내는 품질특성치를 타점하여, 이 점이 관리한계선 밖으로 나가면 이상원인이 존재하고, 그렇지 않으면 우연원인에 의한 상태라는 사실을 시간의 경과에 따라 한눈에 알아볼 수 있도록 그린 일종의 꺾은선 그래프이다. 따라서 관리도를 이용하는 주된 목적은 공정상의 이상 유무를 신속히 찾아내어 이상원인으로 인한 불량품이 대량 생산되기 전에 필요한 조처를 미리 취하여 관리된 상태를 유지하도록 함으로써 최상의 품질을 달성하는 데 있다.

관리도는 사용되는 자료의 종류에 따라 계수형 관리도와 계량형 관리도로 나눈다. 계수형 관리도는 불량품의 수, 결점 수 등과 같이 개수를 세어 얻어지는 품질특성치를 사용하여 작성된 관리도이며, 계량형 관리도는 길이, 중량, 강도, 부피 등과 같이 계량형 품질특성치를 사용하여 작성된 관리도이다. 관리도를 그리기 위해서는 관리한계선의 수준 k를 결정해야 하며, 3σ–관리도에서는 $k=3$을 사용한다.

13.2.1 관리도 예

《예제 13-2》 계수형 관리도

Data 디렉토리에 저장된 품질관리 시트의 '계수형' 자료를 이용하여 계수형 관리도를 그려보기로 한다. 첫 번째 열에는 부분군의 크기, 두 번째 열에는 불량개수가 입력된 자료로 불량률관리도를 그리는 데 이용된다. 관리도를 그리기 위해

[통계분석] → [품질관리] → [관리도] → [계수형 관리도]

를 선택하면 [불량률 관리도], [불량개수 관리도], [결점수 관리도], [단위당 결점수 관리도] 중에서 하나의 관리도를 선택할 수 있는 대화상자가 나온다. 여기서는 [불량률 관리도]를 선택하여 관리도를 그려보기로 한다.

선택변수 창에 있는 변수 중에서 군의크기를 선택한 후, →를 눌러 오른쪽의 부분군 크기 창으로 보내고, 불량개수를 선택한 후 →를 눌러 오른쪽의 불량개수 창으로 보낸다. [관리한계선의 수준] 입력란의 디폴트 값은 3이다. 원하는 값을 입력란에 입력하면 된다.

그림 13-3

불량률 관리도 대화상자

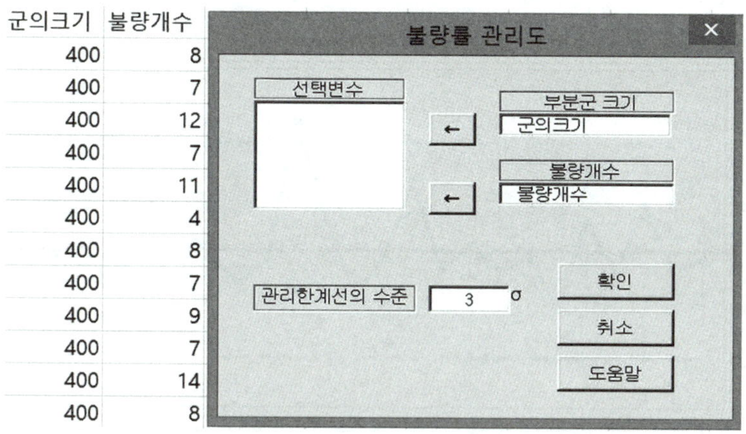

[확인]을 누르면 불량률 관리도 분석 결과와 불량률 관리도가 출력된다. 15번째 부분군에서 관리도의 상한선을 벗어난 것을 볼 수 있다. 이상원인이 무엇인가를 규명한 후 15번째 부분군을 제외하고 다시 관리도를 그려보아야 한다.

그림 13-4

불량률 관리도 분석 결과

불량률 관리도 분석 결과

군번호	군의크기	불량개수	불량률	LCL	UCL
1	400	8	0.020	0.000	0.043
2	400	7	0.018	0.000	0.043
3	400	12	0.030	0.000	0.043
4	400	7	0.018	0.000	0.043
5	400	11	0.028	0.000	0.043
6	400	4	0.010	0.000	0.043
7	400	8	0.020	0.000	0.043
8	400	7	0.018	0.000	0.043
9	400	9	0.023	0.000	0.043
10	400	7	0.018	0.000	0.043
11	400	14	0.035	0.000	0.043
12	400	8	0.020	0.000	0.043
13	400	5	0.013	0.000	0.043
14	400	11	0.028	0.000	0.043
15	400	19	0.048	0.000	0.043
16	400	8	0.020	0.000	0.043
17	400	6	0.015	0.000	0.043
18	400	8	0.020	0.000	0.043
19	400	11	0.028	0.000	0.043
20	400	5	0.013	0.000	0.043
21	400	7	0.018	0.000	0.043
22	400	6	0.015	0.000	0.043
23	400	6	0.015	0.000	0.043
24	400	12	0.030	0.000	0.043
25	400	8	0.020	0.000	0.043
		CL	0.021		

그림 13-5 불량률 관리도

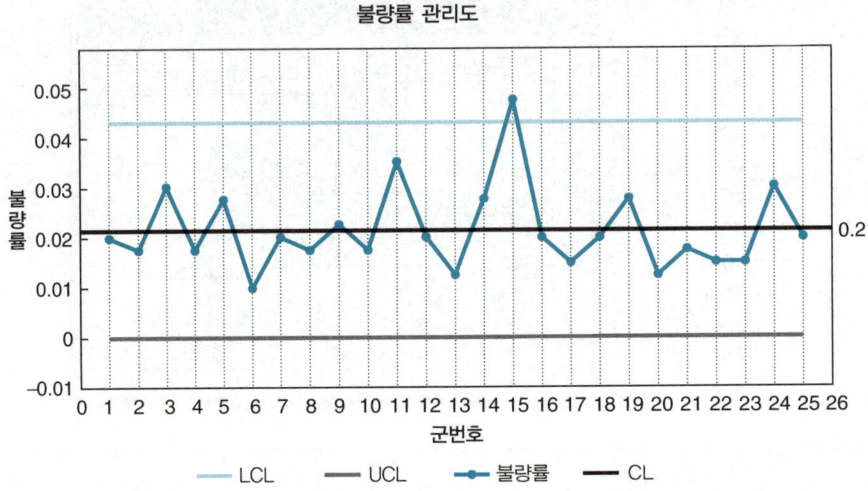

《예제 13-3》 **계량형 관리도**

Data 디렉토리에 저장된 품질관리 시트의 '계량형' 자료는 공장에서 생산되는 철선의 품질특성치 중 인장강도를 측정하기 위해 한 로트(부분군)에서 5개씩의 표본을 총 16회 추출한 결과 자료이다. 첫 번째 열에는 부분군의 번호, 두 번째 열부터는 부분군에 속한 관측값을 입력한다. 관리도를 그리기 위해

[통계분석] → [품질관리] → [QC도구] → [관리도] → [계량형 관리도]

를 선택한다. 계량형 관리도의 경우는 부분군 변수를 제외하고 관리도를 그리는 데 사용할 부분군의 변수들을 선택한 후, →를 누르면 오른쪽의 분석변수 창에 선택된 변수가 표시된다. [관리한계선의 수준] 입력란에 원하는 값을 입력한다. 디폴트 값이 3시그마이다.

평균값-범위 관리도 대화상자

그림 13-6

부분군	x1	x2	x3	x4	x5
1	10.1	8.4	10.2	9.4	9.1
2	12.4	11.1	10.8	11	11.9
3	10.8	12.1	11.8	9.4	11.6
4	9.7	10.8	9.2	9.2	9.3
5	10.1	10.1	9.7	9.8	10.5
6	10.4	10.2	10.4	9.1	10.6
7	10.3	10.4	9.4	9.6	10.1
8	10.7	10.7	10.8	8.4	11.6
9	10.8	10.2	10.5	8.4	9.9
10	10.6	9.9	10.7	10.4	11.4
11	7.3	9.2	8.8	8.5	8.8
12	10.6	10.4	10.5	10.5	10.9
13	11.2	10	10.9	11.2	11

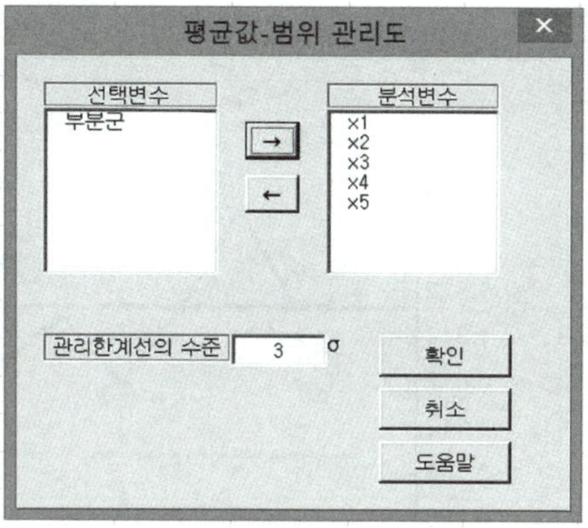

계량형 자료를 이용하여 평균값과 범위관리도를 그리면 관리도가 출력되고, CL, LCL, UCL 등이 분석변수의 오른쪽에 출력된다. 평균값 관리도의 관리한계선이 설정되어 있지 않으므로 먼저 범위 관리도를 그려보았다. 범위 관리도를 보면 관리한계선을 벗어나지 않아 공정산포는 관리 상태에 있다고 본다. 평균값 관리도를 보면 2번째, 11번째와 14번째 군의 평균이 관리한계선을 벗어나므로 공정평균에 문제가 있다고 생각된다.

평균값-범위 관리도 분석 결과

그림 13-7

평균값-범위 관리도 분석 결과

군번호	x1	x2	x3	x4	x5	평균값	변수의 수	범위	평균값 Lcl	평균값 Ucl	범위 Lcl	범위 Ucl
1	10.1	8.4	10.2	9.4	9.1	9.440	5	1.800	9.388	11.262	0.000	3.436
2	12.4	11.1	10.8	11	11.9	11.440	5	1.600	9.388	11.262	0.000	3.436
3	10.8	12.1	11.8	9.4	11.6	11.140	5	2.700	9.388	11.262	0.000	3.436
4	9.7	10.8	9.2	9.2	9.3	9.640	5	1.600	9.388	11.262	0.000	3.436
5	10.1	10.1	9.7	9.8	10.5	10.040	5	0.800	9.388	11.262	0.000	3.436
6	10.4	10.2	10.4	9.1	10.6	10.140	5	1.500	9.388	11.262	0.000	3.436
7	10.3	10.4	9.4	9.6	10.1	9.960	5	1.000	9.388	11.262	0.000	3.436
8	10.7	10.7	10.8	8.4	11.6	10.440	5	3.200	9.388	11.262	0.000	3.436
9	10.8	10.2	10.5	8.4	9.9	9.960	5	2.400	9.388	11.262	0.000	3.436
10	10.6	9.9	10.7	10.4	11.4	10.600	5	1.500	9.388	11.262	0.000	3.436
11	7.3	9.2	8.8	8.5	8.8	8.520	5	1.900	9.388	11.262	0.000	3.436
12	10.6	10.4	10.5	10.5	10.9	10.580	5	0.500	9.388	11.262	0.000	3.436
13	11.2	10	10.9	11.2	11	10.860	5	1.200	9.388	11.262	0.000	3.436
14	11	11.5	11.8	11	11.3	11.320	5	0.800	9.388	11.262	0.000	3.436
15	10.1	10.2	10.2	11.2	10.1	10.360	5	1.100	9.388	11.262	0.000	3.436
16	12.4	10	10	10.1	11.3	10.760	5	2.400	9.388	11.262	0.000	3.436
					CL	10.325	범위평균	1.625				

그림 13-8 범위 관리도 출력 결과

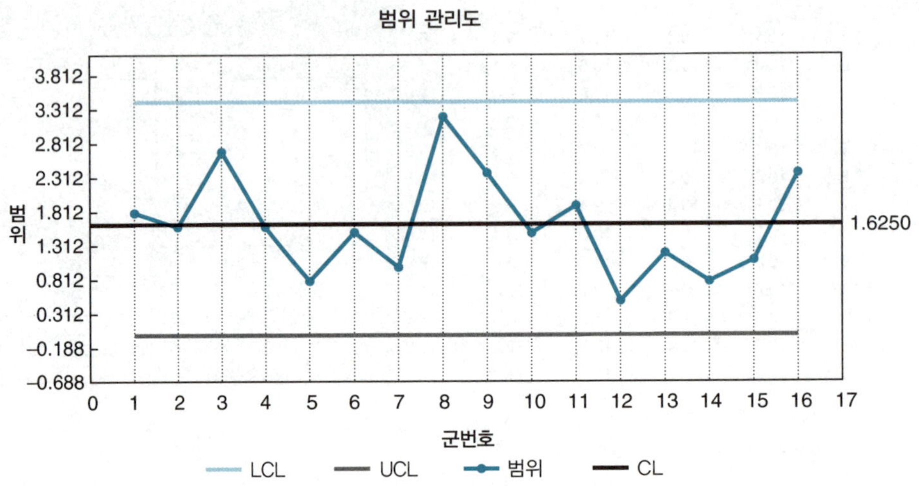

그림 13-9 평균값 관리도 출력 결과

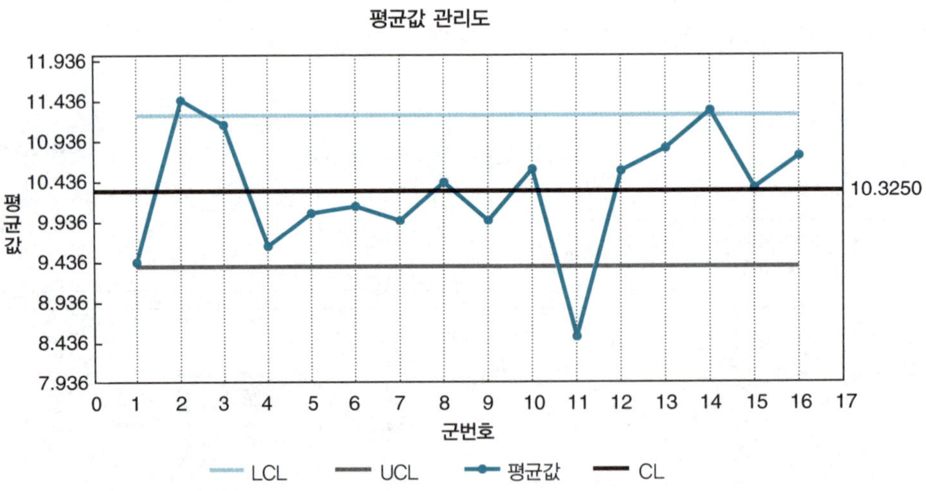

13.2.2 이론적 배경

A. 계수형 관리도

계수형 관리도(control chart for attributes)에는 불량률 관리도, 불량개수 관리도, 결점수 관리도, 단위당 관리도 등이 있다.

① 불량률 관리도(p–관리도)

불량률 관리도(control chart for fraction defectives)는 계수형 관리도 중에서 가장 널리 사용되는 관리도로서 공정불량률을 관리하고자 할 때 사용된다. 공정 불량률 p가 일정하게 유지되는 연속적인 생산공정(무한 모집단으로 간주)에서 n개의 시료를 추출할 때, 시료에 포함된 불량품의 개수 x는 이항분포를 따른다. 따라서 부분군의 크기가 n일 때, 각 부분군에서 불량률의 추정량

$$\frac{x_i}{n_i} \sim N\left(p,\ \frac{p(1-p)}{n}\right),\ i = 1, \cdots, N$$

임을 이용한다. 그러나 실제로는 p를 모르므로 전체시료를 이용하여 추정된 값

$$\overline{p} = \frac{x_1 + \cdots + x_N}{n_1 + \cdots + n_N}$$

을 이용한 관리도의 중심선 및 관리한계선은 다음과 같다.

$$CL = \overline{p}$$

$$UCL = \overline{p} + k\sqrt{\frac{\overline{p}(1-\overline{p})}{n_i}}$$

$$LCL = \overline{p} - k\sqrt{\frac{\overline{p}(1-\overline{p})}{n_i}}$$

② **불량개수 관리도**(pn–관리도)

불량개수 관리도(control chart for number of defectives)는 공정에서 생산되는 제품을 불량개수를 이용하여 관리할 경우에 사용된다. 공정 불량률 p가 일정하게 유지되는 연속적인 생산공정(무한 모집단으로 간주)에서 n개의 시료를 추출할 때, 시료에 포함된 불량품의 개수 x는 이항분포를 따른다. 부분군의 크기가 n일 때, 각 부분군에서 불량개수의 추정량 np의 중심선 및 관리한계선은 다음과 같다. $\overline{p}$는 불량률 관리도의 경우와 같다.

$$CL = n\overline{p}$$

$$UCL = n\overline{p} + k\sqrt{n\overline{p}\,(1-\overline{p})}$$

$$LCL = n\overline{p} - k\sqrt{n\overline{p}\,(1-\overline{p})}$$

③ **결점수 관리도**(c–관리도)

결점수 관리도(control chart for number of defects)는 생산공정에서 제품 단위당 결점수 c를 관리하기 위하여 고안된 관리도이다. 검사단위는 항상 일정하며, 하나 이상의 단위가 포함될 수 있다. 일정 단위당 결점수는 포아송 분포를 따르므로, 전체시료를 이용하여 추정된 결점수의 추정량

$$\overline{c} = \frac{c_1 + \cdots + c_N}{N}$$

을 이용한 결점수 관리도의 중심선과 관리한계선은 다음과 같다.

$$CL = \overline{c}$$

$$UCL = \overline{c} + k\sqrt{\overline{c}}$$

$$LCL = \overline{c} - k\sqrt{\overline{c}}$$

④ 단위당 결점수 관리도(u-관리도)

단위당 결점수 관리도(control chart for number of defect per unit)는 생산공정에서 결점수를 관리하고자 할 때 검사단위가 일정하지 않은 경우에 사용된다. 단위당 결점수는 포아송 분포를 따르므로 중심선과 관리한계선은 다음과 같다.

$$CL = \bar{u}$$

$$UCL = \bar{u} + k\sqrt{\frac{\bar{u}}{n}}$$

$$LCL = \bar{u} - k\sqrt{\frac{\bar{u}}{n}}$$

단, $\bar{u} = \dfrac{n_1 u_1 + \cdots + n_N u_N}{n_1 + \cdots + n_N} = \dfrac{c_1 + \cdots + c_N}{n_1 + \cdots + n_N}$

B. 계량형 관리도

계량형 관리도에는 평균값 관리도, 평균값-범위 관리도, 평균값-표준편차 관리도, 개개의 측정값-이동범위 관리도, 중앙값-범위 관리도, 이동평균 관리도, 기하이동평균 관리도, 표준편차 관리도, 누적합 관리도 등이 있다.

KESS의 계량형 관리도에는 다음과 같은 계수들이 사용된다.

$$d_2(n) = \int_{-\infty}^{\infty}\left[1 - \{1 - \Phi(x)\}^n - \{\Phi(x)\}^n\right]dx,\ \ 2 \le n \le 25$$

$$d_3(n) = \sqrt{2\int_{-\infty}^{\infty}\int_{-\infty}^{y} f(x,\ y)\,dxdy - d_2(n)^2},\ \ 2 \le n \le 25$$

$$f(x,\ y) = 1 - \{\Phi(x)\}^n - \{1 - \Phi(x)\}^n + \{\Phi(y) - \Phi(x)\}^n$$

Φ = 표준정규분포함수

$$c_4(n) = \sqrt{\frac{2}{(n-1)}} \frac{\Gamma(n/2)}{\Gamma[(n-1)/2]}, \ n \geq 2$$

$$m_3(n) = \sqrt{Var(\tilde{x})}, \ x \sim N(0, 1)$$

① **평균값 관리도**($\overline{X}$-관리도)

평균값 관리도는 생산공정에서 가장 많이 사용되는 관리도로 공정의 평균을 관리할 때 사용된다. 관리한계선 밖에 나타나는 관측값이 있을 경우에 공정이 이상상태에 있다는 판단을 내린다. 대부분의 경우 공정평균 μ와 공정산포 σ를 모르므로 이들을 추정하여 관리한계선을 설정하며, σ의 경우는 범위(range) R의 추정량을 많이 사용한다.

분산 추정 시 R을 이용하는 경우(디폴트 사항)

$$CL = \overline{\overline{x}}$$

$$UCL = \overline{\overline{x}} + \frac{k}{\sqrt{n}}\left(\frac{\overline{R}}{d_2(n)}\right)$$

$$LCL = \overline{\overline{x}} - \frac{k}{\sqrt{n}}\left(\frac{\overline{R}}{d_2(n)}\right)$$

단, $\overline{\overline{x}} = \dfrac{n_1\overline{x}_1 + \cdots + n_N\overline{x}_m}{n_1 + \cdots + n_m}$, $\overline{R} = \dfrac{R_1 + \cdots + R_m}{m}$, m은 부분군의 개수이다.

② **평균값-범위 관리도**($\overline{X}$-R 관리도)

공정의 품질은 평균뿐만 아니라 산포에 의해서도 영향을 받는 경우가 일반적인데, 공정의 평균과 산포를 동시에 관리하고자 할 때 평균값 관리도와 범위 관리도를 병행하여 사용하는 관리도이다. 계량형 관리도에서 가장 많이 사용되는 관리도이다. 평균값 관리도나 범위 관리도 중 어느 한 쪽이라도 관리한계선 밖에 나타나는 관측값이 있을 경우에 공정이 이상상태에 있다는 판단을 내린다.

범위 관리도

$$CL = \overline{R}$$

$$UCL = \overline{R} + kd_3(n)\frac{\overline{R}}{d_2(n)}$$

$$LCL = \overline{R} - kd_3(n)\frac{\overline{R}}{d_2(n)}$$

③ 평균값-표준편차 관리도($\overline{X}$-S 관리도)

평균과 산포를 동시에 관리하고자 할 때, 공정분산을 관리하기 위해서 표준편차 관리도를 사용하는 관리도이다.

표준편차 관리도

$$CL = \overline{S}$$

$$UCL = \overline{S} + k\frac{\overline{S}}{c_4(n)}\sqrt{1 - c_4^2(n)}$$

$$LCL = \overline{S} - k\frac{\overline{S}}{c_4(n)}\sqrt{1 - c_4^2(n)}$$

단, $\overline{S} = \dfrac{S_1 + \cdots + S_m}{m}$

④ 개개의 측정값-이동범위 관리도

개개의 측정값 관리도는 각각의 측정값을 하나의 점으로 표시하는 관리도이다. 한 개의 측정값이 얻어지면 곧 관리도에 점으로 기록되므로, 각각의 측정으로부터 공정의 안정상태의 판정 및 조치까지 시간적인 지연이 없는 것이 특징이다. 산포의 관리를 위해서는 범위 대신 이동범위를 사용한다.

개개의 측정값 관리도

$$CL = \overline{x}$$

$$UCL = \overline{x} + k\frac{\overline{R}_s}{d_2(2)}$$

$$LCL = \overline{x} - k\frac{\overline{R}_s}{d_2(2)}$$

단, $\overline{R}_s = \frac{\Sigma R_{si}}{n-1}$, $R_{si} = |i$번째의 측정치 $- (i+1)$번째의 측정치$|$

이동범위 관리도

$$CL = \overline{R}_s = \frac{\Sigma R_{si}}{n-1}$$

$$UCL = \left(1 + k\frac{d_3(2)}{d_2(2)}\right)\overline{R}_s$$

$$LCL = 0$$

단, $R_{si} = |i$번째의 측정치 $- (i+1)$번째의 측정치$|$

⑤ 중앙값–범위 관리도

중앙값 관리도는 평균값 관리도와 마찬가지로 공정평균을 관리하고자 할 때 사용된다. 중앙값–범위 관리도는 평균값–범위 관리도와 자료수집 방법은 동일하지만 산술평균 대신 중앙값을 이용함으로써 계산하는 시간을 줄일 수 있다.

중앙값 관리도

$$CL = \overline{\tilde{x}}$$

$$UCL = \overline{\tilde{x}} + km_3(n)\frac{1}{\sqrt{n}}\left(\frac{\overline{R}}{d_2(n)}\right)$$

$$LCL = \overline{\tilde{x}} - km_3(n)\frac{1}{\sqrt{n}}\left(\frac{\overline{R}}{d_2(n)}\right)$$

단, $\bar{\bar{x}} = \dfrac{n_1 \tilde{x}_1 + \cdots + n_m \tilde{x}_m}{n_1 + \cdots + n_m}$

⑥ 이동평균 관리도

이동평균(moving average) 관리도는 이동평균을 구하기 위해서 w개의 표본평균에 $1/w$의 가중치를 주고, 그 이전의 모든 표본평균에는 0의 값을 가중한다.

$$CL = \bar{\bar{x}}$$

$$UCL = \bar{\bar{x}} + k \frac{1}{\sqrt{\min\{i,\ w\} n}} \frac{\overline{R}}{d_2(n)}$$

$$LCL = \bar{\bar{x}} - k \frac{1}{\sqrt{\min\{i,\ w\} n}} \frac{\overline{R}}{d_2(n)}$$

⑦ 기하이동평균 관리도

기하이동평균(GMA : geometric moving average) 관리도는 최근의 측정치에다 더 큰 가중치를 주게 함으로써, 공정의 변화에 민감하게 하여 공정의 변화를 빨리 감지할 수 있도록 한다. $r = 1$인 경우 기하이동평균 관리도는 평균값 관리도와 동일하며, r값이 작을수록 공정평균의 이동을 더 빨리 탐지할 수 있다.

$$CL = \bar{\bar{x}}$$

$$UCL = \bar{\bar{x}} + kr \sqrt{\frac{r(1-r)^{2i}}{n(2-r)}} \frac{\overline{R}}{d_2(n)}, \quad (r = \text{가중치 모수})$$

$$LCL = \bar{\bar{x}} - kr \sqrt{\frac{r(1-r)^{2i}}{n(2-r)}} \frac{\overline{R}}{d_2(n)}$$

⑧ 표준편차 관리도(S 관리도)

표준편차 관리도는 범위 관리도와 마찬가지로 산포(공정능력)를 관리하기 위한 관리도이다.

$$CL = \overline{S}$$

$$UCL = \overline{S} + k\frac{\overline{S}}{c_4(n)}\sqrt{1 - c_4^2(n)}$$

$$LCL = \overline{S} - k\frac{\overline{S}}{c_4(n)}\sqrt{1 - c_4^2(n)}$$

⑨ **누적합 관리도**(cusum 관리도)

누적합(cumulative sum) 관리도는 관측치들의 누적합에 근거한 관리도로 공정의 변화가 서서히 일어나고 있을 때 그 공정 변화를 비교적 민감하게 탐지해낼 수 있는 장점이 있다.

$$S_m = \sum_{k=0}^{m}(\overline{x}_k - \mu_0)$$

$\overline{x}_k$: 부분군의 크기가 n인 k번째 부분군의 평균

S_m : m번째 부분군까지의 누적합(cumulative sum)

누적합 관리도에서는 공정의 변화를 탐지하기 위해 관리한계선의 역할을 하는 V-마스크(V-mask)를 이용한다. V-마스크를 순서대로 뒤로 이동하면서 마스크에 의해 가려지는 점이 있는지를 검사하게 되는데, 관리도상의 모든 점이 V-마스크에 의해 가려지지 않으면 공정에 이상이 있다고 판단한다.

V-마스크의 설계는 d와 θ의 값에 의하여 결정된다. d는 마스크의 꼭지점과 초점까지의 거리(lead distance)를 나타내며, θ는 꼭지점과 초점을 잇는 직선과 마스크의 위쪽 아래쪽 선분과의 각(angle)을 나타낸다. θ의 값이 커지면 관리도의 민감도가 떨어지게 된다. KESS에서 사용하는 d와 θ는 k, h, m과 $\hat{\sigma}$를 이용하여 결정한다.

$$\tan(\theta) = K = k \cdot \frac{\hat{\sigma}}{\sqrt{m}}$$

$$d = h/k$$

$$\hat{\sigma} = \frac{s_1/c_4(n_1) + \cdots + s_N/c_4(n_N)}{N}$$

m = 부그룹의 크기(subgroup size)

단, 참고값 k는 공정평균이 μ_0에서 μ_1으로 변하는 것을 빨리 탐지하기 위한 경우 일반적으로 $k = \frac{\mu_0 + \mu_1}{2}$를 사용하며, 결정구간 h는 원하는 평균 런의 길이(average run length ; ARL)를 맞추도록 결정한다.

C. 관리도의 판단

관리도를 작성하였으면 이를 잘 분석하여 이로부터 원자재, 품질, 공정 및 작업에 관한 사항과 정보를 수집하여 이상원인을 찾아서 제거해야 한다. 작성된 관리도를 이용하는 방법은 다음과 같다.

① 점이 관리한계선을 벗어났을 때에는 공정에 이상 원인이 있음을 나타내므로 그 원인을 조처하여야 한다. 관리한계선상에 있는 점도 이상상태로 본다.

② 점이 관리한계선 내에 있으면 원칙적으로 공정은 관리상태에 있다고 본다.

③ 점이 중심선에 대하여 한쪽에만 연속해서 나타날 경우, 특히 7개 이상의 점이 연속하여 한쪽에 몰리는 경우 또는 연속 11개의 점 중 10개가 한쪽에 몰리는 경우에 이상원인이 있다고 판단한다. 단, 한쪽 관리한계가 없는 경우는 예외이다.

④ 점이 상승 혹은 하강하는 경향이나 주기적인 변동을 나타낼 때는 무엇인가 이상이 있다고 본다.

⑤ 점이 이상한계 밖으로 반 이상이 나가 있거나 대부분 중심선 부근에 몰려 있는 경우에는 공정에 이상이 있다기보다는 관리도의 작성방법, 가령 군별 내지 층별 방법에 이상이 있는 경우이다.

13.3 공정능력분석

공정능력(process capacity)이란 공정특성의 변동을 줄이면서 관리할 수 있는 능력을 의미하는데, 특히 공정이 관리 상태에 있을 때 각각의 제품의 변동이 어느 정도인가를 나타내는 양이다. 공정이 외부 원인에 의해 영향을 받지 않고 정상적으로 가동되고 있는 상태일 경우, 공정에서 생산되는 제품의 품질변동이 작으면 그 공정의 공정능력이 좋고, 품질변동이 크면 공정능력이 나쁘다고 할 수 있다.

13.3.1 공정능력분석 예

《예제 13-4》 공정능력

Data 디렉토리에 저장된 품질관리 시트 중 '공정능력' 자료는 제약회사에서 생산하는 약품에 포함된 주요 성분의 함유량을 측정한 자료이다. 함유량의 규격은 $70 \pm 2mg$이라고 한다. 첫 번째 열에는 부분군 번호, 두 번째 열부터는 관측 순서대로 각각 5번씩 관찰이 이루어진 자료형태를 보여준다. 즉 각 부분군에서 5번씩 관찰이 이루어진 것이다. 공정능력을 평가하기 위해

[통계분석] → [품질관리] → [공정능력분석]

을 선택하면 공정능력분석 대화상자가 나타난다.

그림 13-10

공정능력분석 대화상자

부분군	X1	X2	X3	X4	X5
1	69.56	70.54	70.95	71.45	68.59
2	69.98	69.36	68.78	70.43	69.73
3	69.25	68.34	71.03	71.57	69.46
4	71.14	69.43	68.89	70.38	69.46
5	67.94	70.72	70.92	69.43	69.56
6	68.8	69.97	69.87	71.38	69.37
7	69.38	70.42	67.83	68.25	71.07
8	69.45	70.05	68.99	70.23	70.63
9	71.23	70.64	69.42	69	70.34
10	68.91	69.97	67.08	69.28	69.54

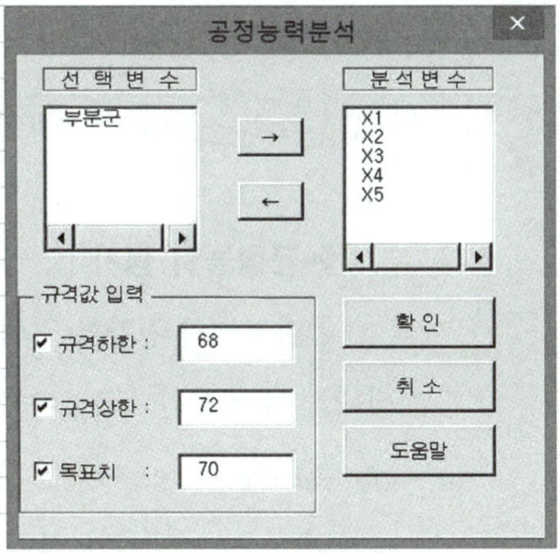

선택변수 창에서 분석하고자 하는 변수 X1, X2, X3, X4, X5를 선택한 후, →를 눌러 오른쪽의 분석변수 창으로 보낸다. [규격값 입력] 프레임에서 [규격하한]으로 68, [규격상한]으로 72, [목표치]로 70을 입력한 후 [확인]을 누른다. 규격하한과 규격상한 중 적어도 하나는 입력해야 한다.

그림 13-11

공정능력분석 출력 결과

공정능력 분석 결과

공정규격

규격하한	규격상한	목표규격
68	72	70

요약 통계량

자료수	공정평균	단기표준편차	장기표준편차
50	69.7598	1.09849	1.01152

공정능력지수(단기공정능력)

Cp	Cpl	Cpu	Cpk	Cpm	Cpmk
0.6069	0.53401	0.67978	0.53401	0.59289	0.52168

공정성능지수(장기공정능력)

Pp	Ppl	Ppu	Ppk	Ppm	Ppmk
0.65907	0.57992	0.73823	0.57992	0.64124	0.56423

공정규격과 요약통계량 및 공정능력지수, 공정성능지수가 출력된다. 출력된 공정능력지수 C_p의 값이 0.6069로 D급에 해당되어 공정능력이 불량하다고 생각된다.

13.3.2 이론적 배경

공정능력 평가

공정능력의 평가를 위해서는 공정능력을 수량화할 필요가 있으며, 이를 나타내는 대표적인 측도로는 단기 공정능력을 측정하는 **공정능력지수**(process capability index)와 장기 공정능력을 측정하는 **공정성능지수**(process performance index)가 있다. 공정능력지수는 일반적으로 단기간에 걸쳐 공정이 어느 정도의 품질의 제품을 안정되게 생산하는가를 조사하는 공정능력조사에 사용되는 반면 공정성능지수는 중장기간에 걸쳐 공정의 품질변동범위가 어느 정도이고, 어떠한 원인들이 공정의 성능에 영향을 주는가 등을 조사하는 데 사용된다.

① **공정능력지수**(단기 공정능력) : C_p, C_{pl}, C_{pu}, C_{pk}, C_{pm}, C_{pmk}

공정능력지수를 구하는 데 필요한 공정산포 σ의 추정치로는 $\overline{X}$–R 관리도를 이용한 $\overline{R}/d_2$를 사용한다.

- 양쪽 규격인 경우 : $C_p = \dfrac{USL - LSL}{6\sigma} = \dfrac{d}{3\sigma}$ 단, $d = \dfrac{(USL - LSL)}{2}$
- 규격상한만이 있는 경우 : $C_{PU} = \dfrac{USL - \mu}{3\sigma}$
- 규격하한만이 있는 경우 : $C_{PL} = \dfrac{\mu - LSL}{3\sigma}$
- $C_{pk} = \min(C_{PL}, C_{PU}) = \dfrac{d - |\mu - M|}{3\sigma} = (1 - K)C_p$

  단, $d = \dfrac{(USL - LSL)}{2}$, $M = \dfrac{(USL + LSL)}{2}$, $K = \dfrac{|\mu - M|}{d}$
- 목표치가 T인 경우 : $C_{pm} = \dfrac{USL - LSL}{6\sqrt{\sigma^2 + (\mu - T)^2}} = \dfrac{d}{3\sqrt{\sigma^2 + (\mu - T)^2}}$

• $C_{pmk} = \dfrac{\min(USL-\mu,\ \mu-LSL)}{3\sqrt{\sigma^2+(\mu-T)^2}} = \dfrac{d-|\mu-M|}{3\sqrt{\sigma^2+(\mu-T)^2}}$

단, $M = \dfrac{(USL+LSL)}{2}$, $d = \dfrac{(USL-LSL)}{2}$

② **공정성능지수**(장기 공정능력) **:** P_p, P_{pl}, P_{pu}, P_{pk}, P_{pm}, P_{pmk}

공정성능지수를 구하는 데 필요한 공정산포 σ의 추정치로는 전체 데이터를 사용하여 구한 표본 표준편차 S를 이용한다.

③ **공정능력의 판정기준**

공정능력지수의 값에 따라 다음과 같이 공정능력을 판정한다.

공정능력의 범위	공정능력의 등급	판정
$1.333 \le C_p$	A급	매우 만족
$1.0 \le C_p < 1.333$	B급	만족
$0.667 \le C_p < 1.0$	C급	불만족
$C_p < 0.667$	D급	매우 불만족

참고문헌

송문섭 · 조신섭(2014), 『Excel에 기초한 통계학 입문』, 자유아카데미, 서울

송문섭 · 조신섭(2015), 『SAS/Enterprise Guide를 이용한 통계자료분석』, 자유아카데미, 서울

Box, G.E.P. and Cox, D.R. (1964), An Analysis of Transformation, *Journal of the Royal Statistical Society*, B26, 211-252.

Breiman, L., Friedman J., Olshen, R. A., and Stone, C.J. (1984), *Classification and Regression Trees*, Wadsworth Statistics/Probability Series, Wadsworth Advanced Books and Software.

Brownlee, K.A. (1965), *Statistical Theory and Methodology in Science and Engineering*, 2nd edition, John Wiley & Sons, Inc, NY.

Durbin, J. and Watson, G.S. (1951), Testing for Serial Correlation in Least Squares Regression, *Biometrika*, 37, 409-428.

Hald, A. (1952), *Statistical Theory with Engineering Applications*, Wiley, NY.

Jolicoeur, P. and Moismann, J.E. (1960), Size and Shape Variation in the Painted Turtle: A Principal Component Analysis, *Growth*, 24, 339-353.

Johnson, R.A. and Wichern, D.W. (2007), *Applied Multivariate Statistical Analysis*, 6th edition, Pearson Prentice Hall, NJ.

Snedecor, G.C. and Cochran, W.G. (1980), *Statistical Methods*, 7th edition, The Iowa State University Press, Iowa.

Tukey, J. W. (1977), *Exploratory Data Analysis*, Addison-Wesley, MA.

찾아보기

《사》

《아》

《자》

《차》

《카》

《타》

지은이에 대하여

조신섭

서울대학교 공과대학 응용수학과(학사)
서울대학교 대학원 계산통계학과(석사)
University of Wisconsin, Statistics(Ph.D)
(현) 서울대학교 자연과학대학 통계학과 교수

조관호

서울대학교 자연과학대학 계산통계학과(학사)
서울대학교 대학원 계산통계학과(석사)
University of Wisconsin, Statistics(Ph.D)
(현) 한국국방연구원 책임연구위원

여인권

성균관대학교 경상대학 통계학과(학사)
University of Wisconsin, Statistics(Ph.D)
(현) 숙명여자대학교 이과대학 통계학과 교수

정환식

인하대학교 이과대학 통계학과(학사)
서울대학교 대학원 통계학과(Ph.D)
(현) LG Display 책임

KESS : 엑셀 기반 통계분석

초 판 1쇄 인쇄 2017년 8월 17일
초 판 1쇄 발행 2017년 8월 24일

지은이 조신섭 · 조관호 · 여인권 · 정환식
펴낸이 박기남
책임편집 신재혁
기획 · 영업 박정헌
펴낸곳 **율곡출판사**
주소 08590 서울시 금천구 가산디지털1로 84, 803호
전화 718-9872/3
팩스 718-9874
홈페이지 http://www.yulgokbooks.co.kr
이메일 yulgokbook@naver.com
등록 1989.11.10. 제2014-000031호
ISBN 979-11-87897-17-0 93310

정가 25,000원